요 나 묵 상 3 1 일

일 러 두 기

이 도서에는 여러분을 위한 여백 공간이 많습니다.
요나서를 묵상하며 드는 생각, 마음 등을 자유롭게 표현해 보세요.

물이 나를 영혼까지 둘렀사오며 깊음이 나를 에워싸고

바다풀이 내 머리를 감쌌나이다

요나
묵상
31일

오지영 지음

내가 산의 뿌리까지 내려갔사오며

땅이 그 빗장으로 나를 오래도록 막았사오나

나의 하나님 여호와여

주께서 내 생명을 구덩이에서 건지셨나이다

홍성사.

차 례

깊고 느린 묵상의 힘

김영봉 목사(와싱톤사귐의교회)

추천사를 부탁받고 '어떤 글일까?' 싶어 원고를 열어 보고는
금새 사로잡혔다. 저자의 글은 독자를 쉽게 놓아주지 않는다.
다음 묵상에는 무엇이 있을까 설렘으로 기다리게 만든다.
책을 손에 든 독자라면 하루에 한 꼭지씩 읽고 묵상하는 것이
매우 어려운 도전이라는 사실을 경험하게 될 것이다.
저자는 마치 밤을 새워 본문을 연구하는 유대 서기관처럼
혹은 현미경으로 고문서를 해독하는 학자처럼 요나서의
원문을 하나하나 분석하고 연구한다. 히브리어 단어 하나도
그냥 넘기지 않는다. 또한 그 단어가 성경의 다른 곳에서
사용된 용례를 세밀하게 점검하면서 미세한 뉘앙스의
차이를 포착한다. 당대의 역사적 배경에 대해서도 꼼꼼히

점검한다. 성경 주석자로서의 책임을 다하기 위해 몸부림친 흔적이 보인다. 그렇기 때문에 저자의 글에 신뢰가 간다. 하지만 저자는 주석가로서 만족하지 않는다. 그의 문학적 상상력과 이야기 솜씨가 더 돋보인다. 글을 읽다 보면 어느새 욥바 항구의 비린내가 느껴지기도 하고 니느웨의 위용이 눈앞에 나타나기도 한다. 요나의 뒤를 따라 하나님의 낯을 피해 도피하는 자신을 보기도 하고, 요나처럼 하나님께 절규하는 자신을 보기도 한다. 저자의 글은 독자로 하여금 2,700년의 시간차를 넘어 과거와 현재를 오가게 한다. 그러는 과정에서 요나서를 오늘 나의 이야기로 읽게 한다.

무엇보다도 저자의 강점은 깊은 묵상이다. 이 묵상은 책상에서 시작하여 저자의 기도의 자리에서 숙성된 결과물이다. 말씀에 대한 세밀하고도 깊고 느린 묵상 없이는 이런 글이 나올 수가 없다. 그렇기에 독자는 매일의 묵상의 말미에 기도와 묵상으로 초청받는다. 눈으로 읽고 머리로 이해하지만 마음으로 받고 무릎으로 응답하게 된다. 말씀 묵상이 영적 감흥으로 끝나지 않고 삶의 변화로 이어지도록 돕는다.

이 글을 읽는 동안 내 마음이 가라앉고 차분해지는 것을

느낀다. 서두를 것이 하나도 없고, 분주할 이유도 없음을
깨닫는다. 한 걸음 한 걸음 정성을 다해 걷기를 다시금
소망하게 된다. 잠시 손을 멈추고 눈 감게 한다. 마음의 눈을
들어 하나님을 바라보게 한다. 그리고 나를 향해 주시는
'다바르 야웨'를 기다리게 한다.

손을 잡고 함께 걸어가 주는 책

윤길중 목사(온누리교회 부목사, 〈새벽나라〉 전 편집장)

오지영 작가의 《요나 묵상 31일》은 《룻기 묵상 28일》에
이은 또 하나의 걸작입니다. 주일에 룻기를 설교한 적이
있는데, 여러 책을 놓고 공부하다가 결국 《룻기 묵상 28일》
한 권만 참조하게 되었습니다. 그 이유는 저자의 글이
학문적이면서도 묵상적이기 때문에 영적 메시지를 위한
통찰과 지혜를 얻는 데 탁월하기 때문입니다. 이번에 출간된
《요나 묵상 31일》 역시 기대를 저버리지 않았습니다.
본서는 학문적으로 탄탄합니다. 원문의 개념을 잘 연구하여
본문이 말하려는 바를 정확하게 짚어 줍니다. 또한 구약의
배경사를 알기 쉽게 설명하면서 구약을 폭넓게 이해하는 데
많은 도움을 줍니다. 그러면서도 매우 묵상적입니다.

현실의 삶에서 하나님의 섭리와 일하심을 영적으로
분별하면서, 하나님의 뜻을 청종하여 살고자 애쓰는 모습이
엿보입니다. 보통 학문적인 책들은 대중이 쉽게 이해하기
어렵고, 묵상을 바탕으로 한 책들은 다소 주관적인 해석이
흐릅니다. 그러나 본서는 어느 한쪽의 치우침을 느낄 수 없을
정도로 완벽한 균형을 이루고 있습니다.

오지영 작가의 글은 버릴 것이 없습니다. 군더더기가
없습니다. 저자의 인격과 영성대로 진솔하고 진실합니다.
그래서 글을 읽다 보면 영이 맑아지는 것을 느낍니다.
하나님을 다시 주목하게 하는 묘한 힘이 있습니다.
그러면서도 매우 따뜻하고 정중합니다. 교조적이거나
가르치는 투가 아닙니다. 한마디 한마디가 그저 손을 잡고
걸어가 주는 착한 이모처럼 느껴집니다. 이정표처럼 산의
방향만 가리키지 않고, 저 산을 함께 오르자고 격려하는
영적 안내자 같습니다. 그래서 글을 읽다 보면 저자가
경험한 하나님이 곧 나의 하나님이 됨을 느끼면서 위로와
격려를 받게 됩니다. 이는 저자가 삶의 난관들을 지나오면서
하나님을 깊이 경험했기 때문일 것입니다.

이 책은 한 번에 읽으셔도 좋지만 하루에 한 가지 주제를

깊이 묵상하시면 더욱 좋을 듯합니다. 이 책을 읽는 모든
독자에게 하나님의 응답하심과 축복의 은혜가 내리길
바라며, 기쁜 마음으로 일독을 권합니다.

여 는 글

묵상 여정에 들어가기 전에

요나서 묵상은 기차 안에서 시작되었습니다. 창밖은 평온한 아침을 앞둔 새벽이었고, 늦은 겨울과 초봄이 어우러진 계절이었습니다. 겨울 나뭇가지에 살포시 내려앉은 눈은 부드러운 바람에 조금씩 녹아 내리고 있었습니다. 문득 하늘 위를 바라보니 은빛 날갯짓을 하는 새 한 마리가 있었습니다. 저는 그 새를 좇느라 높은 창공으로 시선을 올려야 했습니다. 새의 날갯짓은 마치 저를 요나서 말씀으로 초대하는 듯했습니다. 그래서 이내 요나서를 펴고 말씀에 몰두했습니다. 아름다운 날의 투명한 아침. 그날에 시작된 요나서 묵상은 제게 큰 은총이었습니다.

묵상을 하면서 요나서를 단순히 '불순종하여 도망가는

선지자의 이야기' 혹은 '큰 물고기 배 속에 들어간 요나
이야기'로 읽기에는 무척 진중한 책이라는 생각이
들었습니다. 예수님은 서기관과 바리새인들이 표적을
구하자 "악하고 음란한 세대가 표적을 구하나 선지자
요나의 표적밖에는 보일 표적이 없느니라"(마 12:39)라고
말씀하셨지요. 그 무게만큼 요나의 행적은 깊이 생각해 볼
만합니다.

요나서는 무척 독특합니다. 다른 예언서와 달리 요나서는
선지자가 겪는 삶의 이야기가 주를 이룹니다. 그래서 그
자전적 전기에 가까운 내용이 우리의 삶을 반추하도록
돕습니다. 우리는 가끔 선택하지 않은 인생 이야기 속에
들어가 있음을 발견하곤 합니다. 그 이야기의 주인공으로
부름받았음을 깨닫는 순간 우리는 당황하게 되지요. 그런데
선지자 요나가 바로 그런 삶을 살았습니다. 그리하여
선지자는 자기의 여정의 통해 우리에게 말해 줍니다. 주어진
삶을 감사함으로 받아들이려고 노력할 때, 진리가 우리 안에
확고해지고 날로 깊어질 것이라고 말입니다.

선지자는 또한 우리로 하여금 믿음의 고도를 높이라고
격려합니다. 거룩한 부르심을 받아들이고 목적지에 도달하기

위해 기꺼이 날아가라고, 회피가 아닌 순응이 곧 자유임을
깨닫고 하나님이 허락하신 창공에서 비상하라고, 판단과
정죄가 아닌 용납과 사랑으로 타인과의 경계를 허물라고,
그래서 결국 타인에게 사랑을 실천하라고 말입니다. 이 모든
것이 증오의 대상 니느웨를 향해 말씀을 전해야 했던
선지자가 우리에게 들려주는 메시지입니다.

지금 생각해 보면 기차 밖 풍경에서 본 새의 은빛 날갯짓도,
어쩌면 제가 요나서를 묵상하도록 이끈 주님의 손짓이었던
것 같습니다. 부디 지금 이 책을 품으신 독자분들이 묵상
순례의 신실한 동반자가 되어 주시기를 바랍니다. 요나서는
구약 본문이지만, 저는 구약과 신약을 아우르며 말씀을
상세히 비추어 보려고 노력했습니다. 이 작업이 요나서를
파노라마로 펼쳐 보는 여러분에게 조금이나마 유익이
되었으면 좋겠습니다. 그리하여 저는 여러분과 함께
그리스도를 더욱 깊이 알아가기를 진정으로 소망합니다.

이 책을 쓰는 동안 은혜로운 순간이 참 많았습니다.
물론 두 해 남짓 되는 집필 기간이 결코 쉽지만은
않았습니다. 많은 영적 집중력을 요구했기 때문입니다.
저는 말씀 한 구절 한 구절을 더욱 깊고 풍성하게 해석할 수

있는 지혜를 달라고 날마다 구했습니다. 그래서 저에게 더욱
특별한 시간이었습니다. 그런데 진정 특별했던 이유는 또
있습니다. 고국에 계시는 사랑하는 부모님께서 원고 꼭지를
보낼 때마다 함께 묵상해 주시며 저의 소중한 첫 독자가 되어
주셨기 때문입니다. 또한 이번 집필 여정 동안 임파선 암을
앓고 있는 절친한 친구 베스 켈치(Beth Kelch)와 함께하게
되어 더욱 애틋했습니다. 항암 치료를 받는 힘겨운 기간,
친구의 느린 발걸음에 맞추어 함께 산책하던 나날을 결코
잊을 수 없습니다. 신구약 말씀 이곳저곳을 살피며 함께
요나서를 묵상하던 일, 삶을 나누고 함께 눈물 짓던 일 모두
가슴에 남습니다.

마지막으로 이 묵상 여정이 가능하도록 도와주신 귀한
분들께 감사를 전하고 싶습니다. 우선 영성 생활의 참 길을
알려 주시는 김영봉 목사님께 감사드립니다.
평소 존경하는 목사님인데, 부족한 원고를 기꺼이 받아
주시고 기쁜 마음으로 읽어 봐 주신 것이 제게 큰 힘이
되었습니다. 말씀 묵상에 한결같이 깨어 계신 온누리교회
윤길중 목사님께도 감사 말씀드립니다. 진리의 길을 청년
시절부터 제시해 주시고 기도로 격려해 주신 목사님께 큰

빚을 지고 있습니다. 남편 김재신 형제에게도 감사의 말을
전합니다. 기도의 동역뿐 아니라 여러 통찰을 많이 나누어
주었습니다. 딸 하림이와 아들 하륜이의 한결같은 사랑과
기도에 따뜻한 고마움을 표합니다. 동네 친구 베스 켈치의
우정에 감사를 전합니다. 친구는 투병의 시간을 낭비하지
않고 고통을 통해 영의 유익을 얻는 비결이 무엇인지 몸소
보여 주었습니다.

애틋한 어린 시절을 공유했기에 세월이 흐를수록 더
가깝고 다정해지는 오빠 오장욱 집사의 지지에 감사를
전합니다. 새벽마다 무릎으로 중보해 주시는 사랑하는
부모님, 오근재 장로님과 이신자 권사님께 감사를 올립니다.
두 분의 기도와 격려 없이는 아무것도 가능하지 않았을
것입니다.

사랑으로 넉넉히 지켜봐 주시는 협재 어머님께도 감사의
말씀 올립니다. 어머님의 믿음과 삶을 진심으로 존경합니다.
끝으로, 저의 원고를 읽고 출간을 허락해 주신 홍성사
식구들께 감사의 마음을 전합니다. 성실한 동역에 깊은 감사
말씀드립니다.

저는 주님을 떠나서 아무것도 할 수 없습니다(요 15:5).

이것이 제가 날마다 붙들고 살아가는 말씀입니다. 주님만이
저의 유일한 분깃이 되어 주십니다. 사랑하는 주님께 감사와
찬양을 올립니다. 존귀하신 주님을 날마다 더 사랑하며
친밀히 섬기고 싶습니다.

All for Him,

오지영 드림

첫째 주 여정

다시스로 향하는 그 배

말씀이 임하고

여호와의 말씀이…임하니라(1:1a)

요나서는 "여호와의 말씀이"(욘 1:1)라는 구절로 시작합니다.
히브리어로 '말씀'은 '다바르(dābār)'라고 합니다. 그래서
"여호와의 말씀"의 히브리어 표현은 '다바르 야웨(dābār
Yehwāh)'가 됩니다. 이 다바르 야웨는 구약성경 전반에 걸쳐
나타나는 문구인데요. 특히 예레미야서, 에스겔서, 학개서,
스가랴서, 말라기서 등 주로 선지서에서 볼 수 있습니다.
예레미야서의 경우 히브리어 성경에서 52차례나 다바르

Day I

야웨가 등장하고, 에스겔서의 경우 60차례나 등장합니다.
선지자들이 하나님의 말씀을 받을 때 사용된 표현임을
염두에 둔다면, 이 책이 다바르 야웨로 시작되는 것은 요나가
하나님의 선지자로 지명되었다는 것을 의심할 수 없습니다.
게다가 본문도 짧은 이 요나서 안에 다바르 야웨는 무려 일곱
번이나 나옵니다. 이는 요나가 선지자로서 자격이 충분함을
알려 주는 하나님의 승인처럼 느껴집니다. 왜 그랬을까요?
그 이유는 요나가 독특한 선지자였기 때문입니다. 요나의
독특함은 묵상 여정을 지나면서 차차 발견하게 될 것입니다.
선지자와 동행하는 것만도 흔한 일이 아닌데, '독특한'
선지자와 동행한다니 흥미진진한 여정이 될 것 같습니다.
하나님의 말씀이 임한 요나 시절의 북이스라엘은,
영적인 매너리즘에 빠져 신앙의 겉모습만 남고 중심에서
우러나오는 간절함과 진실함이 사라진 때였습니다(이 부분은
둘째 날 좀더 설명하겠습니다). 우상숭배와 더불어 영적 타락이
팽배했습니다.
이런 어두운 시절에 야웨 하나님의 말씀이 요나에게
임했습니다. 그런데 히브리어 성경으로 읽어 보면 요나서
1장 1절은 다바르 야웨라는 문구가 나오기 전에 히브리어

접속사 '바이히(wayhî)'가 나옵니다. '그리고', '지금 이제'
혹은 '그러나 이제'라는 뜻으로 해석될 수 있는 이 접속사는
문법적으로 번역하지 않아도 상관없을 정도로 히브리어
성경에 흔히 사용됩니다.[2] 개역개정 성경에서는 이 접속사를
아예 해석조차 하지 않습니다.

그런데 한 가지 중요한 것은 다른 선지서에서 바이히
접속사로 시작되는 경우가 거의 없었다는 것입니다.
예를 들어 이사야서, 예레미야서, 호세아서, 요엘서,
아모스서, 오바댜서 등의 책은 이 접속어로 시작하지
않습니다. 바이히 접속사로 시작된 이 짧은 요나서는 역사
속에 임하는 다바르 야웨가 언제든지 '그리고', '이제'라는
서두를 지니고 끊임없이 지속됨을 알려 주는 것 같습니다.
'지금, 이제, 그리고'로 이어 가는 하나님 말씀의 역사.
이스라엘은 영적인 매너리즘과 타락에 빠져 있었지만
하나님은 그분의 백성을 통해 역동적이고 신실하게
이야기를 이어 나가신다는 의지가 첫 구절에 숨 쉬고 있다고
믿습니다. 그래서 다시 요나서 1장 1절을 이렇게 읽어 보려고
합니다.

"그리고 계속해서 여호와의 말씀이…임하니라"

접속어 '그리고'와 더불어 첫 절부터 등장한 "여호와의 말씀"
은 요나서 전체를 감싸는 중요한 주제가 될 것입니다.

잘 기억해 주십시오. 하나님은 선지자를 통해 직접 말씀하실
때도 있었지만 꿈을 통해 간접적으로 말씀하실 때도
있었습니다. 그분의 음성이 폭풍우 가운데 들려올 때도
있었지만(욥 38:1), 조용한 가운데 작고 세미하게 들려올 때도
있었습니다(열상 19:9-13). 하나님께서는 지금도 여러 방법을
사용하셔서 우리에게 말씀을 주십니다. "여호와의 말씀"이
꼭 거창하게 선지자들에게만 임하는 것은 아닙니다. 평범한
우리 삶에도 하나님께서는 지속적으로 말씀하십니다.

얼마 전 아침이었습니다. 그날 아침은 심경이 좀
복잡했습니다. 여러 가지 갈등을 겪으며 긴장을 쉬 놓을
수 없는 날이었습니다. 혼자서 감당할 수 있을까 마음이
무거웠습니다. 기도를 하려다가도 걱정스러운 마음에 자꾸
집중이 흩어져 버렸습니다. 그래서 더 힘들었습니다. 너무
갈급하여 주님께서 한 줄기 말씀이라도 명징하게 주시면 그
하루를 살아갈 수 있겠노라고 간구했습니다.

답답함을 이길 수 없어서 이른 아침에 작은 성경책을

옆구리에 끼고 산책 겸 집을 나섰습니다. 가랑비가 잔잔히
내리는 어둑한 아침 길이었습니다. 조금 걸으니 입고 나간
비옷이 조금씩 젖어 간다는 걸 느꼈지요. 옆구리에 끼워
둔 성경책이 젖겠다 싶어서 비옷 지퍼를 열어 가슴속에
넣으려는 찰나, 이웃집 아저씨가 그 집 막내 딸아이를
등교시키는 모습이 보였습니다. 잠시 손을 흔들고 멀리서
인사만 나누려는데, 아저씨와 아이가 저를 보면서 활짝
웃더니 "굿모닝!" 하고 목소리를 높였습니다. 저도 그들을
보면서 "굿모닝!" 하고 답했습니다. 조용한 동네에 아저씨의
우렁찬 목소리와 딸아이의 꺄르르 웃는 웃음소리가
상쾌하게 울려 퍼졌습니다.
아빠의 손을 잡고 걷는 딸아이의 뒷모습은 아무런 걱정이
없어 보였습니다. 꼭 쥐면 부서질 듯 작고 어린 딸에게는
제법 무거운 책가방에 들려 있었습니다. 아버지는 그
책가방이 무거울까봐 이내 자신의 큰 어깨에 메고 걷습니다.
어깨가 넓은 아빠가 딸아이의 책가방을 메니 상대적으로
작고 가벼워 보였습니다. 딸은 한 손에는 분홍빛 작은 도시락
가방만 들고 남은 한 손은 아빠 손을 꼭 쥔 채 신나게 따라
걸었습니다. 아버지는 그런 딸이 귀여워 연신 바라보며

빙그레 웃습니다. 딸도 아빠를 보면서 방긋방긋 웃습니다.
어둑어둑한 아침 길이 그 부녀의 행보로 인해 밝아 오는 것을
느꼈습니다. 저는 손에 든 성경책을 가슴속에 넣으려다 말고,
그들의 뒷모습을 바라보며 한참을 우두커니 서 있었습니다.
순간 주님께서 제게 말씀하신다는 것을 느꼈습니다. 시편
55편 22절 말씀이 떠올라 얼른 성경책을 펼쳐서 읽었습니다.
"네 짐을 여호와께 맡기라 그가 너를 붙드시고 의인의
요동함을 영원히 허락하지 아니하시리로다." 이어 아주
세미한 음성이 들렸습니다. "걱정하지 말거라, 딸아. 너도 네
무거운 걱정 가방을 내 넓은 어깨에 올려놓고, 오늘 하루 내
손을 붙잡고 걸어가는 것이 어떻겠니?"
저는 그 음성을 듣고 마음을 짓누르던 무거운 짐을 아버지의
큰 어깨에 올려 드리기로 했습니다. 그리고 그분의 손을 꼭
잡기로 결정했습니다.
"네, 아버지. 저도 저 아이처럼 아버지 손을 꼬옥 붙잡고
분홍빛 작은 점심 도시락 가방만 든 채 오늘 가야 할
길을 걷겠습니다"라고 대답했습니다. 그리고 비 내리는
잔잔한 하늘을 바라보며 조용히 웃었습니다. 가랑비가 온
얼굴을 적시는 줄도 모르고 그렇게 꽤 오랫동안 하늘을

바라보며 서 있었습니다. 그날 그 비는 제게 따뜻한 은총의 빗줄기였습니다. "굿모닝!" 조금 전 들려온 청아한 음성이 다시 귓전에 메아리쳤습니다. 저는 나직이 속삭였습니다. "굿모닝이네요. 은혜로운 아침이에요, 하나님."

하나님의 말씀은 어떠한 방법으로든 우리에게 임합니다. 우리가 갈망하면 그분은 신실한 말씀으로 우리 마음에 응해 주십니다. 그리고 그 말씀이 쓰러지려는 우리를 다시 견고히 세워 줍니다.

요나서 묵상을 시작하는 오늘, 저는 말씀의 순례를 떠나는 여러분에게 다바르 야웨, 즉 하나님의 말씀이 **그리고, 계속적으로** 임하기를 기도하겠습니다. 혼돈하고 공허했던 태초에 말씀의 빛이 어둠을 정렬하게 나누었던 것을 우리는 기억합니다(창 1:2). 그 말씀은 여전히 우리 곁에 있습니다. 우리의 상황이 아무리 어지럽고 복잡해도 말씀이 임하면 그 혼란과 갈등 또한 빛 가운데 정렬되리라 믿습니다.

이제 하나님의 말씀을 붙들고 요나와 함께 묵상 여행을 떠나시지 않겠습니까? 몹시 은혜로운 여정이 될 것입니다. 그럼 둘째 날 다시 뵙겠습니다.

나감과 들어옴을 준비하며

여호와의 말씀이 아밋대의 아들 요나에게 임하니라 이르시되 너는 일어나 저 큰 성읍
니느웨로 가서 (1:1-2a)

요나서 둘째 날 여정입니다. 곧바로 묵상에 들어가겠습니다.
그리고 계속해서 다바르 야웨가 아밋대의 아들 요나에게
임했습니다. 요나서 저자는 요나에게 하나님의 말씀이
임했다고 하면서 무덤덤하게 요나를 소개하는 듯합니다.
그러나 요나서 저자는 하나님의 긴밀한 말씀이 바로 이때,
그 누구도 아닌 요나에게 임해야 했음을 이 구절에서
암시하고 있습니다. 그 암시가 어디에 숨어 있느냐고요?

Day 2

요나가 "아밋대"의 아들이라는 것이 그 힌트입니다.
아밋대가 누구이길래 그럴까요? 사뭇 이 사람이
궁금해집니다. 그럼 기왕 이렇게 이름이 나왔으니 아밋대가
누구인지 함께 알아보고 가겠습니다.

사실 성경에 아밋대에 관한 구체적인 설명은 없습니다. 다만
그가 여로보암 2세가 통치하던 시절 가드헤벨 출신이라는
것만 알 뿐입니다(참조. 왕하 14:25). 그러면 가드헤벨은
어떤 곳이었을까요? 가드헤벨은 스불론 자손이 얻은
기업이었습니다(수 19:13). 여기서 우리는 아밋대가 스불론
지파의 사람이었다는 결론을 얻습니다. 요나서 저자는
요나가 스불론 지파 사람이라는 것을 첫 구절에서 설명하고
싶었던 것입니다. 어제 잠깐 언급했지만 당시 이스라엘은
영적으로 몹시 위태한 상황이었습니다. 번영을 누렸지만
영적 매너리즘과 타락에 빠져 있었지요. 이방 세력들의
억압을 받을 때도 하나님이 아닌 외부 세력을 의지하여
위기를 모면하고자 했습니다. 그런 상황에 스불론 지파
출신인 요나에게 야웨 하나님의 말씀이 임한 것입니다. 그
말씀은 다름 아닌 니느웨로 가야 한다는 말씀이었지요.
아니, 니느웨라니요? 깜짝 놀랄 일입니다. 이스라엘 백성도

영적으로 보살피기 어려운 상황인데, 잔인하기로 악명
높은 앗수르의 니느웨로 건너가야 한다니요! 왜 하필 이때,
다른 사람도 아닌 스불론 지파 요나에게 이 명령이 주어진
것일까요? 자, 그 자세한 내막을 알기 위해 지금부터는
스불론이 과연 누구였고 스불론 지파는 어떤 역할을 했는지
알아야겠습니다. 선지자 요나를 알아 가는 데 큰 도움이 될
터이니 여기서 잠깐 시간을 할애하겠습니다. 스불론 지파에
관한 설명입니다.

스불론은 야곱의 열째 아들이자 레아에게는 여섯째
아들이었습니다. 레아의 고백에서 엿볼 수 있듯(창 30:20),
스불론이라는 이름은 '거하다, 살다'라는 뜻을 갖고 있는
히브리어 동사 '자발(zābal)'에서 비롯된 명사입니다. 이후
야곱이 열두지파가 될 그의 자손들을 축복할 때, 스불론을
향해 '거하다'라는 표현을 쓴 것도 우연이 아닙니다(창 49:13).
그들의 거함은 풀썩 주저앉아 버리는 거함이 아니었습니다.
반대로 언제든지 비상飛上할 각오가 되어 있는 대기 상태처럼
힘 있는 탄성의 거함이었습니다.

야곱은 스불론을 이렇게 축복했습니다. "스불론은 해변에
거주하리니(거하리니) 그곳은 배 매는 해변이라 그의 경계가

시돈까지리로다"(창 49:13). 야곱이 말한 "해변"은 갈릴리
호수에서 지중해 연안까지의 지경을 일컫습니다. 스불론
지파가 왕성하게 활동할 것을 예견한 것입니다. 스불론의
땅이 배가 매여 있는 곳이 될 것이라고 야곱이 힘주어
강조한 것도, 그들의 항구에는 언제든 출동할 수 있는 함선이
즐비하리라는 것을 나타냅니다.

후에 모세가 남긴 스불론의 축복도 이를 충분히 반영합니다
(신 33:18-19). 모세의 축복은 '나감'과 '들어옴'이라는 두 가지
의미도 품습니다. 첫째로 '나감'이란, 스불론이 장렬하게
진출하리라는 것을 뜻합니다(신 33:18). 그들은 실제로
사사시대 때 용맹스럽게 가나안에 대항한 바 있습니다
(삿 4:6, 10; 5:14, 18; 6:35). 그로부터 200년 후 다윗 시대에도
스불론 지파의 진취 정신은 변함이 없었습니다. 그들이 5만
명이나 되는 군사를 정렬하고 진영에 나아가 국가 재정비에
큰 공헌을 했기 때문입니다(대상 12:33). 둘째로 '들어옴'
이란, 스불론이 사람들을 그들의 기업에 끌어들일 것이라는
뜻입니다. 모세가 말한 "모래에 감추어진 보배"(신 33:19)는
궁극적으로 복음의 진수珍秀를 뜻합니다. 그 예언을 확신시켜
주듯, 후에 선지자 이사야는 스불론 지파에 대해 이렇게

예언합니다.

"흑암에 행하던 백성이 큰 빛을 보고 사망의 그늘진 땅에
거주하던 자에게 빛이 비치도다"(사 9:2). 그리스도의
사역이 갈릴리에서 시작되리라는 것을 예견한 것이지요.
그래서 마태복음에는 이렇게 기록되어 있습니다.
"**스불론 땅과 납달리 땅과 요단 강 저편 해변 길과 이방의
갈릴리여 흑암에 앉은 백성이 큰 빛을 보았고 사망의 땅과
그늘에 앉은 자들에게 빛이 비치었도다**"(마 4:15-16). 스불론
땅에 이른 큰 빛은 '빛으로 오신 예수 그리스도'를 말하는
것입니다. 예수님은 육신을 입고 지상에 오셔서 나사렛을
떠나 스불론과 납달리 지경 해변에 있는 가버나움에
거하셨습니다. 가버나움은 갈릴리 호수 북서안의 성읍을
말합니다. 그 당시 수많은 무역상이 물건을 가지고 이곳을
통행했었지요. 성읍이 번영한 이유는 그곳이 아시아와
유럽, 아프리카와 중동으로 이어지는 통상 무역의 중요한
길목이었기 때문입니다.[3] 바로 그곳, 그리스도께서 거하신
스불론 땅 갈릴리가 복음이 시작된 장소로 남게 됩니다.
아마도 마태복음 기자는 갈릴리에서 이루어진 그리스도의
사역이 유대인이 아니라 **이방인에게 먼저 미칠 것을**

예견하여 그렇게 기록한 것 같습니다(참조. 사 42:6; 49:6;
마 4:15-16; 눅 2:32). 그곳은 실제로 '이방인의 갈릴리'
로 불릴 정도였습니다. 1세기 때는 그 땅 인구의 절반이
이방인이었다고 전해질 정도입니다.[4] 그렇게 보배 같은
복음이 이방인에게 미치도록 스불론 기업의 땅은 일구어진
것입니다.

여기까지가 스불론에 관한 설명입니다. 스불론에 대해
왜 이토록 자세한 설명을 들어야 하는지 의아해하실지도
모르지만, 이후 요나서 묵상에 방금 다룬 내용이 무척 큰
도움이 될 것입니다. 자, 그럼 이제 이 설명을 바탕으로
요나서 본문으로 다시 돌아오겠습니다. 갈릴리에 전파된
그리스도의 복음이 이스라엘 백성뿐 아니라 우리와
같은 이방 사람에게까지 흘러 넘쳐야 할 축복이었음을
기억한다면, 하나님이 갈릴리 근경 스불론 지파
출신인 요나를 선택하신 이유는 자명해집니다. 다바르 야웨
(하나님의 말씀)는 '나감과 들어옴'의 축복을 입은 아밋대의
아들 요나에게 임해야만 했습니다. **하나님의 메시지가
요나 선지자를 통해 국경과 인종을 뛰어넘어 이방 땅에도
흘러가야 한다는 의도를 비추신 것입니다.** 그래서 "아밋대의

아들"을 강조한 이 첫 구절이 중요합니다.

스불론 지파의 요나를 이방 땅으로 보내려는 하나님의 부르심은 후회 없는 선택이었지만(참조. 롬 11:29), 그 부르심이 요나에게는 참 부담스러운 사명이었을 것입니다. 요나 선지자와 동시대에 활동한 선지자들을 한번 보십시오. 대표적인 인물이 호세아와 아모스입니다. 그들은 위태로운 북이스라엘에 하나님의 임박한 심판을 경고한 예언자들입니다. 이스라엘 백성에게 사랑받지 못한 소위 '인기 없는' 선지자였지만 오해와 미움에 저항하여 하나님의 메시지를 전한 자들이지요. 아모스를 통해 하나님은 무슨 말씀을 전하셨습니까? "(너희들이 이렇게 계속 불순종한다면) 내가 너희를 다메섹 밖으로 사로잡혀 가게 하리라"(암 5:27). 또한 호세아를 통해서는 무슨 말씀을 하셨습니까? **"내게 돌아오기를 싫어하니 앗수르 사람이 그 임금이 될 것이라"**(호 11:5).

그러나 백성들은 "앗수르가 우리를 통치한다고? 여로보암 2세 같은 대단한 왕이 있는데 뭘 걱정한담?" 하면서 선지자의 말을 귀담아 들으려 하지 않았습니다. 그렇습니다. 예후 왕이 통치할 때는 이스라엘이 조공을 바칠 정도로 앗수르가

강력한 왕국이었지만, 여로보암 2세가 통치할 때는 아람과의
전쟁 후유증으로 앗수르가 잠시 주춤하던 시기였습니다.
그 기회를 잘 이용한 여로보암 왕은 옛적 이스라엘 영토를
회복하는 데 성공했던 것입니다. 그러나 영적으로는
매우 위험한 수위까지 올라와 있었습니다. 이스라엘은
하나님과 바알을 구분하지 못해 야웨 하나님을 '내 바알'
이라고 부르기까지 했습니다(호 2:16). 그들은 이스라엘의
영토 회복이 고난에 매인 그들을 향한 하나님의 긍휼(왕하
14:26-27)임을 알지 못했습니다. 그리고 그 안일함이 멸망을
초래하리라는 것을 인지하지 못할 만큼 영적 분별력은
어두워져 있었습니다.
여호와의 말씀이 스불론 지파 요나에게 임한 시기도 이와
비슷했습니다. 분연히 떨치고 일어나 말씀에 응해야 할
이스라엘이 날개 잃은 새처럼 주저앉아 있었던 것입니다.
이때 '나감과 들어옴'의 탄성을 지닌 스불론 지파 요나는
이방 땅 앗수르의 거대한 성읍, 니느웨로 떠나야 할 사명을
받았습니다. 영토의 회복처럼 번영의 메시지만 전하면
좋았을 요나에게 악이 창일한(욘 1:2) 앗수르 제국으로 떠나
야웨 하나님의 말씀을 전해야 한다는 것, 그것은 문자 그대로

'미션 임파서블' 같아 보였을 것입니다.

저는 어제 Day 1 묵상을 마무리하면서 이렇게 말씀드렸습니다. 어떠한 방법으로든 하나님의 말씀이 우리에게 임한다고. 우리가 전심으로 갈망하면 그분은 신실한 말씀으로 응해 주신다고. 그리고 그 말씀이 쓰러지려는 우리를 다시 견고히 세워 주신다고. 네, 저는 말씀에 그런 생명력이 있음을 믿습니다. 다만 한 가지 더 나누고 싶은 게 있습니다. 그 말씀이 전에 겪어 보지 못한 갈등으로 우리를 초대하는 경우도 있다는 것을요. 다바르 야웨가 한 차원 깊은 고뇌로 우리를 인도할 때가 분명 있습니다. 바로 요나의 '니느웨' 같은 것입니다. 혹시 여러분 중에 그런 니느웨를 경험하고 있는 분이 계시다면 저는 이렇게 말씀드리고 싶습니다. 하나님의 말씀이 당신을 갈등 가운데 가만히 내버려두지는 않을 것이라고요. 주님이 그 갈등을 허락하신 데는 분명 이유가 있기 때문입니다. 좌우의 날선 검보다 예리하여 혼과 영과 및 관절과 골수를 찔러 쪼개기까지 하는 말씀이 당신의 더 깊은 믿음을 깨우리라고 확신합니다. 그 말씀이 결국 저와 여러분의 생각을 바르게 판단해 주고 선하게 세워 줄 것입니다(히 4:12). 그리하여

마침내 우리를 굳건히 하실 것을 저는 믿습니다. 하나님은
신실한 분이기 때문입니다.
오늘 저는 감히 여러분께 한 가지를 권하려고 합니다. 요나서
말씀을 함께 묵상하는 동안 '스불론의 축복'을 받으십시오.
저도 받겠습니다. 우리가 오늘 거한 이 장소가 비상할 각오가
되어 있는 출발 대기 상태처럼 힘 있는 탄성의 '거함'이
되는 축복을. 저는 여러분이 어디에 '거하고' 계신지 알지
못합니다. 어떤 분들은 학교 강의실일 수도 있습니다.
어떤 분들은 거리 한복판 노동의 현장일 수도 있습니다.
어떤 분들은 주방일 수도 있고 어떤 분들은 사무실일 수도
있습니다. 어느 곳이든 상관없습니다. 저는 지금 그리스도의
존귀한 이름으로 당신이 거한 장소를 축복합니다. 당신이
거한 장소가 '나감과 들어옴'의 중요한 통로가 되기를
기도합니다.

그나저나 다바르 야웨와 니느웨를 동시에 받은 요나는 어떤
반응을 하게 될까요? 내일부터 요나의 이야기가 시작됩니다.
이미 둘째 날까지 오셨습니다. 여정을 함께 시작했으니
마지막까지 동행해 주시리라 믿습니다. 스불론 지파의

축복을 받은 우리는 마지막까지 함께 '거하며' 말씀의 '나감과
들어옴'의 과정을 순례할 것입니다. 내일 바로 이곳에서
뵙겠습니다!

*추신
스불론 지파의 축복을 받으셨으므로
지금 여러분께 특별한 선물을 드리려고 합니다.
'바이블 랜드 프리 라이드'Bible Land Free Ride 왕복 티켓!
여러분의 여행 배낭 안에 꼭 간직하고 계십시오.
아무 때나 사용하시면 안 됩니다.
'나감과 들어옴'의 상징과 더불어
언젠가 이 티켓을 반드시 사용할 날이 온답니다.

쿰 레이크!

너는 일어나 저 큰 성읍 니느웨로 가서 그것을 향하여 외치라 그 악독이
내 앞에 상달되었음이니라 하시니라 그러나 요나가 여호와의 얼굴을 피하려고
일어나(욘 1:2-3a)

평안한 아침 보내고 계신지요. 3일째 접어드는 묵상입니다.
오늘은 다바르 야웨와 니느웨를 동시에 받은 요나를 자세히
살펴보는 날입니다. 바로 묵상에 들어갈까요?
히브리어 성경으로 요나서 1장 2절을 읽어 보면 두 개의
명령형 동사가 급작스럽게 등장합니다. 바로 '쿰 레이크!'
입니다. '일어나라'는 히브리어로 '쿰(qûm)'이고 '가라'는
히브리어로 '레이크(lēk)'입니다. 이 두 명령형 동사를 마음에

Day 3

잘 새겨 두십시오. 앞으로도 이 동사가 계속 나올 것입니다.
요나에게 내려진 명령은 긴박하기만 합니다. 시간을 지체할
수 없습니다. 요나는 이제 떠나야 합니다. 어디로 가야
할까요? 그 목적지는 번화한 대도시 니느웨입니다. 요나는
하나님의 놀라운 사업의 해외 출장 명령을 받은 상태입니다.
스불론 출신의 선지자는 하나님의 말씀을 가슴에 품고
'나감과 들어옴'을 위해 이방 땅으로 출동해야 합니다.
니느웨라는 목적지. 그곳은 어떤 곳일지 궁금합니다. 어제
언급한 대로 니느웨는 잔인함과 무도함으로 악명 높은(욘
1:2) 앗수르 제국의 거대한 수도였습니다. 니느웨는 지금의
이라크 모술 지역 티그리스 강 동쪽으로 약 800킬로미터
정도 떨어진 곳에 위치했던 도시로, 메소포타미아 지역에서
가장 오래된 성읍이었습니다. 역사를 더듬어 본다면 기원전
4500년까지 거슬러 올라가야 할 정도입니다. 정말 오래된
곳이지요? 니느웨는 "니므롯"이라는 영걸(힘이 센 용사
a mighty warrior 혹은 유능한 사냥꾼a mighty hunter)에 의해 세워진
성읍이었습니다(창 10:11). 그런데 그는 권력과 부가 출중한
사람이었나 봅니다. 여러 곳에 도시를 건설했을 정도니까요
(창 10:10-12). 그중에서도 니느웨는 가장 탁월한 도시로

역사에 남게 됩니다. 연구에 의하면 당시 니느웨 성벽
높이는 30미터를 육박했다고 합니다. 넓은 대로를 내면 네
대의 전차가 나란히 지나갈 수 있을 정도라고 하지요. 또
여느 위대한 성읍처럼 내곽 성벽과 외곽 성벽 두 겹으로
도시를 강건하게 지켜 냈고, 수백 개의 탑이 있어 적군의
행세를 파악하는 데 효과적이었다고 합니다. 게다가 성벽
바깥으로는 깊이 18미터의 호수가 있었으니 니느웨는
아마도 난공불락의 성이었을 것입니다.
요나는 이런 위대하고 거대한 니느웨로 가서 선지자 역할을
해야 했습니다. 하나님은 전혀 물러서지 않으시고 요나에게
"쿰 레이크!(일어나 가라)"라고 명령하시는데, 곧이어 또
하나의 명령을 긴급히 덧붙이십니다. '카라(qārā')'입니다.
우리말로 꼭 "가라!" 하는 것 같지요? 하지만 히브리어로
'카라'는 '목소리를 높여 외치며 선포하라'는 뜻입니다.
하나님이 이 명령을 내리신 이유도 설명되어 있습니다.
"그들(니느웨 사람들)의 악이 하늘에 상달되었기"
때문이었지요(욘 1:2).
그런데 이런 하나님의 명령에 요나가 응답했다는 기록은
없습니다. 긴박한 명령만큼이나 요나의 마음이 큰 번뇌에

사로잡힌 게 분명합니다. 본문에서 요나의 음성이 들려오지
않은 까닭은 '어떻게 하면 하나님의 명령에서 빠져나갈까'
만 고민했기 때문이라고 봅니다. "보낼 만한 자를 보내소서"
라고 말하고 싶었는지도 모릅니다. 그러나 이 방법은
선지자 모세가 이미 사용한 바 있습니다(출 4:13). 그의
경우는 어떠했나요? 사양한다고 해서 하나님이 부르심을
거두시던가요? 아니었습니다(참조. 롬 11:29). 오히려 하나님의
분노를 일으키는 결과만 낳았습니다(출 4:14a). 여하간
하나님께서는 모세의 마음을 움직여 애굽으로 보내시지
않았습니까! 모세는 일어나 가야 했습니다. '쿰 레이크!'라는
명령에 순종하고 말았던 것입니다.
이런 이스라엘 선지자의 역사를 너무나 잘 아는 요나는
무조건 못 가겠다고 할 수 없다는 것을 잘 알았습니다.
그래서 요나는 하나님과 쟁론조차 하지 않고 자리에서
일어나 걸어가기로 결심합니다. 그런데 요나가 여기서
'일어난' 행위는 중요한 행위입니다. 얼핏 보면 순종하는
것처럼 보이는 동작이기 때문입니다. 하나님의 말씀이
임했을 때 믿음의 선진들도 그와 같이 일어났습니다.
그러면 믿음의 선진들이 어떻게 '일어나' 순종했는지 한번

알아볼까요?

하나님께서 아브라함을 부르신 때가 있습니다. 그에게 닥친
시험은 쉽지 않았습니다. 가장 사랑하는 아들, 이삭을 번제로
바치라는 과제였기 때문입니다. 그런데 그 말씀이 임했을 때
아브라함은 서슴지 않고 아침에 일찍 **일어나** 하나님이 일러
주신 곳으로 **걸어**갔습니다(창 22:3). 망설임 없는 일어남과
걸어감입니다. 그렇게 일어나 걸어갔던 아브라함은 열국의
아버지이자 믿음의 조상으로 남게 됩니다. 아브라함의
이야기는 너무나 아름답고 특별해서 요나서 묵상 중에 다시
여러분께 전해 드리려고 합니다. 오늘은 아브라함이
'쿰 레이크!'의 명령에 순종하여 일어나 걸어갔던 것만
말씀드립니다.

하나님께서 특별히 택하신 선지자 엘리야의 경우도
마찬가지였습니다. 하나님은 선지자로서의 영력을 더하시기
위해 그를 극심한 가뭄 때에 그릿 시냇가로 인도하십니다.
엘리야는 시내에 조금 남은 물로 목을 축이며 까마귀들이
물어다 주는 먹이로 생명을 부지했습니다. 그렇게 굶주리며
지내던 엘리야를 하나님은 그릿 시냇가에서 다시 이방 시돈
땅 사르밧으로 보내십니다. 사르밧으로 가야 한다니….

엘리야는 맥이 탁 풀렸을 것입니다. 사르밧에는 자신을 먹여
주고 재워 줄 재력 있는 상인이나 힘 있는 군관이 아무도
없었기 때문입니다. 엘리야가 머물러야 하는 곳은 굶주리고
목마른 과부의 집이었습니다. 하나님은 엘리야에게 그런
과부의 봉양을 받으라고 명하십니다(왕상 17:8-9). 얼핏 보면
어처구니없는 명령 같습니다. 그러나 선지자 엘리야는
망설임 없이 **일어나** 사르밧으로 **걸어가** 과부를 만납니다.
순종의 모습입니다. 엘리야는 과부의 집에 식량이 마르지
않게 기적을 행할 뿐 아니라 과부의 아들의 생명을 살리는
영의 능력까지 부여받게 됩니다. 엘리야가 베푼 놀라운
이적은 이스라엘 하나님의 위대하심이 이방 땅에 전해지는
계기가 됩니다(왕상 17: 17-24). 일어나 사르밧으로 갔던
순종의 선지자 엘리야의 영력은 그렇게 깊어졌습니다.

그리고 선지자 요나도 일어났습니다. 무슨 연유에서든
요나가 일어났으니 이제 우리도 일어나야 합니다. 일어나
그를 따라가다 보면 니느웨에 닿게 될까요? 아, 그렇지는
않은 것 같습니다. 오늘 본문 3절을 보면 요나가 일어난
까닭이 "여호와의 얼굴을 피하기" 위해서라고 기록되어

있기 때문입니다. 그런데 이 구절을 히브리어 성경으로 읽어
보면 어감이 조금 다릅니다. 히브리어 성경에는 '요나가
일어나다'라는 내용부터 나오기 때문이지요. "야웨의 얼굴을
피하기 위하여"는 순서상 뒤에 나옵니다. 그래서 요나서의
첫 독자들은 '요나가 일어나다'까지만 읽고 성급하게 '옳다!
순종하느라 일어났구나'라고 생각했을 가능성이 높습니다.
당연합니다. 야웨 하나님의 말씀이 임했고 선지자는 당연히
순종해야 할 책임이 있으니까요. 야웨 하나님께서 "쿰!"
했으니 일어나야 옳습니다. 그러나 이내 "여호와의 얼굴을
피하려고" 라는 뒷부분을 읽고 "어허, 무슨 선지자가!"
하면서 경악을 금치 못했을 수도 있습니다.
제가 Day 1에서 요나라는 독특한 선지자와 동행할 수 있는
일은 흔한 일이 아니라고 말씀 드린 바 있습니다. 그 이유는
요나서를 묵상하면서 차차 발견하실 거라고도 말씀드렸고요.
바로 이 부분부터 나옵니다. 요나는 하나님의 말씀이 임하자
무작정 "하나님을 피하려고" 일어난, 특이한 선지자가 아닐
수 없습니다. 다른 선지자들과는 전혀 다르게 행동합니다.
그렇다면 이 짧은 요나서 안에서 '다바르 야웨(하나님의 말씀)'
가 무려 일곱 번이나 나온 것은 이 독특하고 고집 센 선지자

요나를 향한 하나님의 집요한 추적이라도 보아도 지나치지
않을 것 같습니다. 지극히 인간적인 선지자 요나에게마저도
부르심을 거두지 않는 하나님의 압도적인 승인처럼 느껴질
정도입니다.

그런데 왠지 이런 요나의 모습이 낯설지 않습니다. 그런
독특한 요나가 바로 우리의 모습이기 때문입니다. 하나님이
우리를 가고 싶지 않은 장소에, 가고 싶지 않은 사람에게
파송시키며 '쿰 레이크!' 하신다면 어떻게 하겠습니까?
우리도 일어나 그곳으로 가려 하지 않을 것입니다. 우리
역시 내면에서 '갈등하는 요나'를 발견합니다. 여러분께
묻고 싶습니다. 오늘 여러분에게 명령이 임했으나 도저히
일어나 가고 싶지 않은 니느웨는 어디(혹은 누구)입니까?
그 니느웨가 꺼려져서 혹시 침묵으로 일관하고 계시지는
않습니까. 그렇다면 저는 이런 말씀을 드리고 싶습니다.
그 마음을 그냥 솔직히 주님께 표현하십시오. 괜찮습니다.
사실 주님은 우리가 두려워서 아무 말도 하지 않는 것보다
차라리 정제되지 않은 마음이라도 털어놓기를 원하십니다.
하나님께서 말씀하셨는데 우리가 침묵한다면 하나님의
독백으로 끝나 버립니다. 그런데 말씀에 다시 응답을 드리면

대화가 됩니다. 대화는 교제의 필수 항목입니다. 주님은
우리와 그런 친밀한 교제를 나누기 원하시고, 우리가 솔직히
도움을 구할 때 긍휼을 베푸십니다. 우리에게 소원을 두고
행하게 하시는 하나님께서 모든 일을 원망과 시비 없이
마무리하실 것을 믿고 여러분의 마음을 여과 없이 고백하길
바랍니다(참조. 빌 2:13-14).

오늘 여정은 여기까지입니다. 우리 안에도 요나의 모습이
있음을 인정하고 하나님의 얼굴을 피하지 마십시오. 쿰
레이크! 일어나 걸어가라! 내일 우리는 어디로 가게 될까요?
여러분과 함께 요나의 행선지를 알아보겠습니다. 요나를
놓치지 않게 일찍 나오십시오.

그 배에 올라타다

그러나 요나가 여호와의 얼굴을 피하려고 일어나 다시스로 도망하려 하여 욥바로
내려갔더니 마침 다시스로 가는 배를 만난지라 여호와의 얼굴을 피하여 그들과 함께
다시스로 가려고 배삯을 주고 배에 올랐더라(욘 1:3)

반갑습니다. 넷째 날 묵상입니다. 자, 어서 요나를 만나러
갑시다. 요나는 벌써 밖으로 나와 있군요. 어, 그런데 뭔가
부지런히 준비하는 것 같습니다. 한번 그의 행동을 유심히
살펴봅시다. 그는 이른 아침부터 자신의 집과 밭을 정리하기
시작합니다. 참 이상합니다. 하나님께서는 요나에게 집과
밭을 정리하라고 명령하신 적이 없지 않습니까. '쿰 레이크!'
일어나 가라고 명령하셨지 모든 소유를 정리하고 니느웨에

Day 4

가서 살라고 말씀하시지는 않았단 말입니다. 그런데
요나는 어디 먼 곳에 정착하기 위해 주변을 모두 정리하는
눈치입니다.
좀더 침착하게 요나의 모습을 살펴봅시다. 어느덧 요나는
정리가 끝난 모양입니다. 한숨을 푹 쉬더니 드디어 걸어가기
시작하는군요. 따라가 봅시다. 하나님께서 가라고 명령하신
그 장소, 니느웨로 발걸음을 옮기는 것일까요? 아니면 그의
마음에 정해진 다른 행선지로 발걸음을 옮기는 것일까요?
우리는 어제 묵상에서 요나가 일어난 이유가 "야웨 하나님의
얼굴을 피하"기 위해서였음을 이미 배웠습니다. 그래서 그가
어디론가 떠나되 하나님과 멀어지는 곳으로 갈 것이라는
불길한 예감이 듭니다. 요나가 어디로 가든 우리는 계속 그와
동행해야 합니다. 요나의 걸음이 느리지 않군요. 거의 새처럼
날아가듯 빠릅니다. 선지자의 걸음이 저렇게 빠르다는
것을 저도 오늘 처음 알았습니다. 우리도 바짝 그를 붙어
걸읍시다.
오늘 아침 묵상을 시작하자마자 여러분을 너무 숨차게
만드는 것 같아 죄송합니다. 조금만 참으십시오. 그런데
여러분, 혹시 느껴지십니까? 저는 갑자기 시원한 바다 공기가

느껴집니다. 신선한 소금기 담뿍 담은 바다 냄새가 납니다.
잠깐 멈추어 사방을 둘러보십시오. 여기가 어디일까요? 아,
여기는 예루살렘에서 멀지 않은 항구 도시 욥바입니다! 저기
보십시오. 바다 위에 정박한 큰 배가 보이십니까? 와, 정말
커다란 배입니다. 그런데 저 배를 보자마자 요나의 발걸음이
빨라집니다. 왜일까요? 그는 쏜살같이 배가 정박한 곳으로
갑니다. 이러다 요나를 놓치겠습니다. 우리도 좀더 속력을
내야 할 것 같습니다.

요나가 숨을 헐떡거리며 선원에게 뭔가를 물어보는 것
같은데 목소리가 잘 들리지는 않습니다. 무엇을 묻고 있는지
몹시 궁금합니다. 그런데 다행입니다. 선원의 대답 소리는
항구가 떠나갈 듯 잘 들리는군요. "맞소! 이 배는 다시스에서
돌아온 배요. 지금 그곳으로 다시 출발하니 뱃삯만 지불하면
승선할 수 있소." 그러더니 사방을 둘러보며 외칩니다. "자,
다시스로 가는 배가 여기 있으니 다시스로 갈 사람은 모두
이곳으로 오시오! 다시스로 가는 배! 다시스로 가는 배가 곧
떠나니 어서들 오시오!"

그렇군요. 이 배는 다시스로 가는 배입니다. 요나는 이 배에
오르기 위해 그렇게 숨 가쁘게 걸어온 것입니다. 아까 요나가

밭과 집을 정리한 것은 뱃삯을 마련하기 위해서였던 것
같습니다. 당시에 다시스로 떠나는 뱃삯은 결코 저렴하지
않았습니다. 집 한 채, 논 한마지기 값보다 더 비쌌습니다.
어쩌면 요나는 뱃삯이 아니라 그 '배'를 얻기 위해
모든 것을 팔아 버렸는지도 모릅니다. 드디어 요나는
뱃삯을 지불하고 배 안으로 훌쩍 들어가 버립니다. 아마
희열을 느꼈겠지요. 그 배만 타면 니느웨로 가지 않아도
되니까요. 이 배는 북쪽으로 가지 않습니다. 서쪽으로
3,200킬로미터나 떨어진 다시스로 가는 배입니다. 요나는
하나님께 '쿰 레이크!'라는 명령을 받고 일어나 니느웨로
걸어간 것이 아니라, 일어나 '도망가고' 있습니다(욘 1:3). 네,
맞습니다. 그는 도망치고 있는 중입니다. 단서가 있습니다.
보십시오. 요나가 일어난 다음에 한 행동들이 모두 여호와의
얼굴을 피하기 위해 세운 철저한 계획이지 않습니까. 오늘
본문 3절이 이를 명백하게 드러냅니다. 저는 이 부분을
히브리 문학에서 자주 쓰이는 키아즘_{chiasm}구조(교차 대조
구조)로 한번 풀어 보려고 합니다. 보십시오. 요나가 도망간
이유가 명쾌해질 겁니다.

메인 액션_{Main action} : 요나가 일어나다. (그는 순종하려는가? 아니면 회피하려는가?)

A **여호와의 얼굴을 피하기 위하여** 다시스로 가려고

  B 요나는 욥바의 항구로 **내려가더라**

    C **다시스로 가는 배**를 만난지라

    C′ **다시스로 가는 뱃삯**을 치르고

  B′ 요나는 배에 **올라타더라**

A′ **여호와의 얼굴을 피하기 위하여** 다시스로 가려고

이 구조의 정점 (C C′)에서 보면 요나가 일어난 이유가 다시스에 가려는 것임이 오롯이 드러납니다. 그가 다시스에 가려는 이유는 여호와의 얼굴을 피하기 위함인 것도 (A A′) 역력히 나타납니다. 여호와의 임재를 피하겠다는 결단입니다.

그런데 선지자의 사명을 부여받은 요나가 설마 다시스로 가면 하나님을 피할 수 있다고 믿었을까요? 글쎄요, 좀 의심스럽습니다. 이스라엘 사람들에게 야웨 하나님은 단지 국지적인 신_{local deity}이 아니었습니다. 그들에게 하나님은

상천하지에 유일한 신_the one true God in the whole earth_이었습니다. 시편 기자도 "내가 주의 영을 떠나 어디로 가며 주의 앞에서 어디로 피하리이까(시 139:7)"라고 고백한 적이 있습니다. 요나가 전지전능하고 무소불능하신 하나님이시라는 것을 모를 리 없건만 왜 그런 결정을 한 것일까요?

개역개정 성경에 나타난 "여호와의 얼굴을 피하려고"(욘 1:3)는 히브리어로 '밀프네이 야웨(millipnê Yehwāh)'입니다. 그렇다면 밀프네이 야웨가 무슨 뜻인지 알아봅시다. 이 표현이 처음 등장한 곳은 창세기 4장 16절입니다. "가인이 여호와 앞을 떠나서 에덴 동쪽 놋 땅에 거주하더니"라고 되어 있습니다. 가인은 동생 아벨을 살해한 후 하나님과의 관계가 깨져 버리지요. 그래서 그는 야웨 하나님 앞을 떠나 놋 땅에 거주하게 됩니다. 여기서 "여호와 앞을 떠나서"라는 부분이 바로 밀프네이 야웨입니다. 히브리어로 '파네(pānĕh)'는 '얼굴'을 말합니다. 그런데 파네 앞에 전치사 '민(min)'과 '르(l)'가 붙어서 '밀프네이'로 합성이 되면 '~의 얼굴로부터 멀어지다'라는 뜻이 됩니다. 따라서 가인이 야웨 하나님의 영광스러운 얼굴로부터 멀어졌다는 것을 나타냅니다. 하나님의 얼굴을 바라보면서 걷지 않고 반대 방향으로

걸어갔다는 뜻입니다. 다시 말해서 밀프네이 야웨는
의지적으로 하나님의 존전에서 등을 돌려 반대 방향으로
걷는 행위를 지칭합니다.

고대 이스라엘 문화를 한마디로 말하면 '명예와 수치
문화'honor-shame culture라고 할 수 있습니다.[5] 그들에게는 수치를
당한다는 것이 가장 큰 취약점이었습니다. ('체면'을 중시하는
우리나라 문화와도 비슷합니다.) 그래서 그들 표현에 '얼굴'은
참 중요한 의미를 담습니다. 얼굴을 떨군다는 것은 죄,
전쟁의 참사, 적군의 공격으로 부끄러움을 당할 때
사용되었습니다. 반면 "얼굴을 도우시는" 주님을 바라본다는
것(시 42:11, 43:5)은 극악한 수치로부터 주님이 도우시므로
원수들 앞에서 얼굴을 들고 승리의 찬가를 부를 수 있다는
뜻이었습니다(시 25:2-3). 그러므로 주님이 고개(얼굴)를 들어
주신다는 것은 가장 영광스러운 일이었지요(시 3:3).

그런데 이 개념은 단순히 문화적으로만 해석할 것이
아닙니다. 이 개념은 신학적으로도 굉장한 의미를
지닙니다. 우리는 이 세상에서 주님의 얼굴을 희미하게
볼 뿐이지만, 그날이 이르면 투명하게 그분과 얼굴과
얼굴을 대하여 볼 것입니다(고전 13:12). 수치를 벗고 얼굴을

들어 주님을 바라볼 수 있는 최고의 순간에 이르게 될
것입니다. 그러나 우리가 거부하면 하나님의 얼굴을 볼 수
없습니다. 하나님이 그곳에 계시지 않아서가 아니라 우리
스스로가 그 얼굴의 영광스러운 빛을 차단하는 것입니다.
기억해야 합니다. 하나님의 얼굴을 바라본다는 것은 우리의
특권이자 영광스러운 직분이라는 것을. 그러니 하나님 앞에
서십시오. 등을 돌리지 마십시오. '하나님 앞에 서다'라는
표현은 하나님을 사랑하고 섬기는 것과 동일한 뜻입니다.
하나님께서 우리를 그분 앞에 '세우신다'라고 할 때도
마찬가지입니다. 세움을 입은 사람은 하나님을 바라볼 뿐
아니라, 그분을 섬기고 사랑하는 사람입니다(참조. 렘 15:19).
'밀프네이 야웨' 하지 마시기를 권합니다. 반대 방향으로
걸어가지 마십시오. 그분의 얼굴을 보며 걸어가십시오.
그분의 눈동자 안에 당신의 영상이 맺힐 때까지. 그리고
당신의 눈동자 안에 그분의 형상이 자리할 때까지.
아버지께서 우리 안에, 우리가 아버지 안에 거할 때 기쁨이
충만해집니다(요 15:11).
요나서 저자는 요나가 예루살렘 북서쪽에 위치한 욥바
항구로 내려갔다고 기록합니다(욘 1:3). 항구로 가는 길은

비탈길을 미끄러져 내려가는 길이었습니다. 하나님의 얼굴을
바라보니 몸을 돌려 피하겠다는 길이었으니 말입니다.
요나는 그곳에서 다시스로 떠나는 배를 만납니다.
히브리어 성경에는 요나가 그 배를 발견했다는 부분에
히브리어 동사 '마쯔아(māṣā)'를 사용합니다. '우연히
발견하다'라는 뜻입니다. 그러나 사실 이 단어는 '손에
획득하다'obtain 혹은 '바라는 것을 이루다'achieve라는 뜻도 품고
있습니다. 그렇게 요나는 다시스로 가는 배를 '얻었던'
모양입니다. 그 배를 보는 순간, 요나는 짜릿한 흥분을
느꼈겠지요. "바로 이거야! 내가 살 길을 찾았어!" 감격하여
속으로 외쳤는지 모릅니다. 그러나 요나로 하여금 그 배를
'마쯔아' 하게 한 것은 하나님의 온전한 섭리였습니다. '섭리'
는 영어로 'provision'입니다. 문자 그대로 'pro'(미리, 앞에서)
와 'vision'(봄, 식견, 보아서 앎)의 합성어입니다. 하나님께서는
요나의 마음을 미리 보셨습니다. 니느웨에 가고 싶지 않은
마음을 일찌감치 아셨습니다. 요나가 도망가려는 것도
하나님은 미리 보고 계셨습니다. 그래서 욥바 항구에 배를
준비하시고 요나로 하여금 그 배를 얻도록(마쯔아) 하신
것입니다. 그 배의 수로를 주관하고 통항을 지도하시는

분은 사실 하나님이셨습니다. 그러므로 그 배가 어디로
가게 될지는 아직 모릅니다. 당시가 페니키아인들이 지중해
상권을 장악하던 시기라는 것을 미루어 보면, 요나가 탄
배는 아마도 페니키아 소속의 크고 고급스러운 상선이었을
것입니다. 번쩍번쩍한 커다란 배에 요나가 "올랐더라"(욘 1:3)
라고 개역개정 성경은 번역하지만, 사실 히브리어 성경으로
읽어 보면 요나는 배 속으로 깊이 '내려갔을' 뿐입니다.
왜냐하면 이때 쓰인 동사가 '올라타다'가 아닌 '내려가다'
라는 히브리어 동사 '야라드(yārad)'이기 때문입니다. 이
구절에서 요나는 한 번도 '올라간' 적이 없습니다. 마치
그의 영적 상태를 드러내듯 추락하고 있었습니다. 요나는
다시스로 향하는 사람들과 함께 배에 올라탄 것이 아니라,
그들과 더불어 배 안으로 깊숙하게 떨구어졌습니다. 요나가
고의적으로 '밀프네이 야웨' 하고 있었기 때문입니다.
그러나 우리는 이제 요나와 함께 이 배에 올라타야 합니다.
어디에 도착하게 될지는 하나님께서 결정하실 것입니다.
그분이 보이지 않는 유일한 선장입니다. 우리 인생의 배도
마찬가지입니다. 번쩍번쩍한 페니키아 상선에 올라탔든,
돛단배처럼 작은 배에 올라탔든, 우리의 행선지는 우리가

주관할 수 없습니다. 그분의 손길을 믿고 동행할 길밖에
없습니다. 오늘은 여기까지 묵상하겠습니다.
배가 곧 움직이려고 하는군요. 넘어지지 않도록 꼭
붙드십시오. 그리고 배 갑판에 서서 주위를 둘러보십시오.
오늘따라 하늘이 높고 바다의 물결은 고요합니다. 바다색은
청아하군요. 박하 내음 같은 바다 냄새가 물씬 풍깁니다.
저와 여러분은 이렇게 요나와 한 배에 탔습니다. 여기는
어디입니까? 우리는 지금 푸르른 지중해에 있습니다!

잠이 든지라

여호와께서 큰 바람을 바다 위에 내리시매 바다 가운데에 큰 폭풍이 일어나 배가
거의 깨지게 된지라 사공들이 두려워하여 각각 자기의 신을 부르고 또 배를 가볍게
하려고 그 가운데 물건들을 바다에 던지니라 그러나 요나는 배 밑층에 내려가서 누워
깊이 잠이 든지라(욘 1:4-5)

지중해의 좋은 아침입니다. 페니키아 상선에서의 하룻밤,
편안히 주무셨는지요? 불편해서 잠을 설치지는 않으셨는지
궁금합니다. 우리는 너무 흥분하거나 불안하면 잠을 잘
이루지 못합니다. 그러나 충분한 수면을 취해야 몸이
회복되고 하루를 살아갈 힘을 얻습니다. 잠은 진실로
신의 축복입니다. 시편 기자는 이렇게 고백했습니다.
"그러므로 여호와께서 그의 사랑하시는 자에게는 잠을

Day 5

주시는도다"(시 127:2).

오늘 묵상에도 잠에 대한 이야기가 나옵니다. 묵상 첫
단락부터 잠이라니 벌써 나른하신가요. 하지만 오늘
우리가 살펴볼 '잠'은 예사로운 잠이 아닙니다. 그러니 눈을
또랑또랑하게 뜨고 함께 묵상해 봅시다. 그나저나 요나는
일어났을까요? 쿰 레이크! 일어나 걸어가라는 하나님의
명령이 저 멀리 예루살렘에서 아스라이 사라지고 있습니다.
아, 맞습니다. 요나는 여태 잠을 자고 있습니다. 언제쯤
잠에서 깨어날지도 알 수 없습니다. 그러다 보니 오늘 묵상은
요나의 잠만큼이나 조금 길어질 것 같습니다. 그러나 지중해
한복판에서 이루어지는 오늘의 묵상이 결코 지루하지는
않을 겁니다. 요나의 잠은 하나님께서 주신 축복의
잠이었을까요? 이 질문에 주의해 보면서 오늘 본문으로
들어가겠습니다.

오늘은 특별히 5절 후반부를 먼저 묵상하고 4절로 거슬러
올라가겠습니다. 5절 후반부입니다. "그러나 요나는 배
밑층에 내려가서 누워 깊이 잠이 든지라." 지금 우리가
타고 있는 페니키아 상선은 희망에 가득 부풀어 항해하고
있습니다. 이 배에 실려 있는 많은 물품이 교역을 통해

부를 가져다줄 것이기 때문입니다. 그러다 보니 선원들은 자신의 임무를 수행하느라 여념이 없습니다. 그런데 우리의 주인공 요나는 일찌감치 배의 가장 깊숙한 곳으로 내려가 자리를 잡고 누워 있습니다! 왜 하필 배의 가장 밑층을 선택했을까요? 아하, 맞습니다. 편안하게 잠을 자기에는 배 갑판보다 밑바닥이 안정적이기에 그랬습니다. 바다 구경도 내키지 않고 하늘을 올려다보기는 더욱 꺼렸을 것입니다. 어차피 물품 교역을 위해 승선한 것도 아니었고, 바다 경치를 구경하려고 이 배를 선택한 것도 아니었습니다. 요나가 이 배에 오른 이유는 단 하나, 여호와의 낯을 피하기 위해서였습니다. 요나는 사실 몹시 피곤했습니다. 여행을 준비하느라 기력을 쓴 것도 있지만, 욥바에 당도하는 동안 야웨께서 혹여 날벼락이라도 내리시면 어쩌나 하는 마음에 두근거림도 상당했습니다. 그런 요나가 이제 배 안으로 안전하게 들어왔다고 생각하니 피곤이 물밀듯 밀려온 것입니다. 그래도 그는 여전히 두려웠을 것입니다. 요나는 불안한 가운데 잠을 청합니다. "설마 야웨께서 다시스에 있는 나에게까지 찾아와 니느웨로 가라고 하시지는 않겠지. 이스라엘에 그분의 선지자가 될 만한 달변가들이 좀 많은가?

암, 많고말고. 야웨께서 나를 아쉬워하실 일은 전혀 없어.
어서 잠이나 푹 자두자. 다시스에 당도하면 선지자 요나가
아니라 평범한 요나로 한번 편하게 살아 봐야겠어." 요나는
이런 나름의 생각으로 혼자 출발합니다. 스불론 지파의 피가
흐르는 요나는 그 진취적 역동성을 역ㅎ이용하여 다시스로
출발 (혹은 도망)합니다. 그리고 배 안에서 잠이 들었지요.
그런데 요나가 잠이 들었다는 것에는 특별한 의미가
있습니다. '잠이 들다'는 히브리어 동사로 '라담(rādam)'
인데요. 이 동사를 주목할 필요가 있습니다. 제가 볼 때
요나가 청한 잠은 한가로운 낮잠이 아니라 하나님의 계획이
담겨 있는 예사롭지 않은 잠입니다. 우선 동사 라담과 어근을
같이하는 구절 중에 창세기 2장 21절을 보시겠는데요.
하나님이 여자를 창조하실 때 아담은 깊은 잠에 빠집니다.
이때의 '깊은 잠'은 '타르데마(tărdēmah)'입니다. 라담과
동일한 어근을 공유하는 명사입니다. 신의 수술이
이루어지는 동안 아담은 마취 상태, 즉 거의 죽음과 같은
잠에 빠져듭니다. 잠이 깬 후에야 아담은 그의 돕는 배필,
하와를 만나게 됩니다. 그렇다면 타르데마가 쓰인 아담의
수면 시간은 하나님의 손길이 그를 매만지는 시간이라는

뜻이 됩니다. 아담에게는 그저 평범한 잠처럼 느껴졌겠지만,
하나님은 그 시간에 놀라운 역사를 일구고 계셨던 것입니다.
하나님은 그를 만지시고 하와를 창조하심으로써 아담의
인생에 새로운 길을 열어 주셨습니다.

흥미롭게도 이 타르데마 동사는 믿음의 조상 아브라함
이야기에도 쓰였습니다. 하나님께서 아브라함과 언약을 맺기
전이었습니다(창 15장). 아브라함은 야웨 하나님으로부터
'씨앗(자손)'과 '땅(기업)'을 약속받았지만, 한편으로는
두려웠습니다. 그에게 대를 이을 아들이 없었던 것입니다.
아브라함에게는 아들처럼 여기는 신복 엘리에셀밖에
없었습니다(창 15:2). 그러나 하나님은 엘레에셀이
아브라함의 상속자가 아니라고 분명하게 말씀하셨습니다(창
15:4). 그렇다고 사라가 임신한 상태도 아니었는데 말입니다.
하나님은 아브라함의 혼란스러운 심경을 아셨습니다.
그래서 그를 천막 밖으로 데리고 가 별들이 총총 박혀 있는
하늘을 보여 주셨습니다. 그리고 그의 자손이 뭇별보다 많을
것이라고 말씀해 주셨습니다(창 15:5).

아브라함은 적이 놀랐습니다. 그가 떠나온 고장 우르는 여러
신을 섬기는 다신교 문화였습니다(수 24:2). 별들은 수많은

신을 대표하거나 신의 운행을 나타내는 통로였습니다.
아브라함도 야웨 하나님을 만나기 전에는 여러 신에게
복을 빌면서 살았습니다. 그러나 그 신들은 아브라함의
소망을 채워 준 적이 한 번도 없었습니다. 그와 인격적으로
대화를 나누어 준 적도 없었지요. 그런데 이제는
아니었습니다. 아브라함은 참된 신을 찾았던 것입니다.
수많은 별을 창조하고 주관하시는 지극히 높으신 하나님이
자신과 친밀하게 대화하시며 귀한 벗이 되어 주신 것입니다
(사 41:8; 약 2:23). 신이라고 믿었던 별, 그런데 바로 그
별을 창조하신 하나님과 교제를 나누다…. 아브라함은
밤하늘의 별을 보며 그 창조주 하나님을 믿기로 결심합니다
(창 15:6). 그는 오랫동안 수많은 별을 헤아려 보고 또 헤아려
보았겠지요. 셀 수 없이 많은 별이 그날 밤 떠 있었을 겁니다.
당장 대를 이을 아들은 없었지만 그 별들이 그의 비전이
되었습니다. 영롱한 별들처럼 아브라함의 눈에 스민 눈물도
반짝였을 것입니다. "네, 하나님. 동의합니다. 아멘, 아멘.
이제부터 뭇별처럼 많은 자손이 퍼져 나가기를 소망합니다.
지금은 무자無子하오나 이 바라는 것들이 언젠가는 실상이
되게 하여 주십시오. 지금은 보이지 않지만 제 믿음을 당신께

올려 드리며 증거 삼겠습니다"(참조. 히 11:1).

믿음의 조상 아브라함은 그날 하나님의 의$_{righteousness}$를 얻게
됩니다(창 15:6). 실제로 창세기 15장 6절 "아브라함이
여호와를 믿으니"에서 "믿으니"는 '아멘('āman)'이라는
히브리어가 히필(Hiphil)이라는 사역형 동사로 쓰였습니다.
굳이 직역을 하면 아브라함이 자신의 '믿음을 굳건히 하였다'
라고 풀이할 수 있습니다. 말 그대로 "아멘!" 하고 힘차게
받아들인 것입니다. 아브라함의 믿음은 이스라엘 역사의
중대한 획을 긋는 사건이 됩니다.

곧바로 야웨 하나님과 아브라함 사이에 실질적인 언약
의식이 이어집니다. 아브라함은 3년 된 암소와 암염소,
숫양과 산비둘기 그리고 집비둘기 새끼를 가져와, 새만
제외하고 모든 것의 중간을 쪼개 마주 대하여 놓았습니다.
중간을 쪼개 놓은 것은 당시 언약의 의례였습니다. 쌍방의
언약이므로 한쪽이 이행하지 않으면 언약은 파기되고,
반으로 쪼개진 동물 사체처럼 언약을 파기한 쪽의 몸이
찢기고 절단 나야 한다는 뜻입니다.[6] 이제 곧 야웨께서 그
언약의 장소에 임재하실 것입니다. 그분의 빛이 임하기 전,
사방은 칠흑같이 어두웠습니다. 아브라함은 야웨 하나님을

믿었으나 여전히 두려움 속에서 영적 혼란을 느꼈을
것입니다. 믿음을 고백했지만 아브라함은 신이 아니라
인간이었습니다. 마음의 옅은 물결이 방금 고백한 믿음을
얼마나 견고히 붙들어 낼 것인가…. 그는 자신이 없었습니다.
이 언약이 합의를 맺으려면 쌍방 모두 동물의 사체 사이로
걸어가야 합니다.[7] 두려움에 떠는 아브라함에게 하나님이
허락하신 것은 **깊은 잠**이었습니다. '타르데마'입니다(창
15:12). 깊은 수면에 빠진 아브라함은 그 잠 속에서 사망을
경험했는지 모릅니다. 하나님은 아브라함의 연약함을 잘
아셨습니다. 하나님은 아브라함이 언약의 부담을 짊어지고
살아가길 원치 않으셨습니다. 다만 언약을 '믿는 자'로
살아가기를 원하셨습니다. 그리하여 쪼개진 동물의 사체
사이로는 오직 야웨의 횃불만 지나갑니다(창 15:17). 하나님이
모든 책임을 떠안고 그 길을 걸어가셨습니다. 다시 말해서
언약의 부담을 하나님께서 오롯이 맡으신 것입니다. 그러나
이후에 아브라함의 자손 이스라엘 백성의 불순종으로
언약은 파기되고 맙니다. 언약에 신실하신 그리스도는
언약의 책임을 지켜 내기 위해 우리를 대신하여 죽음으로
찢기셔야 했습니다(마 27:50-51; 히 10:19-20). 그 옛날,

아브라함과의 언약에서 동물의 사체 사이를 지나간 야웨의
횃불을 기억하며 기꺼이 죽음을 맞이하셨지요. 그리고 잊지
않으셨습니다. 창세부터 준비된 야웨 하나님의 구원 계획을.
아브라함은 동물의 사체를 지나가지 않았고, 그런
명령을 받지도 않았습니다. 아브라함이 한 일이라고는
야웨 하나님을 믿고 그저 잠(타르데마)에 든 것입니다.
그동안 하나님은 그의 미래를 준비하시고 태어날 후자를
준비하셨다고 믿습니다. 아브라함조차 의식하지 못하는
사이에 그에게 자손이 예비되고 있었습니다.
'라담'이라는 동사에 대해 한 가지만 더 말씀드리고
넘어가려고 합니다. 이 동사는 다니엘서에서도 발견됩니다.
의롭고 올곧았던 다니엘에게 하나님은 미래의 일을
계시하여 주십니다. 그에게 신의 비밀을 보이신 것입니다
(참조. 시25:14). 그러나 다니엘이 보아야 했던 비전과 그
해석은 감당하기 어려운 것이었습니다. 다니엘은 두려워 떨
수밖에 없었습니다. 그때 하나님이 다니엘에게 허락하신 것
역시 깊은 잠이었습니다. 히브리어 동사 라담이 동일하게
쓰입니다. 다니엘은 하나님의 천사 가브리엘이 어루만져
일으켜 세우기 전까지 깊은 잠에 빠집니다(단 8:18). 그동안

하늘의 준령이 확고히 세워집니다. 그리고 잠들어 있는
다니엘에게 이스라엘을 중보할 지혜로운 선견자의 영이
임합니다.

그런데 흥미롭게도, 아담과 아브라함 그리고 다니엘에게
쓰인 예사롭지 않은 동사 라담이 지금 배 밑에서 하나님의
뜻을 어기고 도망가고 있는 요나에게도 쓰입니다. 요나는
자포자기의 심정으로 잠을 청했을지 모르나, 그 시간은
어쩌면 하나님이 그를 만지시는 특별한 시간이었을지
모릅니다. 요나가 잠에서 깨어나는 순간 도망자로서의 삶은
막이 내릴 것이라고 추측해 봅니다. 인간의 의지로 일구는
다시스 인생이 아니라 신의 의지로 인도받는 니느웨 인생.
그러한 삶이 시작되리라는 것을 이 동사가 함축하는 것은
아닐까요. 요나는 다시스를 꿈꾸며 지중해 한가운데에서
잠들었지만 하나님은 그분의 일을 계획하고 계셨습니다.
단지 요나만 꿈에도 그것을 모르고 자고 있었지요.
이제 다시 4절 본문을 봅시다. "여호와께서 큰 바람을
바다 위에 내리시매"라고 시작합니다. 이 문장을 히브리어
성경으로 읽으면 엄정한 하나님의 주권에 전율이 느껴질

정도입니다. 어제 묵상에서 요나서 1장 3장이 키아즘
구조로 보면 "여호와의 얼굴을 피하려고"로 마무리된다고
말씀드렸습니다. 그렇다면 이 말씀은 요나의 관점에서
쓰였다고 볼 수 있습니다. 다시 말해서 주어가 '요나'입니다.
"내가 사직서를 쓰고 선지자 직분에서 물러나면 그만이야.
내가 끝을 내면 모든 게 끝나는 거야. 내가 하나님의 얼굴을
피하면 돼! 내가 내 인생을 주관하면 되는 거야" 하면서
요나는 배에 올랐을 것입니다. (제가 말씀드리지 않았습니까.
요나는 참 독특한 선지자라고요.) 그런데 오늘 본문 4절은
요나가 피하려던 '하나님'이 주어가 되어 문장을 이끕니다.
히브리어 문장 구조는 대체적으로 주어를 포함한 동사가
먼저 나오고 그다음에 목적어가 나옵니다. 그러나 주어를
강조하고 싶은 경우에는 주어가 먼저 나오고 동사와
목적어가 뒤따라오기도 합니다. 4절이 바로 그런 경우입니다.
'야웨'라는 단어가 가장 먼저 나와 동사와 목적어를 이끌고
있습니다. 다른 누구도 아닌 야웨 하나님께서 바다 위에 큰
폭풍을 일으키셨다고 강조하고 있는 것입니다. 하나님이
친히 광풍을 바다 위로 보내신 것처럼 기록되어 있습니다.
여기서 '보내다'의 히브리어 동사는 '툴(ṭûl)'입니다. 영어로는

'hurl'이고요. 그런데 사실 이 동사는 뾰족한 창 같은 것을
힘껏 내던지는 행위를 지칭하는 군사 용어입니다(참조.
삼상 18:11; 20:33). 그렇다면 하나님께서 마치 전쟁을
선포하시듯 하늘의 광풍을 뾰족한 창으로 삼아 바다에 힘껏
내던지셨다는 뜻일까요? 오해하지는 마십시오. 하나님이
폭풍이라는 창을 도망가는 선지자 요나에게 홧김에 던지신
것은 아닙니다. 아무 죄도 없는 배를 향해 내던지신 것도
아닙니다. 그럼에도 이 부분을 읽어 보면, 배가 폭풍의
기습으로 거의 깨지게 된 것처럼 묘사되어 있습니다(욘 1:4).
힌트를 얻기 위해 몇 가지 영어성경 번역을 비교하면서 본문
4절을 다시 읽어 보겠습니다. 주어는 모두 '야웨 하나님'
입니다. 영어성경은 이 부분을 "the LORD"라고 번역하면서
시작합니다.

But the LORD sent out a great wind into the sea, and there
was a mighty tempest in the sea, so that the ship was like to be
broken. (KJV)

But the LORD hurled a great wind upon the sea, and there was a mighty tempest on the sea, so that the ship threatened to break up. (ESV)

But the LORD hurled a powerful wind over the sea, causing a violent storm that threatened to break the ship apart. (NLT)

보신 것처럼 바다 위의 배는 광풍으로부터 위협을 느껴 (혹은 위협을 받아) 부서질 듯 묘사되어 있습니다. 히브리어 성경으로 이 구절을 읽어 보면 배가 대부분 의인화되어 있습니다. 배가 거의 깨지게 된 것이 아니라, 배가 스스로 깨지기로 '계획하다'라는 히브리어 동사 '하샤브 (ḥāšab; 숙고하다, 계획하다, 아끼다, 깊이 고려하다)'가 쓰이기 때문입니다. 사물에 지나지 않는 페니키아의 상선이 어떻게 생각하거나 계획할 수 있을까요. 하샤브는 한낱 사물이 받아 낼 만한 동사가 아니기에 그렇습니다. 더욱이 이 동사는 많은 그리스도인에게 사랑받는 구절, 예레미야 29장 11절에 쓰인 동사이기도 합니다. 잠시 그 구절을 읽어 보겠습니다.
"여호와의 말씀이니라 너희를 향한 나의 생각을 내가 아나니 평안이요 재앙이 아니니라 너희에게 미래와 희망을 주는

것이니라." 이 성경 구절에 쓰인 하샤브 동사를 강조하여
다시 번역하면 이렇습니다. "너희를 향하여 내가 **숙고하고
(하샤브) 있는 계획**을 내가 온전히 알고 있으니, 이는 화가
아니라 평강이요. 너희에게 훗날이 있고 소망이 있는
것이니라." 이렇게 의미가 깊은 동사가 페니키아의 상선의
생각을 묘사하는 데 쓰였으니, 배가 사람처럼 사고思考한다는
착각이 드는 것입니다.

요나서 저자가 이 동사를 특별히 골라서 사용한 데는 이유가
있습니다. 그래서 저는 요나서 1장 4절을 이렇게 해독하고
싶습니다. "여호와께서 큰 바람을 바다 위에 창처럼 꽂으시매
바다 가운데 큰 폭풍이 일어나더라. 이에 배는 여호와의
주권을 인정하고 그분 앞에 부서지기로 숙고(하샤브)
하더라." 저자는 이렇듯 배를 의인화해서 바다의 주권자가
하나님이라는 사실을 보여 줍니다. 모든 만물이 주께
복종하는 장면을 상상하셔도 좋겠습니다. 마치 페니키아의
상선이 야웨 하나님께 순응하며 토기장이 같은 그분의
손에서 파상되기를 기뻐하는 모습처럼 말입니다. 그 배는
하나님이 물결을 잠잠하게 하시지 않으면 절대로 다시스로
갈 수 없다는 것을 겸손히 깨닫고(시 65:7), 천지만물을

다스리시는 주님께 차라리 깨어지기를 계획한 것입니다.
말하지 못하는 배가 보여 준 믿음의 행위는 '하나님의 언어'
를 배운 선지자 요나의 행위보다 훨씬 훌륭하다고 할 수
있습니다.

한편, 배 안에 있는 선원들은 어땠을까요? 그들은
우왕좌왕했습니다. 물론 그들이 항해하면서 광풍을 만난
것이 처음은 아니었을 것입니다. 이런 위기 상황에 어떻게
대처해야 하는지 익히 아는 노련한 선원들도 꽤 있었겠지요.
일단 그들은 선체를 가볍게 하기 위해 무거운 화물들을
바다에 던졌습니다(욘 1:5; 참조. 행 27:18-19). 하나님이
거대한 바람을 창으로 던지신 것처럼(히브리어 동사 '툴'
이 쓰였다고 했습니다), 그들도 바다를 향해 물건들을 힘껏
던졌습니다(흥미롭게도 이때 쓰인 동사 역시 '툴'입니다).
하늘에서는 광풍이 던져지고 물건들은 바다로 내던져지면서
힘겨운 사투를 벌이고 있습니다. 선원들은 마치 하늘로부터
내려오는 막강한 힘을 막아 낼 도리가 전혀 없는 연약한 병력
부대처럼 보였습니다.

페니키아 상선은 가벼워졌을까요? 네, 가벼워졌습니다.
요나서 저자는 배가 '가벼워지다'라는 표현으로 히브리어

동사 '칼랄(qālal)'을 선택했으니까요. 그런데 이 동사에는
역설적이게도 '가치를 떨어뜨리다, 점점 덜 중요하게 되다'
라는 의미가 숨어 있습니다. 화려했던 상선은 그 물건을
바다에 떨구어 냄으로써 가치를 떨어뜨리며 초라해지고
있었다는 뜻입니다. 그들은 이번 광풍이 숙련된 선원의
손길로도 차마 막을 수 없다는 것을 깨닫습니다. 배가 선원의
말은 듣지 않고 하늘에서 내려치는 폭풍에만 순응하며
깨지려 하고 있었기 때문입니다. "이것은 신이 내린 큰
재앙이다!" 누군가 크게 소리치며 경각의 고동을 울렸습니다.
페니키아 출신 선원들이 상당수였다고 가늠해 본다면
그들이 섬기는 신은 다양했을 것입니다. 그 외침을 듣고
나서 그들은 어떤 신이 이런 재앙을 내린 것일까 생각하느라
골몰했습니다. 그들은 신의 이름이란 이름은 모두 불러 보며
도움을 요청하는 단계로 들어갔습니다. 5절을 보십시오.
"사공들은 두려워하여 각각 자기의 신을 부르고"라고 되어
있습니다. 거대한 상선은 각종 신을 모시는 신당神堂처럼
변하여 각자의 신과 교통하기 위해 몸부림치고 있었습니다.
어느 신의 도움이 당도할지 모르니 아는 신의 이름을 모두
점검해 보기 시작했습니다.

그런데 이 난리 통에 우리의 주인공 요나는 어디에
있습니까? 이런! 아직도 배 밑창에서 잠을 자고 있습니다.
배 가장 깊숙한 곳에 들어가 깊은 잠에 빠져 있습니다. 배는
곧 부서질 것 같습니다. 깨어지고 부서져야 할 대상은 사실
배가 아니라 요나였는데 말입니다. 요나가 그 사실을 깨닫든
깨닫지 못하든, 우리는 하나님이 그분의 "역사"를 진행하고
계심을 믿습니다. 때가 되면 하나님이 요나를 깨우실
것입니다. 그리고 요나는 기대했던 다시스가 아니라 지중해
한복판에서 엄정한 하나님을 대면하게 될 것입니다. 그의
삶은 온통 뒤바뀔 것입니다. 잠이라는 주제로 약간 길어진
오늘 묵상은 여기에서 마치겠습니다.
당신은 지금 어떤 시간을 보내고 있는지 묻고 싶습니다.
우리 중에 지금 자포자기의 심정으로 잠든 사람은 없는지요.
내일에 대한 희망 없이, 그저 언젠가 다시스에 도착해 모든
것이 잘 되리라는 막연한 기대감으로 잠들어 있는 분이
계신가요? 만약 계시다면 그 잠이 하나님이 만지시는 시간이
되기를 기도합니다. 아무것도 모르고 잠들어 버린 나뭇잎에
아침 이슬을 떨구어 그 잠을 깨우시듯, 하나님께서 우리의
잠든 얼굴에 회복과 기쁨의 이슬을 내려 주시기를 구합니다.

하나님께서 깨우실 때 거부하지 말고 일어나십시오. 잠은 신의 축복이지만 깨어남 또한 신의 축복이랍니다. 내내 잠만 자면 우리의 삶은 곤핍하고 빈궁해집니다(잠 24:33-34). 곧 요나가 잠에서 깨어나게 될까요? 오랜 잠에서 깨어난 요나를 우리는 만나고 싶습니다. 페니키아 상선에서 내일 또 뵙겠습니다. 그나저나 이런 특별한 지중해 여행은 아주 드물다는 생각이 들지 않으십니까? 그것도 요나라는 독특한 선지자와 함께 말입니다.

자는 자여, 일어나 외치라!

선장이 그에게 가서 이르되 자는 자여 어찌함이냐 일어나서 네 하나님께 구하라 혹시
하나님이 우리를 생각하사 망하지 아니하게 하시리라 하니라 그들이 서로 이르되, 자
우리가 제비를 뽑아 이 재앙이 누구로 말미암아 우리에게 임하였나 알아보자 하고 곧
제비를 뽑으니 제비가 요나에게 뽑힌지라(욘 1:6-7)

어서 나오십시오. 우리는 여전히 지중해에 있습니다.
요동치는 배 안에서 오늘 묵상을 시작하겠습니다. 요나서를
묵상한 지 벌써 엿새째네요. 그렇지만 아직 선지자 요나의
목소리를 정식으로 들어 보지는 못했습니다. '쿰 레이크!
카라!(일어나 걸어가 외치라!)'라는 명령을 받았는데, 요나의
외침은커녕 코 고는 소리만 들립니다. 할 수 없네요.
요나의 목소리는 나중에 들어 보는 걸로 하고, 오늘은 이

Day 6

페니키아 상선의 선장을 공식적으로 만나 그의 목소리를
들어봅시다. 요나서에서 야웨 하나님의 목소리 다음으로
가장 먼저 들리는 목소리가 바로 이 선장의 목소리랍니다.
그가 누구인지 궁금하지 않으십니까? 저쪽에서 바삐
걸어오는 사람입니다. 보이십니까? 몹시 불안해 보이지요?
그도 그럴 것이 지금 배는 온통 난리가 났습니다. 온갖
수를 다 써보았지만 곧 파선하여 가라앉을 지경이니까요.
지푸라기라도 잡아 보는 심정으로 선장은 배에 있는
사람들을 한 사람씩 점검하기 시작합니다. 사실 그가 한
사람씩 점검한다는 뜻은, 배에 타고 있는 각 사람이 섬기는
신을 점검하는 것입니다.
페니키아인들은 그들이 해상권을 장악할 수 있었던 이유
중 하나가 신의 도움 때문이라고 믿었습니다. 그래서
해상으로 진출할 때 함상에서 드리는 숭배 의식이나
제사가 필수적이었지요. 요나가 탄 상선도 예외는 아니었을
것입니다. 분명 출발 직전에 제사를 치르고 떠났을 것입니다.
바다를 주관하는 신을 달래야 그 신이 항해를 순조롭게
도울 것이라고 믿었으니까요. 그들의 믿음은 거의 절박에
가까웠습니다. 그러므로 선장은 혹시 그들이 알고 있는 신이

역정을 내어 풍랑을 일으킨 것은 아닐까 걱정한 것입니다.

선장은 만나는 사람마다 이렇게 물었을 것 같습니다.

"자네는 자네가 알고 있는 신의 이름을 부르며 도움을

구했나?"

"예, 예…. 그럼요. 기후를 주관하시는 하늘의 신 바알 샤마인

Baal-Shamem께 제 몸을 혹사하다시피 구했는걸요. 그래도 아무

소용이 없었습니다."

"그러면 자네는 어떤가?"

"네, 저는 태양신 라쉬메프Rashmef께서 혹시 노여움을 품으셨나

하고 매달려 보았는데 아무런 반응이 없습니다. 그 신과 이

풍랑은 별 상관이 없는 듯합니다."

"어, 거기 지나가는 자네! 이리 좀 와보게. 자네는 자네가

알고 있는 신의 이름을 불러 보았는가?"

"그럼요. 해양을 주관하는 포세이돈Poseidon께 직접 고개를

조아렸지요."

"그래? 맞다. 포세이돈 님이 바다를 다스리시지. 그래,

포세이돈 신께 구했더니 어찌되었는가?"

"납작 엎드려 도와달라고 했는데도 이 지경이 되었습니다.

포세이돈 신께서 역정을 내신 것은 아닌 모양입니다…."

이쯤 되니 선장의 가슴은 답답하여 타들어 갈 것 같았습니다.
"자기 신의 이름을 부르지 않은 사람이 이 상선에 아무도
없단 말인가?" 소리를 버럭 질렀겠지요. 선장은 바로 그때
배의 가장 밑창에서 혼곤히 잠든 요나를 발견했습니다.
배가 깨진다면 가장 먼저 가라앉을 사람이 늘어지게 잠만
자고 있으니 얼마나 어이없겠습니까. 선장은 한심스러운
눈으로 요나를 흔들어 깨웠습니다. 무슨 말을 하면서 요나를
깨웠을까요? 재미있게도 바로 "쿰!"이었습니다. "어이!
일어나시오!" 선장은 누워 있는 요나의 이름도 직업도
출신도 알지 못했습니다. 그래서 그는 요나를 이렇게
불렀습니다. "자는 자여!"(욘 1:6). 자는 자! 그렇습니다.
요나가 잠을 자고 있으니 그저 자는 자라고 부른 것입니다.
영어 성경에는 "sleeper"라고 쓰여 있습니다. 그런데 이
단어에는 '침묵하는 사람'이라는 뜻도 있습니다. 외쳐야
하는 요나에게 '침묵자'라는 표현은 참 아이러니합니다.
여하간 버젓이 요나라는 이름이 있는 그에게 '자는 자'라는
이름이 단숨에 하나 더 붙어 버렸습니다. 하나님의 백성
이스라엘 출신의 선지자라는 직함은 요나의 새로운 이름
'자는 자' 앞에서 힘을 잃습니다. 선지자 요나가 아니라 자는

자 요나입니다.

여러분, 요나가 방금 얻은 이름을 듣고 웃음이 나십니까.
네, 정말 우습기는 합니다. 그런데 이상하게도 우리는 이
상황에서 웃고 싶지 않습니다. 우리에게 던져지는 씁쓸한
교훈을 발견하기 때문입니다. 요즘 그리스도인들도
누군가에게 '자는 자'로 명명되면서 살아가는 경우가 많기
때문입니다. "그리스도의 편지"(고후 3:3)가 되어 절망에 빠진
이들에게 희망의 소식을 전하고 "그리스도의 향기"(고후 2:15)
가 되어 쾌쾌한 후미진 구석을 정화해야 할 우리가 그저 세상
속에서 안락하게 잠만 자는 자로 살아가고 있지는 않은지요.
그렇다면 오늘 우리도 이 이방인 선장의 음성을 귀담아 듣고
깨어 일어나야 합니다(롬 13:11-12; 엡 5:14-16; 살전 5:6-9).
"자는 자여 일어나라!"
그나저나 선장이 요나를 이렇게 부른 것은 과장이 아닙니다.
이런 상황에서 자고 있는 요나가 얼마나 생각 없는 사람으로
보였겠습니까. 선장의 말을 들어 보십시오. "모두가 무거운
짐을 바다에 던지거나, 각기 알고 있는 신의 이름을 부르며
다신론적인 기도모임polytheistic prayer meeting을 하고 있는 마당에
자네는 도대체 지금 무엇을 하는 것인가. 태평스럽게 잠이

오는가? 자는 자여, 이제 그만 **일어나라!** 일어나서 자네가
알고 있는 신께 **외치라!**"(욘 1:6) 선장의 단호한 명령은 요나의
귓가에 익숙하게 들렸을 것입니다. 이미 야웨 하나님께서
요나에게 명령하신 것이기 때문입니다. 영적으로 마비되어
있는 요나를 야웨 하나님께서는 이방인 선장의 입술을 통해
반복해서 말씀하시며 마구 흔들어 깨우신 것입니다.
그런데 선장이 요나에게 이렇게 관심을 보인 데는 다 이유가
있습니다. 온갖 신의 이름을 불러 보았는데 단 한 명,
이 "자는 자"의 신만 불러 보지 못한 상태가 아닙니까! 이
사람이 그의 신을 불러 보면 혹시 풍랑이 가라앉지 않을까
하는 소망으로 요나에게 다가간 것입니다. 선장의 말을 다시
들어 보겠습니다. 오늘 본문 6절입니다. "혹시 너의 신이
우리를 생각하사 망하지 아니하게 하시리라." 선장의 말을
풀어서 해석하면 '너의 신은 누구인가?' 묻고 있는 것입니다.
요나는 그렇게 이방인 선장의 독촉으로 겨우겨우 일어나
갑판으로 올라옵니다. 사방을 둘러보니 이게 다 뭐란
말입니까! 세상이 온통 변해 있었습니다. 평화로운 지중해
바다를 기대했건만 사나운 풍랑이 배를 삼켜 버릴 것만
같았습니다. 요나는 다리가 후들거렸습니다. 겨우 일어나

걸어 나온 곳이 배의 갑판이었습니다. 선원이란 선원은
모두 모였습니다. 신의 이름을 부르는 것이 소용없다고
느끼자 제비를 뽑아 이 풍랑의 화근이 누구인지 알아내려는
것입니다(욘 1:7). 제비를 뽑는 문화는 고대 근동 지역에서
두루 이루어진 것으로[8] 요나와 함께 항해한 페니키아
선원들에게 익숙한 방식이었습니다.

참고로 말씀드리면 당시 제비뽑기가 이방인들 사이에서만
이루어진 것은 아닙니다. 하나님은 구약시대에 이스라엘
백성이 제비 뽑아 그분을 뜻을 가늠하도록 허용하셨습니다.
제사장이 속죄제로 드릴 염소를 골라내거나 죄인을
가려내야 할 때, 혹은 기업을 나누거나 왕을 선출하는 중요한
순간에도 제비뽑기가 활용된 기록이 있습니다(레 16:7-10; 수
7:14-18; 18:10; 삼상 10:20-22). 제비를 뽑는다는 것은 운(運)을
알고자 하는 바람인데, 이 '운'에 해당하는 히브리어가
'고라알(goral)'입니다. 왠지 거창한 뜻을 품고 있을 것 같지만,
사실 이 단어는 '조약돌'을 지칭합니다. 헬라어로는 '다이(die)'
라고 씁니다. 그래서 이 단어로부터 지금 영어에 해당하는
주사위 '다이스'dice가 비롯되었습니다.

그러나 이 평범한 돌이 제사장의 "판결 흉패"(출 28:30) 안에

간직되면 하나님의 뜻을 구하기 위한 거룩한 수단으로
사용됩니다. '우림(ûîm)'과 '둠밈(tûmmîm)'이 되기 때문에
그렇습니다. 우림은 '빛' lights이라는 뜻이며 둠밈은
'완전함' perfection이라는 뜻입니다. 우림과 둠밈의 실체에
대해서는 학자들 사이에서도 의견이 분분하여 정확한
설명을 드리기 어렵습니다. 그러나 대체적으로 일치하는
의견은 검정색과 하얀색 두 개의 돌(구슬)이었을 것이라는
추측입니다.[9] 두 개의 돌 중에서 밝은 색깔이 위로 보이도록
떨어지면 '예스' yes, 어두운 색이 위로 향하여 떨어지면
'노' no라는 뜻으로 받아들였다고 전해집니다. 사무엘상 기록을
보면 다윗이 전장에 나가기 전에 에봇을 가져오도록 지시한
적이 있는데(삼상 30:7-8), 아마도 우림과 둠밈으로 하나님의
뜻을 묻기 위해서였던 것 같습니다. 느헤미야는 유다
백성이 바벨론에서 석방되어 돌아온 후에도 우림과 둠밈을
가진 제사장이 일어나기 전에 지성물을 먹지 말라고 명한
적이 있습니다. 그 정도로 판결 흉패는 이스라엘 경내에서
중시되었습니다(스 2:63).
그러나 제비를 던지는 경우는 하나님이 허용하실 때만
가능했다는 것을 잊으시면 안 됩니다. 즉 은혜의 교회시대가

도래하기 전에만 이런 특별한 방식을 허락하셨다는
것입니다. 구약시대에는 하나님이 지목하신 몇 사람만
하나님의 신(성신)으로 감동받을 수 있었습니다. 일반인
모두에게 성령님이 임하시지는 않은 시대였습니다.
그리스도의 구속 사건이 일어나기 전이었기 때문이지요.
그래서 잠언 기자는 제비를 뽑되 하나님의 순리와
통치하심을 의심하지 않아야 함을 지혜자의 명록에 남긴
바 있습니다. "제비는 사람이 뽑으나 모든 일을 작정하기는
여호와께 있느니라"(잠 16:33).
오늘날을 살아가는 우리가 제비를 던져 운을 알아보는
것은 이제 불가능합니다. 우림과 둠밈은 예루살렘 성이
함락되면서 사라졌고, 지금은 그 거룩한 판결 흉패가
누구에게 있는지 추적할 수조차 없기 때문입니다. 우리는
은혜의 시대에 살고 있습니다. 우리는 은혜로 말미암아
그리스도를 통하여 믿음으로 구원을 얻었습니다(엡 2:8).
구원받은 그리스도인은 성령님이 내주하시는 특권을 얻게
됩니다. 성령님은 '보혜사'Paraclete가 되셔서 우리에게 모든 것을
가르치시고 말씀을 생각나게 해주십니다(요 14:26). 우리의
영원한 운명과 분깃은 그리스도라는 것을 알려 주십니다.

우리의 대제사장 되시는 그리스도의 판결 흉패 안에 우림과
둠밈은 영원히 감추어졌습니다. 이제는 그리스도를 통해
하나님께 담대히 나아갈 수 있습니다. 그러므로 지금은
우리가 제비를 던져야 할 이유도 없고 던져서도 안 됩니다.
중요한 내용이므로 제비 사용에 관한 이야기를 좀더 하고
넘어가겠습니다. 그리스도께서 오신 이후 신약시대에 제비가
사용된 경우는 두 번밖에 없습니다. 그러나 이 두 경우 모두
하나님께서 기뻐하셨던 행위는 아닌 것 같습니다. 첫 번째로
제비가 던져진 것은 예수님이 십자가에 못 박히신 후에
일어났습니다. 군사들은 예수님이 걸치신 옷을 두고 제비를
던졌습니다(마 27:35; 막 15:24; 눅 23:34; 요 19: 24). 시편 22편
18절에 암시된 그리스도의 수욕이 임한 것입니다. 참으로
악한 의도에서 이루어진 제비 던지기였습니다. 두 번째
기록은 그리스도께서 부활하신 후에 일어났습니다. 예수님은
분명히 제자들에게 성령이 임할 때까지 예루살렘에서
기다리라고 명하셨습니다(행 1:4). 성령님이 그들에게
분별의 은사를 주시어 우림과 둠밈의 역할을 감당하게
하실 것이었기 때문입니다. 그러나 제자들은 당시에 그
개념을 이해하지 못했습니다. 그래서 성령님의 인도하심을

기다리지 않고 그들 나름대로 열두 제자의 수를 다시 채워

보려 노력했습니다. 아무래도 맞는 생각 같아 보였습니다.

"그의 직분을 타인이 빼앗게 하시며"(시 109:8)라는 시편

기록의 정황과 유다의 처참한 죽음이 그것을 증명하는

것 같았습니다. 그래서 그들은 예수님과 동행했던 사람들

중에 후보를 고른 다음, 누구를 열두 제자로 맞아들일지

제비를 뽑아 결정합니다. 물론 그들은 제비를 던지기 전에

기도했습니다(행 1:24). 그러나 예수님의 명령은 "기다리라

(행 1:4)"였지, 기도하면서 제비를 뽑아 열두 제자의 수를

채우라는 것이 아니었습니다. 결과적으로는 맛디아가 제비로

뽑혔습니다(행 1:26).

이렇게 뽑힌 맛디아는 과연 열두 사도의 반열에 오르게

되었을까요? 글쎄요, 이 부분에 대해서도 학자들 간에

의견이 다릅니다. 사도로서 맛디아의 활약상이 신약성경

어디에도 뚜렷이 기록되지 않았기 때문입니다. 맛디아가

선출된 이후에 일종의 안수식 같은 것도 기록되지

않았습니다. 사도행전의 저자 누가는 오순절 사건의

기록으로 바로 넘어가 버립니다(행 2장). 그는 사도행전

6장에서 성령님이 임하신 이후의 사건을 줄곧 서술했는데,

전반부에서 성령과 지혜가 충만한 집사를 택하는 상황이
나옵니다. 이 장면에서 우리는 그리스도의 제자들이 더 이상
제비를 뽑아 사역자를 선출하지 않는다는 것을 발견합니다.
오히려 성령의 인도하심 가운데 말씀과 기도로 집사를
선출했고, 그렇게 선택된 사람은 안수식을 통해 그 직분을
인정받았습니다(행 6:1-6). 제비를 뽑아 결정했다는 기록은
전혀 보이지 않습니다. 누가는 왜 사도행전 6장에서 이러한
절차를 자세히 서술했을까요? 그리스도께서 오신 후에는
제비를 뽑아 하나님의 뜻을 가늠하는 방법에 더 이상
의존하지 않았음을 알리려는 의도였다고 봅니다.
제비 이야기를 하다가 잠시 설명이 길어졌습니다.
자, 이제 요나 이야기로 다시 돌아오겠습니다. 페니키아
사람들은 제비를 던지며 신의 뜻을 묻고 있습니다. 그들은
생사를 넘나들 만큼 절박했으므로 분위기가 몹시 진지했을
것입니다. 아마도 모두의 입이 바짝 말랐겠지요. 자기가
걸리지 않으면 안도의 한숨을 쉬면서 말입니다. 이제 요나의
차례가 되었습니다. 그런데 이방인들이 던진 제비에 다름
아닌 요나가 걸리고 말았습니다. 하나님께서 그 가운데
통치하고 계셨던 것입니다(잠 16:33). 사방이 술렁이기

시작했습니다. 곧이어 창 선장과 선원들의 시선이 마치
날카로운 창처럼 요나에게 꽂혔습니다.
"저 자는 자_{sleeper}가 화근이다!" 누군가 소리를 질렀겠지요.
"저 사람이 배 밑창에서 잠을 잘 때부터 뭔가 수상했어."
선장도 나지막이 목소리를 깔며 요나에게 천천히 다가왔을
것입니다. 이제 요나는 어떻게 해야 합니까. 이번 제비 판은
무효이니 다시 뽑아 보자고 하겠습니까? 어림없습니다. 다시
뽑아도 여전히 요나일 것입니다. 다시스까지만 데려다 주면
하나님께 빌어 보겠다는 비겁한 수를 쓰겠습니까? 말도
안 됩니다. 저 하늘을 보십시오. 내려오는 급풍이 날카롭고
거세게 배를 겨냥하고 있는 듯합니다. 점점 풍랑도 세집니다.
선장과 선원들의 시선도 날카롭고 거셉니다. **"쿰 레이크!
카라!(일어나 가서 외치라)"** 했던 선장의 음성이 다시 귓가에
맴돌았을 것입니다.
이 배 안에 요나의 친구는 하나도 없습니다. 적만
가득합니다. 니느웨라는 적을 피해 다시스 배에 올랐으나
그는 다시 지중해 한복판에서 수많은 적을 만나게 됩니다.
이런 상황에서 요나는 어떤 선택을 하게 될까요? 아쉽지만
오늘은 여기서 묵상을 마무리해야 합니다. 요나에게 잠시

생각할 시간을 주어야 할 것 같습니다. 내일 이 페니키아
상선에서 다시 만나겠습니다. 내일은 정말 확실하게 잠에서
깨어난 요나의 목소리를 들을 수 있을 것입니다. 선지자
직분을 숨기고자 내내 침묵을 지켰는데 이제는 도저히 입을
다물 수 없나 봅니다. 여하간 그는 앞으로도 끊임없이 입으로
'외쳐야' 하는 선지자 아니겠습니까. 참으로 부르심이란
철회될 수 없나 봅니다(롬 11:29).

당신의 생업은?

무리가 그에게 이르되 청하건대 이 재앙이 누구 때문에 우리에게 임하였는가 말하라
네 생업이 무엇이며 네가 어디서 왔으며 네 나라가 어디며 어느 민족에 속하였느냐
하니 그가 대답하되 나는 히브리 사람이요 바다와 육지를 지으신 하늘의 하나님
여호와를 경외하는 자로라 하고(욘 1:8-9)

오늘은 첫째 주 여정의 마지막 날입니다. 페니키아 상선을
타고 지중해를 가르며 묵상 여정에 나선 지 일주일이
지났습니다. 신실하게 동행해 주시는 여러분이 있어서
든든합니다. 여러분도 그런 기쁨과 든든함을 느끼셨으면
좋겠습니다. 그럼 오늘 묵상을 시작하겠습니다.
상황은 어제와 똑같습니다. 요나는 배 갑판에서 벼랑 끝을
경험하고 있습니다. 사방에는 적만 있고 그를 옹호해

Day 7

줄 사람은 아무도 없습니다. 요나는 이제 결단해야
합니다. 적에게 애걸한 것인가 아니면 주님께 다시 돌아갈
것인가. 그것도 아니라면 세상을 포기하는 심정으로
바다에 뛰어들 것인가를. 여러분이라면 어떤 선택을
하시겠습니까?
요나는 불안함으로 온몸이 부들부들 떨리기 시작합니다.
씩씩 거리는 선원들의 모습이 보입니다. 한때는 요나의
눈에 주님의 형상만 가득 맺힌 시절도 있었습니다. 그러나
지금 그의 눈동자에는 선장과 선원들의 의심스러운 눈빛과
시퍼렇고 거무스름한 파도가 엇갈려 맺힙니다. 고독과
공포가 엄습합니다. 드디어 선원들은 그간 궁금했던
질문들을 지중해의 파도보다도 무섭게 들이밀며 요나를
추궁하기 시작합니다. "도대체 무슨 재앙을 몰고 온
것이오?" "무얼 잘못했기에 우리까지 이 고생을 시킨단
말이오!" "당신은 어디에서 왔소?" "어느 나라 출신이오?"
"어느 민족에 속한 사람인지 말하시오." 더불어 요나의
가장 취약한 부분을 건드리는 질문이 덧붙습니다.
"당신이 하는 일이 무엇이오? 당신이 종사하는 업이 뭐냐
말이오!"(욘 1:8)

그들은 요나의 직업을 묻고 있습니다. 요나의 직업은
무엇입니까? 요나는 가축을 돌보고 밭을 경작하는 평범한
일꾼이라고 답하고 싶었을 것입니다. 그러나 숨길 수
없는 그의 생업이 있었습니다. 그는 선지자 직을 부여받은
상태였기 때문입니다. 사직서를 제출하고 야웨 하나님의
낯을 피했지만, 하나님이 사직서를 수리하신 상태는
아니었습니다. 그렇다면 요나는 무엇이라고 대답해야 옳단
말입니까?
여러분에게도 이런 경험이 있는지 모르겠습니다. 제게는
똑같지는 않지만 비슷한 일이 있었습니다. 저는 20년
전쯤 수원에서 아르바이트로 언어 수업을 한 적이
있습니다. 제가 사는 곳에서 약간 멀어 부담이 있었지만
늘 성실하고 열정적으로 공부하는 직장인들을 보며
저도 열심히 가르쳤습니다. 그런데 사실 저는 그때 여느
젊은이처럼 미래에 대한 고민이 많았습니다. 병치레가
겹쳐 몸도 마음도 쇠약해져 있었습니다. 어렵게 대학원에
진학하기는 했는데 이러다 공부 과정을 접을지도
모르겠다는 생각이 들었습니다. 절망스러운 나날이었습니다.
제법 추웠던 어느 날, 여느 때와 마찬가지로 수원행 전철을

탔습니다. 그날따라 마음이 몹시 산란했습니다. 불안한
심경을 이겨내기 위해 성경책을 읽으며 하나님의 뜻을 찾고
있었습니다. 그런데 옆에 앉아 있던 나이 지긋한 신사분이
말을 거셨습니다.

"성경 읽으세요?"

저는 아무 잘못도 하지 않았는데 그분의 질문을 받자마자
이상하게도 땀이 맺히고 얼굴이 상기되었습니다. 그래서
그분의 얼굴은 보지도 못하고 "아, 네…." 하고 목례하며
웃었습니다. 그랬더니 그분이 다시 물었습니다.

"하시는 일이 뭐예요? 신학교 다니세요?"

저는 너무 놀라 손을 내저으며 더듬더듬 대답했습니다.
(그때는 신학만큼은 절대 못할 것이라고 굳건히 믿었던
시절이었습니다.)

"아유, 아니에요. 그냥 말씀 읽는 거예요."

"그래요? 학생 같은데 착하게도 전철에서 성경을 읽는다니,
혹시 신학생인 줄 알았네요. 저는 목사예요."

저는 착해서 성경을 읽은 게 아니라 마음의 괴로움을 이길
수 없어서 성경책을 붙들고 있었던 것인데 난데없는 칭찬을
들으니 더욱 무안해져서 고개를 들 수 없었습니다. 그런데

그분이 계속 말을 이어 나갔습니다.

"목사가 되니까 학생 때처럼 성경을 차분하게 읽을 시간이
상대적으로 줄더라고요. 사역하랴, 심방 다니랴, 모임
참석하랴…. 그럼 지금 하는 일이 뭐예요?"

그분이 다시 물으셨습니다. 제 직업을 물어보시는 것
같았습니다. 당시 대학원 학생이기는 했지만 그 과정을 계속
밟을지 고민 중이었고, 아르바이트 한두 군데 다니는 것이
전부였으므로 대답할 말을 찾지 못했습니다. 결국 기어들어
가는 목소리로 겨우 대답했습니다.

"졸업하고 지금 별다르게 하는 일이 없어요, 목사님…."

대답을 마치자마자 저는 얼굴이 새빨개져 버렸습니다.

그런데 그분이 대답하셨습니다.

"뭘 별다르게 하는 일이 없어요. 내가 보니 자매는
하나님을 섬기고 있어요. 섬기는 것도 직업 아니에요?
그냥 그 자리에서 하나님을 섬기는 것도 참 좋고 의미 있는
직업이에요."

그 대답을 듣자 저는 왈칵 눈물이 났습니다. 섬기는 것도
직업이라는 대답이 이상하게도 제게 힘을 실어 주었습니다.
목사님은 그 전철에서 진정으로 제게 '목회'해 주고

계셨습니다. 그날 이후 저는 "그래, 지금 내가 별다르게 하는
일은 없지만 주님을 열심히 섬기는 것을 생업으로 삼고
살자" 다짐했던 것 같습니다.

여러분은 어떠십니까? 좋은 직업을 갖고 있는 분들도 많을
줄 압니다. 직업을 갖고 세상에서 열심히 사는 것은 정말
훌륭한 일입니다. 지치지 말고 하나님이 맡겨 주신 영역에서
최선을 다하여 일하십시오. 하나님께서 영광받으십니다.
그렇지만 누가 직업을 물을 때 명쾌히 대답할 수 없는 분들도
계실 줄 압니다. 그런 분들도 힘을 내시라고 말씀드리고
싶습니다. 엄밀히 말해서 세상의 모든 직업은 일정 시간이
지나면 내려놓아야 합니다. 영원한 세상 직은 없습니다.
그러나 하나님을 섬기는 업은 퇴임이 없습니다. 이생과
영생에서 지속되어야 할 소중한 사명이기에 그렇습니다.
그러니 기뻐하십시오. 그리스도를 섬기는 우리 가운데
진정한 생업이 없는 사람은 없습니다. 하나님을 섬기는 우리
가운데 무직자는 없는 것입니다!

요나도 지금 직업 추궁을 받고 있습니다. "네 생업이
무엇이며"(욘 1:8) 묻는 질문에 요나도 잠시 고민하지
않았을까요. 도망자라고 대답할까 우물쭈물했겠지요. '자는

자'~sleeper~라고 말하면, 지금 앞에 서 있는 선장이 "지금 누구
놀리느냐?" 하면서 한 대 꾹 쥐어박을 것만 같습니다. 그래도
도저히 선지자라고 말할 자신은 없었습니다. 왜 선지자라는
직분을 받고도 배 밑창에서 잠이나 자고 있었느냐고 물을
것이 뻔했기 때문입니다.

드디어 요나의 목소리가 들려오기 시작합니다. 그가 어떤
대답을 하는지 차근차근 살펴보겠습니다. 그는 우선 자신을
"히브리 사람"(욘 1:9)이라고 소개합니다. 그렇게 말한 데는
이유가 있었습니다. "저로 말씀드릴 것 같으면, 북이스라엘
스불론 지파의 피를 이어받고…" 하면서 장황하게
설명했다면, 이방인들은 그를 더욱 이상한 사람으로 보았을
것입니다. 그러나 지혜롭게도 요나는 자신을 히브리인이라고
설명했습니다. 히브리인은 당시에 이스라엘 사람의 정체성을
드러내는 공용어였기 때문입니다. 또한 이방인과 이스라엘
사람을 구분하는 역할도 했습니다(참조. 창 39:14; 출 1:15; 삼상
4:6). 그래서 요나는 자신의 출신을 간단히 히브리인으로
축약한 것입니다.

그런 다음 요나는 드디어 선원들에게 자신의 직업을
소개합니다. 소개하긴 하되 우회적으로 소개합니다.

오늘 본문 9절입니다. 요나는 스스로를 가리켜 "바다와
육지를 지으신 하늘의 하나님 여호와를 경외하는 자"
라고 명명합니다. 자신의 직업을 '선지자'라고 직접적으로
이야기하지는 않았지만, "하나님을 경외하는 자"라고
이야기함으로써 이스라엘 야웨 하나님과 깊은 연관이
있음을 넌지시 알렸습니다. 동시에 자신이 지금 하나님
앞에서 두려워하고 있음도 드러냈습니다. 그는 하나님을
'경외하다'라는 표현으로 히브리어 동사 '야레이(yārē)'를
선택했는데, 이 동사에는 '두려워하다'의 의미가 포함되어
있기 때문입니다. 요나는 또한 "바다와 육지를 지으신
하늘의 하나님"이라고 묘사함으로써 페니키아인들이
철석같이 믿고 있는 '바알 샤마인'이 아니라 야웨 하나님이
세상을 주관하신다는 것을 선포했습니다. 의도했든
의도하지 않았든 이방인을 향해 처음으로 설교 강론을 펴게
된 것입니다.
요나의 예상치 못한 즉석 설교에 페니키아 선원들은
웅성거리기 시작합니다. "야웨 하나님이 하늘을 주관하여
이 풍랑을 일게 하신 거라면, 바알 샤마인을 섬기는
우리와 이 재앙은 아무 상관없는 게 아닌가?" 선원들은

혼란스러웠습니다. 그래서 요나에게 다시 묻습니다.
"그렇다면 그런 야웨 하나님을 경외하는 당신은 왜 이 배를
타게 되었소? 아니, 이 풍랑은 무엇이란 말이오? 설명을
좀 해보시오." 이 질문에 요나는 고개를 떨구고 처음으로
솔직하게 자신의 상황을 설명합니다. "사실 저는 선지자의
사명을 받고 여호와의 명령을 받아 떠나야 했습니다. 그런데
그것이 두려워 야웨의 낯을 피하고 있습니다." 요나가
대답하자 상선은 발칵 뒤집어질 듯 들썩거렸습니다.
그들은 요나가 '경외하는' 하나님이 '두려워' 어찌할 바를
몰랐습니다(욘 1:10). 그래서 이방인 선원들은 이구동성으로
이스라엘 선지자 요나를 힐난하기 시작합니다. "어찌하여
그렇게 행하였소!"(욘 1:10) 이방인이 하나님의 언약을 받은
선지자를 심히 질책하는 구절입니다. 이방인의 입술을
통해 하나님의 백성을 부끄럽게 만드는 장면입니다. "만약
우리의 신이 무엇을 명령한다면 우리는 절대 도망가지
않을 것이오. 아니, 어떻게 신의 명령을 뿌리칠 수 있겠소.
그런데 하늘을 주관한다는 그 위대한 야웨를 섬기는 당신은
선지자로 부름을 받고도 도망을 쳤단 말이오? 어찌하여
그렇게 방자하게 행했단 말이오! 보시오. 당신 때문에 우리

모두 죽게 생겼으니!"

하나님을 섬기는 일이 직업이었던 요나. 그를 향한 질책의
외침이 오늘 지중해 한복판에서 끊임없이 메아리쳐
들려옵니다. 그리고 지금 제 귓가에도 울립니다. 혹시
여러분도 그러신지 묻고 싶습니다. 하나님을 섬기는
직을 부여받고도 제법 능숙하게 도망치며 살아가고 있지
않은지요. 그리스도인이라고 말하는 것조차 부끄러울
때는 없는지 점검하고 싶습니다. 오늘 이 질책을 가슴 깊이
받아들이고 '섬기는 자'와 '진정한 예배자'로 다시 서가기를
기도합니다. 그래서 언젠가는 누가 우리에게 생업이
무엇인지 물어도 '하나님을 섬기는 자'라고 순결한 양심으로
답하고 싶습니다. 외인外人의 "어찌하여 그리하였소?"라는
질책은 오늘 우리를 아프게 합니다.

이렇게 첫째 주 묵상을 마쳤습니다. 거칠고 힘든 항해를
일주일간 함께해 주셔서 감사드립니다. 잠시 숨을 고르고
휴식을 취하십시오. 그리고 나서 다음 주에도 저와 동행해
주시기를 부탁드립니다. 여러분과 함께한다면 거친 물살도
거스르며 용기 있게 항해를 계속할 수 있을 것 같습니다.
잊지 마십시오. 저와 여러분은 '들어옴과 나감'의 탄성이

있는 스불론의 축복을 받았음을. 저는 다음 주에 이곳에서

여러분을 기다리겠습니다. 샬롬!

둘째 주 여정

3일이 지나 부활의 땅으로

돌아가자, 예루살렘으로!

바다가 점점 흉용한지라 무리가 그에게 이르되 우리가 너를 어떻게 하여야 바다가
우리를 위하여 잔잔하겠느냐 하니 그가 대답하되 나를 들어 바다에 던지라
그리하면 바다가 너희를 위하여 잔잔하리라 너희가 이 큰 폭풍을 만난 것이 나
때문인 줄을 내가 아노라 하니라 그러나 그 사람들이 힘써 노를 저어 배를 육지로
돌리고자 하다가 바다가 그들을 향하여 점점 더 흉용하므로 능히 못한지라 무리가
여호와께 부르짖어 이르되 여호와여 구하고 구하오니 이 사람의 생명 때문에 우리를
멸망시키지 마옵소서 무죄한 피를 우리에게 돌리지 마옵소서 주 여호와께서는 주의
뜻대로 행하심이니이다 하고 요나를 들어 바다에 던지매 바다가 뛰노는 것이 곧
그친지라 그 사람들이 여호와를 크게 두려워하여 여호와께 제물을 드리고 서원을
하였더라(욘 1:11-16)

반갑습니다, 여러분! 둘째 주 여정의 시작입니다. 다시
이곳으로 나와 주셔서 고맙습니다. 둘째 주 여정에서는
여러분과 좀더 풍성한 말씀을 나누면 좋겠습니다. 힘겨운
여정도 마다하지 않고 다시 나와 주셨는데, 묵상에 들어가기
전에 잠깐 이야기 하나를 해드릴까 합니다.

Day 8

혹시 〈타이타닉〉이라는 영화를 보셨는지요. 이 영화는
1912년에 실제로 일어난 타이타닉 호 침몰 참사를 각색한
영화입니다. 당시 젊은이들에게 인기를 얻었던 레오나르도
디카프리오가 주인공 '잭 도슨' 역을, 아름다운 여인 케이트
윈슬렛이 그의 상대역 '로즈' 역을 맡았습니다. 실화를
바탕으로 한 영화이지만 작가의 상상력과 감독의 기지가
더해져 드라마틱한 작품이 되었지요. 우선 잭과 로즈라는
인물 자체가 허구이니까요. 영화의 흥미를 위해 가상으로
설정한 인물이었습니다. 그러나 그들의 진솔한 사랑 이야기
덕분에 이 영화는 흥행하게 됩니다.

주인공 잭은 무일푼의 이름 없는 화가였습니다. 그런데 어느
날 포커게임으로 타이타닉호 3등실 티켓을 얻게 되지요. 그
배에는 로즈라는 여인이 타고 있었습니다. 그녀는 집안을
다시 일으켜 세워야 한다는 압박감으로 원하지 않는 남자
'칼'과 약혼한 상태였습니다. 그녀의 삶은 아무런 의미가
없었습니다. 그러던 어느 날 로즈는 자살을 시도합니다.
뱃머리에서 몸을 바다로 떨구려고 했지요. 그 순간 잭이
나타나 재치 있는 언변과 행동으로 그녀의 마음을 돌려
구해 냅니다. 그 만남을 계기로 잭과 로즈는 서로 사랑을

키워 갑니다. 그러나 그들을 태운 거대한 타이타닉 호에
비극이 닥칩니다. 빙산에 충돌한 뒤 서서히 침몰하고 있었던
것입니다. 잭은 로즈를 구하기 위해 안간힘을 씁니다. 그러나
그는 결국 차가운 바닷물 속에서 서서히 의식을 잃어 갑니다.
숨을 거두는 마지막 순간에도 그는 로즈에게 꼭 살아남아
달라고 부탁합니다. 로즈는 잭의 숭고한 사랑을 지켜 내기
위해 열심히 구조 요청을 하여 목숨을 건지게 됩니다.
이 영화에서 특별히 기억에 남는 대사가 있습니다. 영화
막바지에 잭은 로즈에게 이렇게 이야기합니다. "타이타닉
표를 구한 건 내 생의 최대 행운이었어요. 당신을
만났으니까."
역설 같은 행운입니다. 그는 포커게임에서 이기지만
않았어도 타이타닉 호에 타지 않았을 것이고, 그랬다면 이런
처절한 죽음을 당하지도 않았을 것입니다. 그러나 그는
로즈를 만난 것을 행운으로 받아들이고 감사히 여겼습니다.
그 장면을 지켜보는 우리는 그가 진실로 운이 좋은
청년이었는지, 아니면 운이 아주 나쁜 청년이었는지 감히
평가하지 못하고 침묵하게 됩니다. 다만 죽어가는 순간에도
스스로가 운이 좋았다고 여기는, 로즈에 대한 사랑만이

잠잠히 남을 뿐입니다.

자, 영화 이야기는 여기까지 하고 요나 이야기로
돌아오겠습니다. 요나는 욥바 항구에서 다시스로 가는 배를
발견했을 때 운이 좋다고 여겼을지 모릅니다. 집과 밭을 모두
팔아서 겨우 얻은 페니키아 상선의 티켓. 그것은 잠시 동안은
그에게 행운이었습니다. 그러나 그 배는 곧 파선 직전에
이르게 됩니다. 게다가 이방인이 뽑은 제비가 지금 요나
앞에 떨어져 있습니다. 요나는 배가 아니라 자신이 깨어져야
한다는 것을 부인할 수 없게 되었습니다. 과연 페니키아
상선에 오른 요나는 운이 좋은 사람입니까? 요나가 처음
느낀 행운은 어떤 운명을 가져다준 것일까요?
바다가 점점 흉용해집니다(욘 1:11). 그리고 상선의 분위기도
어수선합니다. 선원들의 마음은 혼란스러웠을 것입니다.
야웨 하나님을 경외한다는 저 히브리 사람이 진정 이 재앙의
화근인지 확신이 서질 않습니다. 당장에 요나를 없앤다고
일이 해결될 것 같지도 않습니다. 페니키아인들은 몰상식한
사람들이 아니었습니다. 그들도 나름대로 섬기는 신들이
있었고 제사도 드렸습니다. 그러나 태어나서 한 번도

야웨 하나님이라는 신께 제사를 드려본 적은 없었습니다.
자신들이 섬기는 신들은 인신 제사를 통해 달래면
그만이었지만, 이스라엘의 야웨 하나님은 어떻게 순종해야
하는지 알지 못했습니다. 그들은 답답했습니다. 하는 수 없이
'생업'이 "하나님을 경외하는 자"라고 밝힌 요나(욘 1:9)에게
다시 물을 수밖에 없었습니다. 오늘 본문 11절입니다.
"우리가 너를 어떻게 하여야 바다가 우리를 위하여
잔잔하겠느냐." 덤덤한 질문 같지요? 그런데 이 질문은 이런
의미와 가깝습니다. "자네가 경외한다는 야웨 하나님이
천지만물을 주관하는 분이라면 이 바다도 잠잠하게 하실 수
있지 않겠는가. 자네가 재앙의 원인이라면, 자네는 어떻게
자네의 신께 이 재앙이 물러가게 해달라고 구하겠는가?
어떤 제사를 드리겠는가?"
안타깝게도 그런 상황에서조차 요나는 하나님과 얼굴을
맞대려고 하지 않습니다. 그는 줄곧 하나님의 피해
도망치고 있었으니까요(욘 1:3). 그는 여전히 두려웠던
것이 분명합니다. "제가 겸손히 죄를 자백하고 하나님과
동행하겠습니다" 했더라면 페니키아인들이 하나님을
새롭게 알아 갈 기회였을지도 모릅니다. 그러나 요나는 그

방법을 택하지 않고 바다로 뛰어드는 자멸을 선택합니다.
하나님이 요나에게 요구하신 것이 진정 그 방법이었을까요?
과연 하나님께서 요나가 제물이 되기를 바라셨을까요?
잘 모르겠습니다. 그러나 한 가지만큼은 분명합니다.
지중해 한복판에서 거대한 광풍이 불어닥친 것은 요나를
깨우기 위한 하나님의 사랑이었다는 것을요. 하나님은
자기중심적으로 살다가 파멸의 길을 걷게 될 다시스의 삶을
허락하지 않으셨습니다. 비록 바다 한복판이라도 요나가
그분의 뜻 가운데 형통한 삶을 살아가기를 원하셨습니다.
그런 하나님께서 요나가 회개하고 돌아오기를 기다리시지
않았을까요?(참조. 요일 1:9)
미가서 6장 6-8절을 읽어 보십시오.

내가 무엇을 가지고 여호와 앞에 나아가며 높으신 하나님께
경배할까 내가 번제물로 일 년 된 송아지를 가지고 그 앞에
나아갈까 여호와께서 천천의 숫양이나 만만의 강물 같은
기름을 기뻐하실까 내 허물을 위하여 내 맏아들을, 내 영혼의
죄로 말미암아 내 몸의 열매를 드릴까 사람아 주께서 선한 것이
무엇임을 네게 보이셨나니 여호와께서 네게 구하시는 것은

오직 정의를 행하며 인자를 사랑하며 겸손하게 네 하나님과

함께 행하는 것이 아니냐

이 구절을 묵상해 보면, 하나님은 요나가 희생제물이 되어
바다로 뛰어내리기보다 겸허히 그분의 뜻을 준행하기를
바라셨을 것 같습니다. 그러나 요나는 그의 몸이 바다에
던져지기를 선택했습니다. 제비를 던지며 요나를 지목한
이방 선원들의 손에 던져지기를 선택한 것입니다. '하나님의
손'이 아니라 '이방인의 손'에 자신의 운명을 맡기겠다는
소극적이고 수동적인 태도입니다. 제가 요나를 '소극적이고
수동적'이라고 표현한 데는 이유가 있습니다. 묵상 여정
끝에서 그 이유를 알게 되실 것입니다.
"그리하면…바다가 잔잔하리라"(욘 1:12). 선지자 요나는
말합니다. 그리고 바다가 잔잔해지는 까닭이 "너희를
위하여"(욘 1:12)라고도 말합니다. 요나는 폭풍의 원인이
자기 때문이라는 죄책감에 빠져 있습니다. 요나는 그
죄책감 때문에 무거운 죄의 돌이라는 멍에를 매고 바다
깊숙이 들어가기로 결정한 것 같습니다. 그러나 선원들은
그렇게 무정하지 않았습니다. 요나를 무작정 바다에

빠뜨리지 않고 살려 보려고 애를 씁니다. 그들은 힘껏 노를
저어 배를 육지로 돌리려고 했습니다(욘 1:13). 그러나 그
자리에서 맴돌기만 할 뿐 거센 물살 때문에 앞으로 나아가지
못했습니다. 광풍이 그들의 육지행을 강하게 거부했기
때문입니다.

그 극적인 순간에 페니키아 상인들은 태어나 처음으로
야웨 하나님께 기도를 드립니다. "여호와여 구하고
구하오니"(욘 1:14). 드디어 그들은 단 하나의 이름을
부르짖게 되었습니다. 그들은 야웨 하나님이 누구신지 잘
몰랐습니다. 그들에게 신이라는 존재는 '사랑'이기보다
'두려움'이었습니다. 그래서 가장 겁내 하는 것도 신의
보복이었습니다. 자, 그들의 기도를 들어 보십시오.

> **여호와여 구하고 구하오니** 이 사람의 생명 때문에 우리를
> 멸망시키지 마옵소서 무죄한 피를 우리에게 돌리지 마옵소서
> 주 여호와께서는 주의 뜻대로 행하심이니이다(욘 1:14).

이방인의 기도라고 하기에는 정말 깊이가 있습니다. 그들은
이렇게 기도를 드리고 자기들의 예배 의식에 맞게 요나를

바다에 던지려고 선상에 섰습니다. 그렇게 하면 야웨
하나님이라는 신을 달랠 수 있다고 믿었겠지요. 여하간 야웨
하나님을 경외한다던 선지자 요나도 그들에게 이 방법을
권장한 것이 아닙니까. 그들은 두려움 가운데 요나의 몸을
들어 올렸습니다.

"하나… 둘… 셋…!" 누군가의 구령에 맞추어 요나는 바다에
던져졌습니다. "그럼 잘 가시오…." 선원들이 요나를 제대로
쳐다보지도 못하고 갈라진 목소리로 힘겹게 작별인사를
합니다. "그대가 새라면 바다에 빠지지 않고 날아갔을
텐데…." 선장은 마음속으로 이렇게 되뇌었는지 모릅니다.
"내가 정말 새라면!" 요나도 바다에 던져지기 전에 그렇게
생각했을지 모르지요. 그렇게 요나는 바다에 던져집니다.
이렇게 다시스로 향하는 페니키아 상선에서 요나는
급작스럽게 하선下船하게 됩니다. 요나가 지중해 깊은
바닷속에 빠지자 "바다가 뛰노는 것이 곧 그친지라"(욘
1:15)라고 기록되어 있습니다. 페니키아 상선의 선원들은
바다가 잔잔해진 이유가 요나를 신에게 바쳤기 때문이라고
받아들였습니다. 그러나 그것은 사실이 아니었습니다.
그들은 몰랐던 것입니다. 야웨 하나님을 입술로 인정하며

겸손히 구원을 요청했을 때, 살아 계시고 인격적이신
하나님이 그들을 직접 찾아오셨다는 것을요. 그리고 요나를
제물로 바쳐 노가 누그러진 것이 아니라, 이방인의 기도마저
긍휼히 들으셨다는 것을 말입니다.
바다는 잔잔해졌습니다. 죽음과 삶의 문턱을 오르내리며
굉장한 사건을 겪은 선원들은 순간 방향 감각을
잃어버립니다. 이제 어디로 가야 하나 막막합니다. 그들의
행선지는 원래 다시스였습니다. 그렇다면 바다가 고요해진
틈을 타, 그들이 섬기는 신들이 존재하는 다시스로 계속
전진하면 되지 않겠습니까. 그러나 요나서 저자는 배가
다시스로 다시 향했다는 기록을 남기지 않습니다. 오히려
이렇게 기록했을 뿐입니다. "그 사람들이 여호와를 크게
두려워하여 여호와께 제물을 드리고 서원을 하였더라"(욘
1:16).
저는 페니키아 선원들이 적어도 그때만큼은 선지자 요나를
통해 이스라엘의 야웨 하나님을 조금이나마 경험했다고
믿습니다. 그냥 경험한 것이 아니라 지중해 한가운데에서
삶과 죽음의 갈림길이라는 현장 학습을 통해 생생히
경험했다고 봅니다. 그들은 위기의 순간에 그들의 신을

향하여 절규하며 붙들어 보았습니다. 그렇지만 구원받지
못했습니다. "다른 이름"(행 4:12)에는 구원이 없기
때문입니다. 그러나 그들이 야웨 하나님을 부르며 요나를
바다에 던졌을 때 구원이 임했습니다. 그들 입술이 처음으로
야웨 하나님을 울부짖을 때 구원의 사건이 임한 것입니다.
이제 그들은 어디로 돌아가야 합니까? 누구에게로 돌아가야
합니까? 구원이 없는 헛된 신들이 즐비한 다시스로 기어이
가야 하는 걸까요? 아닙니다. 성경에는 "여호와께 제물을
드리고 서원을 하였더라"라고 적혀 있습니다. 제물을 드리고
서원을 하려면 분명 육지에 배를 정박하고 제물로 드릴
양이나 소를 구해야 합니다. 합당한 서원 예식을 갖추는 것이
당연하지요. 한 차례 폭풍이 지나간 배에서 '합당한' 제물을
찾아 서원했을 턱이 없습니다. 게다가 배를 가볍게 하기 위해
무거운 짐들을 모두 바다에 던지지 않았습니까. 이스라엘
하나님께 드릴 제물을 구하려면 이스라엘 땅으로 돌아가야
옳습니다.
정황을 미루어 보아 이런 시나리오를 가상해 봅니다.
단지 시나리오일 뿐이지만 터무니없지는 않을 테니 한번
보십시오. 배의 키를 붙들고 있는 선원이 갈등하는 모습을

그려 봅니다. 선장의 명령을 기다리고 있겠지요. 어디로
키를 조정해야 할지는 선장의 결정에 달려 있을 테니까요.
선원들은 모두 갑판에 모여 있습니다. 조금 전 그들 곁에는
함께 제비를 뽑던 히브리인 선지자가 있었습니다. 그가 전해
준 이스라엘 하나님의 이야기가 아직도 귀에 생생히 남아
있습니다. 선장은 바다를 물끄러미 바라보며 깊은 생각에
사로잡힙니다.

풍랑이 지나간 아침입니다. 아침 햇살이 지중해 바다를
장식하고 있습니다. 하늘과 바다는 주홍빛 싸라기처럼
혼연일체가 되어 장관을 이룹니다. 풍랑의 바다가 지옥
같았다면, 지금의 지중해는 하늘의 얼굴이 보일 듯한
아름다운 천국 같습니다. 실로 이곳이 풍랑이 일던 곳이
맞는지 믿기 어려울 정도입니다. 선장은 속으로 이렇게
기도합니다.

'이스라엘의 하나님이여. 방금 바다로 떠내려간 당신의
선지자를 보호하소서. 당신은 생명을 주관하고 구원을
베푸는 신이 아닙니까. 바다로 떠내려간 그 히브리인
선지자가 당신이 어떤 분인지 알려 주었습니다. 그는 자신을
어떻게 생각할지 모르나 제가 볼 때 그는 진정 이방인을 위한

선지자였습니다. 이제 저도 그와 같이 당신을 경외하는 일을
생업으로 삼으렵니다. 그리고 당신의 얼굴을 피해 도망가지
않으렵니다.'
갑판에 모여 있는 선원들은 숙연해진 선장의 얼굴을
바라봅니다. 그리고 질문을 던집니다.
"선장님, 저희들은 어디로 **돌아갑니까?**"
선장이 대답합니다.
"키를 돌려라! 돌아가자, 예루살렘으로!"

부름을 받고 예비되어

여호와께서 이미 큰 물고기를 예비하사 요나를 삼키게 하셨으므로(욘 1:17a)

여러분 이쪽입니다. 여기로 오십시오. 바다 한가운데서
어디로 오냐고요? 정말 그렇네요. 페니키아 상선은 이미
예루살렘으로 가버렸으니까요. 우리를 태웠던 그 배는
일시적인 운송 수단이었습니다. 그럼 우리는 바다에
둥실둥실 떠 있는 거냐고요? 그럴 리가요. 아닙니다.
여러분은 모르겠지만 저는 적어도 바다에 둥실둥실 떠
있을 수 없습니다. 수영을 잘 못하거든요. 그런데 걱정하지

Day 9

마십시오. 우리는 지금 그리스도의 반석 위에 서 있습니다.
밑을 보십시오. 견고한 바닥이 당신을 지지하고 있지
않습니까. 우리는 오늘 여기에 있습니다. 여기서 요나서 1장
마지막 구절을 묵상할 것입니다.

다시스로 향하려던 배가 예루살렘을 향해 서서히 사라졌고,
요나가 바닷속에 빠져 버린 상태에서 우리는 잠시 멈춰
있습니다. 우리가 함께한 뱃길 여행이 정신없이 지나간 것
같습니다. 그런데 사실 요나서 1장의 대부분은 아주 명료한
키아즘 구조를 갖고 있습니다. 전에도 말씀드렸다시피 교차
대조 구조는 히브리어 성경 곳곳에 자주 등장합니다. 그
구조를 찾으면 성경의 메시지가 더욱 입체적으로 와닿게
됩니다. 그래서 요나서 1장의 구조를 정리하고 넘어가려
합니다.

   A 야웨께서 큰 바람을 바다로 던지우시니 광풍이 시작되다
     (4절)

    B 선원들이 그들의 신에게 울부짖다(5절)

     C 누구 때문에 이 재앙이 임했는가?(7절)

      D 선원들이 요나에게 질문하다(8절)

E **나(요나)는 하나님을 경외하노니!**(9절)

E′ **선원들은 두려워하노니!**(10절)

D′ 선원들이 요나에게 질문하다(11절)

C′ 나(요나) 때문에 이 재앙이 임했노라(12절)

B′ 선원들이 야웨께 부르짖다. 이스라엘 하나님께서

다스리시니(13-14절)

A′ 선원들이 요나를 바다로 던지우니 바다가 잠잠해지다(15절)

이와 같이 요나서 1장은 요나가 하나님을 경외하노라고
자신의 정체성을 드러낸 순간부터 변화가 일어납니다.
선원들의 예배 대상이 변하자 광풍의 소요가 잦아들게
됩니다. 다시스로 떠나려던 배가 하나님을 두려워하여 다시
예루살렘으로 돌아오는 회귀를 암시하기도 합니다. 배는
깨질 것 같았지만 결국 깨지지 않았고, 그 배에 탑승했던
사람들의 삶은 부서지고 깨어져서 '돌아옴'을 경험하게 되는
구조입니다.

자, 이렇게 1장 정리를 마쳤으니 우리 주인공 요나를 찾아서
계속 동행합시다. 그는 지금 어디에 있을까요? 그는 바다에
빠지고 나서 이야기 밖으로 사라진 것일까요? 우리는

갑자기 주인공이 사라진 텅 빈 극장에 앉아 있는 듯한
착각을 받습니다. 그러나 그렇지 않습니다. 요나는 사라지지
않았습니다. 하나님의 때가 아니라면 그런 일은 일어나지
않습니다. 요나도 우리도 하나님께서 허락하신 때가 아니면
'그분의 스토리'에서 빠져나갈 수 없습니다.

요나 역시 그분의 때에 맞추어 '돌아옴'을 준비하고
있습니다. 하나님은 바다에 던져진 선지자 요나가 물살에
떠내려가도록 그냥 두지 않으십니다. 반드시 책임져 주시고
구원해 주실 것입니다. 다시스로 떠나려던 배가 하나님의
성읍으로 돌아갔듯이 요나도 하나님의 목적지에 이르기
위해 새로운 배에 승선할 것입니다. 그러나 이번에 요나가
타게 될 배는 페니키아 상선처럼 거대하고 화려한 배가
아닙니다. 비싼 뱃삯도 필요 없습니다. 요나가 새롭게
올라타야 할 배는 바닷속을 누비는 '살아 있는 잠수함'입니다.
여러분도 이제 이 잠수함에 들어가야 합니다. 잠수함에
탈 준비가 된 분들은 오늘 본문 17절 상반을 읽어 보시기
바랍니다. 이제 출발하겠습니다! (저는 지금 조금 흥분됩니다.
태어나서 한 번도 잠수함을 타본 적이 없기 때문입니다.)

"여호와께서 이미 큰 물고기를 예비하사 요나를 삼키게

하셨으므로.”

이게 도대체 무슨 뜻입니까? 그 잠수함은 다름 아닌 큰
물고기였습니다! 요나가 바다를 향해 몸을 던졌을 때 이런
일이 벌어질 것이라 상상이나 했겠습니까? 페니키아 상선
밑창에서 잠을 잘 때도 이런 일은 꿈에도 생각지 못했을
것입니다. 바다에 빠질 때 요나가 생각한 것은 단 하나였을
것입니다. 심판입니다. 아니, 물에 빠지는데 심판까지 생각할
겨를이 있었겠냐고요? 요나가 야웨 하나님의 얼굴을 피해
도망갔지만 율법과 시가서를 익히 알고 있는 선지자였음을
잊으시면 안 됩니다. 하나님이 말씀에 무지한 사람을
선지자로 택하지는 않으셨을 테니까요. 이를 감안한다면
요나가 시편에 기록된 “리워야단”(시 74:13-14; 104:26) 같은
위험한 바다 생물을 몰랐을 리 없습니다.
더욱이 고대 근동 문화에서는 ‘큰 물’, 즉 바다가 재난과
심판을 상징했습니다. 그들에게는 사람을 ‘판단의 강물’ juding
river에 빠뜨려 살아남으면 무죄한 것으로, 살아남지 못하면
유죄한 것으로 간주하는 관습이 있었습니다. 만약 주변에
바다가 있다면 사람을 바다에 빠뜨려 죄의 여부를 확인해
보기도 했습니다.[10] 물론 바다에 빠진 사람들은 거의

살아남지 못했겠지요. 아무리 죄가 없는 사람이라도 거대한
물이 삼켜 버렸을 테니까요. 오늘날의 기준으로 생각하면
어이없는 일이지만, 당시 문화에서는 큰 물 앞에서 느끼는
경외감과 두려움이 거의 '무력감'에 비례했답니다. 이는
구약시대에도 예외가 아니었습니다(참조. 시 74:12-17; 77:16-
20; 88:6-7; 107:23-27). 시대적 배경을 감안하고 요나의 심정을
헤아려 보면 아마 이해가 되실 것입니다.
개념의 이해를 돕기 위해 잠시 시편 46편을 살펴보겠습니다.

하나님은 우리의 피난처시요 힘이시니 환난 중에 만날
큰 도움이시라 그러므로 땅이 변하든지 산이 흔들려 바다
가운데에 빠지든지 바닷물이 솟아나고 뛰놀든지 그것이
넘침으로 산이 흔들릴지라도 우리는 두려워하지 아니하리로다
(셀라) 한 시내가 있어 나뉘어 흘러 하나님의 성 곧 지존하신
이의 성소를 기쁘게 하도다 하나님이 그 성 중에 계시매 성이
흔들리지 아니할 것이라 새벽에 하나님이 도우시리로다 뭇
나라가 떠들며 왕국이 흔들렸더니 그가 소리를 내시매 땅이
녹았도다 만군의 여호와께서 우리와 함께하시니 야곱의
하나님은 우리의 피난처시로다 (셀라)

상반에 나오는 세 구절은 모두 '물'의 이미지로 점철되어
있습니다. 시편 기자는 "하나님은 우리의 피난처시요
힘이시니 환난 중에 만날 큰 도움이시라"(1절)라고 고백하고
나서, 그 환난의 예로 지축이 흔들리는 지진과 그 지진으로
인해 산이 바다 한가운데 빠지는 이미지를 보여 줍니다
(2절). 그리고 바닷물이 산을 삼킨 후 다시 솟아나는
어마어마한 재난(3절)을 소개합니다. 상상해 보십시오. 그
공포와 두려움을. 그런데 시편 기자는 그 큰 물이 덮친다
해도 하나님이 우리의 피난처가 되어 주시리라는 믿음을
토합니다. 대단한 믿음의 고백이 아닐 수 없습니다.
다음으로 4절을 보십시오. 4절부터는 우리를 두렵게 하는 큰
물의 이미지가 사라집니다. 새로운 물의 이미지는 재난과
혼란의 두려움을 말끔히 씻어 내는 치료제 역할을 합니다.
"한 시내가 있어 나뉘어 흘러 하나님의 성 곧 지존하신 이의
성소를 기쁘게 하도다"(4절)라고 적혀 있습니다. 하나님이
통치하시는 물은 이처럼 성읍을 적시는 생수 줄기의
이미지를 지닙니다. 시편 46편은 읽는 이들에게 놀라운
풍경을 선사하며 하나님의 통치에 대한 믿음을 선포하고
있는 것입니다. 그래서 저는 이 시편을 정말 좋아합니다.

다시 본문으로 돌아와 요나를 생각해 봅시다. 요나도 바다에
빠지는 순간 죽음과 재난 혹은 심판의 생각을 떨칠 수 없었을
것입니다. 적어도 지중해의 큰 물이 시편 46편 4절에 나오는
시냇물의 이미지는 아니었기 때문입니다. 오히려 3절에
등장하는 공포의 물과 흡사했습니다. 그래서 큰 물고기와
마주쳤을 때 요나는 아마도 실제 죽음을 떠올렸을 것입니다.
(여기까지 말씀드리고 보니, 아까 잠수함을 처음 타게 되어
흥분된다는 말은 취소해야 할 것 같습니다.) 그러나 큰 물고기는
요나에게 죽음을 안겨 주기 위해 그곳에 있었던 것이
아닙니다. 하나님이 요나를 심판하려고 큰 물을 허락하신
것도 아니었습니다. 하나님은 요나의 삶을 치유할 그분의
역사를 허락하셨을 뿐입니다.
그런데 혹시 이 글을 읽고 있는 분 중에 재난과 심판의
큰 물에 빠져 있는 듯한 분이 계신지 모르겠습니다. 혹시
큰 물고기에게 삼켜질 것 같은 상황 속에 계신가요? 저는
오늘 그런 분들께 말씀드리고 싶습니다. 곧 한 시내가
나뉘어 흘러 당신의 절망스러운 심정을 기쁨으로 바꾸어
줄 것이라고요. 지금은 눈에 보이지 않더라도 그분의
예비하심이 반드시 있습니다. 그분의 물, 즉 치유가 일어나는

물을 사모하는 당신에게, 생수를 갈망하는 당신에게 특별한
예비하심이 임할 것입니다.

거대한 물고기가 커다란 입을 쩍 벌리면서 돌진했을 때
요나는 소망을 잃었을 게 당연합니다. 생명이 소멸되는
순간이라고 여겼겠지요. 그러나 그 순간에, 하나님은 오히려
물고기를 통해 예비하신 계획을 이루십니다. "예비하심"(요
2:1; 4:6, 7, 8)은 이 짧은 요나서에 무려 네 번이나 등장합니다.
이 단어가 나올 때마다 뜻을 이루시는 하나님의 능력을
지칭한다는 것을 기억해 두십시오. 이후 묵상에서 이
"예비하심"을 다시 설명드리고자 합니다. 일단 지금은 1장
17절 상반부를 읽어 보겠습니다. 영어 성경 번역본입니다.

Now the LORD had prepared a great fish to swallow up Jonah.
(KJV)

But the LORD provided a large fish to swallow up Jonah. (NRSV)

Now the LORD provided a huge fish to swallow Jonah. (NIV)

And the LORD appointed a great fish to swallow up Jonah.
(ESV)

대부분 '준비하다, 예비하다, 공급하다'의 뜻을 지닌
'provide' 혹은 'prepare'를 사용하고 있습니다. 그렇다면
하나님이 요나를 삼킬 어떤 물고기를 그 상황에서 특별히
창조해 내셨다는 것일까요? 우선 '예비하다'에 해당하는
히브리어 동사를 살펴보겠습니다. 이것은 '마나(mānâ)'라는
동사인데, '특별히 선택함을 입다'라고 번역될 수 있습니다.
그런 의미에서 'appoint(지명하다)'라고 표현한 ESV 판이
그 의미를 정확하게 잡아 낸 것 같습니다. 동사 마나는
성직자나 제사장으로 부름받을 때도 사용되기 때문입니다.
그런데 이런 동사를 한낱 미물에 지나지 않는 물고기에게
썼다니 적잖이 놀랍습니다. 요나가 지명받은 선지자였듯이,
그 물고기 역시 하나님께 지명되어 부름받은 선지자의
물고기였다는 암시입니다.
그런데 이 특별한 물고기가 어떤 종류의 수중 생물이었는지
알 도리는 없습니다. 고래로 생각하는 학자도 있지만
확실하지는 않습니다. 왜냐하면 히브리어 성경에는
'다그(dag)'라고 되어 있는데, 이것은 평범함 수중 생물에
지나지 않기 때문입니다. 단지 '큰 물고기'라고 하니까
많은 사람들이 고래라고 생각했던 것 같습니다. 중요한

것은 이 평범한 물고기도 주님이 명하시면 부름받을 수
있다는 사실입니다. 이것이 오늘 누군가에게 격려가 되는
메시지였으면 좋겠습니다. 주님의 거룩하고 능력 있는
언어가 우리 삶에 생기를 불어넣으면(창 2:7) 우리는 부름을
입게 됩니다. 그리고 그분의 목적에 쓰임받는 소중한 대상이
됩니다. 이렇게 '예비되기'를 여러분은 사모하십니까?
하나님의 섭리는 우리의 생각을 뛰어넘는 신의 긍휼과
자비랍니다.

물고기가 요나를 삼킨 대목은 이렇듯 하나님의 예비하심을
담고 있지만, 한편으로는 논란의 여지가 많은 구절입니다.
요나가 선지자로 부름받은 후 다시스로 도망갔다는 것은
이해가 가지만, 물고기가 선지자를 삼킨 이야기는 꾸며
낸 것이 아니냐고 반박하는 사람들이 있기 때문입니다.
상상으로 만들어 낸 동화라고 단정하면서 성경의 기록을
의심하거나 그저 하나의 비유로 해석하기도 합니다.
전설로 치부해 버리며 요나서를 읽다가 성경을 덮는
것이지요. 그런데 사실 고래에게 먹히고 생존한 검증 사례가
역사적으로 두 번이나 있었다고 합니다. 1927년에 발표된

학술지 《프린스턴 신학 평론》The Princeton Theological Review에서도
요나서 해석을 두고 이 사례들을 거론한 적이 있지요.[11]
하지만 도저히 믿기지 않아서 성경을 이미 덮어 버리신
분들을 책망하고 싶지는 않습니다. 이해합니다. 믿기
힘드시지요. 거의 기적이나 다름없는 일이니까요. 그런데
사실 기적이 진짜가 아니라는 것을 입증하기는 더욱
어렵습니다. 기적을 경험한 사람들은 대부분 그 기적을
잘 설명하지 못합니다. 기적은 감동에 가까운 성정을
지니므로 형용하기 쉽지 않은 것이지요. 기적은 논리적으로
설명하라고 주어지는 게 아니라, 가슴으로 느끼며
놀라워하라고 주어지는 선물입니다. 다시 말해 기적이란,
인간의 설명이나 해석을 뛰어넘는 신의 행하심입니다.
성경 안에는 많은 기적이 기록되어 있습니다. 그렇다고
그것들이 성경이 꾸며낸 허상입니까? 아닙니다. 성경은
사람이 할 수 있는 일을 기록한 책이 아닙니다. 성경은
하나님이 하시는 일과 하나님이 우리를 통해 하시는 일들을
기록한 역사입니다. 그래서 인간의 논리로는 설명 불가능한
일들이 많이 나오는 것이지요. 그러나 기적을 논리로 풀 수
없다고 해서 하나님이 비논리적인 분은 아닙니다. 오히려

그분은 논리의 창조자이십니다. 논리를 창조하셨기에 논리에 능하실 뿐 아니라 그 논리의 차원을 뛰어넘기도 하시는 것입니다.

저는 믿지 못하는 분들께 권합니다. 요나가 큰 물고기에게 삼켜지고 그 배 속에 들어갔음을 믿으시기를. 우리의 제한된 상식과 논리로 믿는 것이 아니라, 하나님의 섭리를 믿는 것입니다. 그는 물고기에게 삼켜져야 했습니다. 그것이 하나님이 '예비하신 일'이기 때문입니다. 물고기 배 속이 여느 고급 호텔처럼 아늑하거나 정갈한 장소는 아니었을 것입니다. 어릴 적 피노키오 동화에서 보았던 것처럼 추우면 불을 지피고 어두우면 램프를 밝힐 수 있는 곳도 아니었겠지요. 그러나 하나님의 뜻 가운데 있는 장소는 세상에서 가장 위험한 곳이라 할지라도 가장 안전한 장소가 될 수 있습니다. 땅 끝이라도 하나님께서 우리에게 예비하신 장소라면 거기에 있어야 합니다. 우리 눈에 아늑한 장소가 아니라, 하나님께서 지목하신 장소에 거하기를 기뻐할 때 우리는 지존자의 은밀한 곳과 전능자의 그늘을 경험하게 됩니다(시 91:1). 그러니 하나님께서 지목하신 장소에 머물기를 거부하지 마십시다. 요나에게 물고기 배 속은 가장

불편하고 어두운 장소 "스올"(욘 2:2)과 같았지만, 하나님이
지목하신 장소였기에 안전한 곳이었습니다.
여기까지 말씀드렸는데, 이제 저와 여러분의 차례가 온
것 같습니다. 우리도 이 물고기 안으로 들어가야 합니다.
미끌거리는 물고기 입속으로 들어가야 할 때입니다.
으음…. 좀 색다른 경험이 될 것 같습니다. 여하간 저로서는
일생에 처음으로 물고기 안에 들어가 보는 셈입니다. 아마
여러분도 그러시겠지요. 그렇지만 세상에서 가장 곤고한
장소도 하나님이 마련해 주신 처소라면, 구원의 노래가
둘러친 은신처로 변한다는 사실을 우리는 압니다. 그렇다면
이제부터 요나가 머물고 있는 이 장소에 함께 거하기로
합시다. 얼마 동안이냐고요? 3일입니다. 3일만 견디시면
됩니다. 그동안은 이곳에 가만히 계셔야 합니다. 그렇지만
힘내십시오. 우리는 이곳에서 부활을 함께 꿈꿀 것입니다. 그
꿈을 함께 꾸는 여러분과 저는 내일, 이 장소, 바로 물고기 배
속에서 만나겠습니다.

3일 동안

요나가 밤낮 삼 일을 물고기 뱃속에 있으니라(욘 1:17b)

"좋은 아침입니다"라고 인사드리려 했지만 사방을 둘러보니
칠흑 같은 어두움 속에 있습니다. 요나와 함께 머무르고 있는
이 물고기 배 속은 아침일까요, 아니면 밤일까요? 요나서
저자는 요나가 물고기 배에서 "밤낮 삼 일"(욘 1:17)을
머물렀다고 기록하는데요. 과연 요나가 물고기 배에서
시간의 흐름을 계수할 수 있었을까 궁금하기도 합니다. 3일
밤 3일 낮이라면 요나가 이 안에서 세 번의 '욤(yôm)'을

Day IO

보냈다는 뜻입니다. '욤'이란 유대 사회에서 하루를
일컫는 개념인데, 해가 지는 때부터 그 다음 날 해가 지는
때까지를 말합니다. 그런데 요나의 경우, 캄캄한 물고기
배에서 언제 해가 뜨고 언제 달이 뜨는지 알 수 없었을
것입니다. 그렇다면 세 번의 '욤'이 어떤 의미가 있는지 약간
모호해집니다. 그러나 3일이라는 시간을 물고기 배 속에서
보내야 했던 것만큼은 확실합니다. 자, 그렇다면 이제 우리도
요나와 함께 지내도록 합시다. 짙은 어두움 속에 있는 요나와
동행해야 합니다. 이 기간 동안은 요나도 움직일 수 없지만
우리도 움직일 수 없습니다. 하지만 그렇다고 우리가 가만히
머물러 있는 것은 아닙니다. 우리를 품은 물고기가 하나님의
주권 아래 움직이고 있음을 기억하십시오.
그런데 저는 여러분께 한 가지 묻고 싶습니다. 3일이라는
기간이 여러분께 어떤 기간인지 말입니다. 긴 시간입니까,
아니면 짧은 시간입니까? 어떤 대답이든 좋습니다. 짧은
시간이라고 해도 정답이고 긴 시간이라고 해도 맞는
답입니다. 사랑하는 사람과 보내는 3일은 쏜살같이 흘러
버리기 마련이니까요. 맑고 투명한 기쁨으로 가득한 시간,
그래서 아쉬울 정도로 짧은 시간입니다. 그러나 내키지 않는

장소에서 꺼려지는 사람과 보내는 3일은 어마어마하게 긴
시간이 됩니다. 만약 어떤 결과를 가슴 조리며 기다리고
있다면, 그 3일 또한 엄청나게 불안한 시간이 될 것입니다.
혹시 지금 이 글을 읽는 분 중에 그런 어려운 3일을 보내고
있는 분이 계시는지요. 저는 오늘 그분들께 마음이 향합니다.
그 초조하고 기나긴 시간을 잘 견디어 내시길 기도합니다.
어떤 분들에게는 10년이 넘는 시간일 수도 있고, 어떤
분들에게는 단 몇 시간이지만 치명적인 고통을 수반할 수도
있습니다. 그 시간을 가늠할 수는 없지만, 그 끝에 반드시
부활의 기쁨이 기다린다는 것을 나누고 싶습니다. 소망은
기다리는 자의 몫입니다. 여러분이 품으신 소망은 우리를
하나님의 사랑 안에서 결코 수치스럽게 하지 않을 것입니다
(롬 5:5). 어깨에 짐이 무거우면 무거울수록 부활 이후에
맞이할 영광의 무게도 더하리라 믿습니다(고후 4:17).
사실 저도 절친한 친구와 함께 그런 3일을 보내는 중입니다.
제 친구는 임파선 암을 판정받고 항암 치료에 들어가기 위해
날짜를 기다리고 있습니다. 제가 머무는 곳은 한국의 의료
체계와 달라서, 암 환자가 지원서를 내면 병원에서 심사를
거쳐 전문의를 연결해 줍니다. 그런데 어떤 경우에는 본격

항암 치료에 들어가기까지 시간이 한참 걸리기도 합니다.
친구는 대학병원에 지원서를 내고 매일 기다리고 있습니다.
좋은 의료진과의 만남이 하루빨리 이루어져서 치료를 잘
받을 수 있기를 기도하고 있습니다. 저는 거의 7년이라는
세월을 그 친구와 함께 지냈습니다. 말씀과 삶을 나누면서
함께 웃거나 눈물짓던 믿음의 친구입니다. 그래서 그 친구의
투병은 제게도 쉽지 않은 시련입니다. 어떻게 하면 그
친구와 이 초조한 시간을 의미 있게 보낼 수 있을지 생각해
보았습니다. 그래서 힘겨운 시간을 보낸 성경 속 인물들의
이야기를 하나씩 살펴보기로 했습니다. 허락해 주신다면 그
이야기를 여러분과도 나누고 싶습니다.

우선 갈등으로 얼룩진 3일을 보내야 했던 아브라함의
이야기입니다. Day 3에서 아브라함의 이야기를 언급한
적이 있지요. 그때, 아브라함의 이야기는 너무나 아름답고
특별해서 이후 요나서 묵상에서 다시 전해 드리고 싶다고
했습니다. 오늘이 바로 그날이랍니다.

아브라함은 하나님과 언약을 맺은 후(창 15), '약속의 자녀'에
대한 소망을 품습니다. 그는 매일매일 기다렸습니다. 야웨
하나님께서 "네 몸에서 날 자가 네 상속자가 되리라"(창 15:14)

라고 말씀하셨기에 하염없이 기다릴 수밖에 없었습니다.
아브라함은 하나님의 응답이 몹시 더디 온다고 느꼈습니다.
'설마 전능자께서 나와의 약속을 잊으신 것은 아니겠지….'
그러나 아브라함은 세월이 흐를수록 조급해집니다. 기다림.
이보다 목마른 시간은 없습니다. 응답을 애타게 기다려 본
사람이라면 제 말뜻을 충분히 이해하실 것입니다. 증거도
없고 아무 일도 일어나지 않는데 인내하며 기다려야
하는 것처럼 우리의 인격을 단련하는 시간도 없습니다.
아브라함은 기다림에 지쳐 갔습니다. 그의 아내 사라도
기다림에 지쳐 갔습니다. 믿음의 여정에서 가장 위험한 적은
'탈진'입니다. 힘이 고갈된 상태입니다.
만약 이렇게 고갈된 분들이 있다면 성령님께서 윤활의
기름을 허락해 주시기를 기도하겠습니다. 신실한 중보자를
찾아 여러분의 마음속 램프가 꺼지지 않도록 함께
기도하십시오. 기름이 온전히 채워지는 역사를 바라십시오.
기다림의 기쁨, 기다림의 행복이 여러분의 삶에 샘물처럼
다시 솟아나기를 축복합니다. 마음 밭이 마르면 인간적인
생각과 쓴 뿌리가 쉽게 올라옵니다. 그래서 사람의 생각이나
말이 분별없이 들어오기도 합니다. 그럴 때 그냥 내버려

두시면 안 됩니다. 마음이 말라 간다고 느끼면 무릎을 꿇고
성령님의 따뜻한 입김을 쐬십시오. 그리고 그분의 가슴팍에
기대십시오. 그러면 여러분의 삶은 결단코 허물어지지
않을 것입니다. 그분의 가슴팍에 우리의 전 존재를 던지듯
안길 때, 매말랐던 영성이 윤기를 되찾을 것입니다. 간절히
기도하겠습니다. 그분의 신실하심을 믿으며 그분의 음성을
듣는 저와 여러분이 되기를….

아브라함과 사라 역시 기다림에 지쳐 마음이 건조하게
말라 갔습니다. 그때 사라가 아브라함에게 인간적인 제안을
합니다. "여호와께서 내 출산을 허락하지 아니하셨으니
원하건대 내 여종에게 들어가라 내가 혹 그로 말미암아
자녀를 얻을까 하노라"(창 16:2). 기다림에 지친 아브라함은
사라의 제안이 솔깃했습니다. 사라의 말이 몹시 지혜롭게
들렸을 뿐 아니라, 하나님의 언약을 이루는 길이라고
느껴졌기 때문입니다. 하나님은 "네 몸에서 날 자가 네
상속자가 되리라(창 15:4)"라고 하셨지, "너와 네 아내 사라의
몸에서 상속자가 태어나리라"라고 하지는 않으셨습니다.
사라의 말은 당시 관습에 따라 생각해 보아도 이치에

합당했습니다. 실제 고대 도시 누지Nuzi에서 발굴된 고고학
자료를 살펴보면, 당시 근동 지역에서 아내가 임신하지
못하는 경우 자기 여종을 남편에게 주어 아이를 낳게 하는
것이 지극히 당연했습니다. 그 지역에서는 누구나 그렇게
했는데, 아브라함과 사라라고 그 양식을 따르지 말라는 법은
없었겠지요. 더욱이 이 관습에 의하면, 본 부인이 뒤늦게
아들을 낳을 경우 여종의 아들이 더 나이가 많아도 본 부인의
아들이 장자, 즉 상속자가 되어야 했습니다.[12] 이런 문화
배경을 감안하면 사라의 제안은 더욱 나쁘지 않았습니다.
아니, 정말 좋은 제안이었습니다. 이내 아브라함은 사라의
말을 듣습니다. 야웨 하나님의 말씀을 확인하기 전에, 사라의
말을 청종하여 하갈에게 들어갑니다(창 16:2b). 기다림의
끝이라고 생각했을 것입니다. 그들은 괜히 오랫동안 힘들게
기다렸다는 생각이 들 정도로 아주 쉽게 아들을 얻었습니다.
그 아들이 바로 '이스마엘'입니다.
그런데 아브라함의 이야기에서 이 부분만큼 씁쓸한 내용은
없습니다. 아브라함과 사라의 대화가 차근차근 기록된
창세기 16장에는 '하나님과의 대화'가 철저히 부재되어
있습니다. 그래서 구약학자 존 H. 세일해머는 창세기 16장과

창세기 3장(아담의 타락)을 평행선상에 두고 이렇게
비교합니다.[13]

창세기 16장	창세기 3장
사래가 이르되(2a)	여자가 말하되(2)
아브람이 사래의 말을 들으니라 (2b)	네 아내의 말을 듣고(17)
사래가 (하갈을) 데려다가 (3a)	여자가 (열매를) 가져다가 (6a)
그 남편에게 주더라(3b)	남편에게 주매(6b)

해 아래 새것이 없음(전 1:9)이 드러나는 듯합니다. 죄는
계속 반복됩니다. 그리하여 아브라함에게 이스마엘이
태어났습니다. 이스마엘은 누가 뭐래도 아브라함의 아들이
맞습니다. 그러나 하나님이 허락하신 언약의 자녀는
아니었습니다. 이스마엘은 육신의 생각으로 태어난 후손 중
한 명이었을 뿐입니다. 또한 그렇게 태어난 이스마엘은 줄곧
갈등의 지축에 서 있어야 했습니다. 사라와 하갈의 갈등은
끊일 날이 없었고, 그런 관계를 지켜보며 가슴앓이를 하는
아브라함의 갈등도 끊이지 않았습니다. 아브라함의 장막은

고뇌가 그칠 날이 없었습니다.

그러던 어느 날, 아브라함이 거한 곳에 하나님의 천사들이
방문합니다. 그들은 하나님의 언약의 자녀가 사라를 통해
곧 도래到來한다는 사실을 전해 줍니다(창 18:10). 그때 장막 문
뒤에서 엿듣고 있던 사라는 어이없다는 듯 쿡 웃어 버립니다.
"내가 노쇠하였고 내 주인도 늙었으니 내게 무슨 즐거움이
있으리요"(창 18:12)라고 합니다. 사실 기다림에 지쳐 소망을
잃은 그녀의 '웃음'은 무죄입니다. 그냥 그런 상상만으로도
즐거웠고, 한편으로는 실현가능성이 없다는 생각에 마냥
천진스럽게 웃었던 것입니다. 이스마엘이 태어난 후에
달리 웃을 일도 없었을 늙은 사라의 얼굴에는 이마 주름이
가득했습니다. 오랜만에 웃음을 지어 보이니 그의 얼굴은
마치 봄꽃이 피듯 화사하게 펴졌습니다. 그날 사라의
'웃음'은 그치지 않았습니다. 웃음소리가 살랑살랑 바람에
실려 장막에 머문 야웨 하나님의 귀에까지 전해졌습니다.
하나님이 아브라함에게 물으십니다. "사라가 왜 웃으며
이르기를 내가 늙었거늘 어떻게 아들을 낳으리요 하느냐"
(창 18:13). 하나님은 그 이유를 정녕 모르셔서 물으신 것이
아닙니다. 오히려 사라의 웃음에 그분의 전능하심으로

답하고 싶어서 살짝 마음을 떠보신 것입니다. "여호와께 능하지 못한 일이 있겠느냐 기한이 이를 때에…사라에게 아들이 있으리라"(창 18:14). 능치 못하실 일이 없다는 야웨 하나님의 음성에 사라는 웃음을 감춥니다. 사라는 '웃지 않았다'고 부인합니다. 하나님은 그런 사라에게 "네가 웃었느니라"(창18:15)라고 하셨고, 당신도 사라와 더불어 웃으셨습니다.

'그가 웃다'는 히브리어로 '이츠하크(yiṣḥāq)'입니다. 웃음이 생명이 되어 사라에게서 '이삭(웃음)'이 잉태됩니다(창 21:3). 기다림의 끝에 하나님의 응답이 이른 것입니다. 아기 이삭이 태어남으로 아브라함의 기다림은 결코 부끄럽지 않게 되었습니다. 아브라함과 사라는 웃음이 그칠 날이 없었습니다(창 21:6). 아브라함 장막에 드디어 평강이 임했습니다. 입을 다물지 못하고 웃음을 가득 머금은 아브라함은 이삭이 젖을 떼는 날 큰 잔치를 베풀었습니다. 그러나 이스마엘은 기다렸다는 듯 아브라함 장막에 다시 갈등을 일으킵니다. 그는 이삭이 자신의 삶에 어떤 영향을 끼치리라는 것을 잘 알았습니다. 그는 동생 이삭의 존재가 불편했고, 그래서 틈만 나면 이삭을 못살게 굴었습니다.

그런데 그 모습을 사라에게 들키고 맙니다. 이스마엘이
이삭을 '비웃고'(우리나라 번역은 '희롱하다, 놀리다'라고 되어
있습니다. 창 21:9 참조) 있음을 사라가 목격한 것입니다. 그의
비웃음은 하나님의 웃음을 농락하는 행위였습니다. 이를
용납할 수 없었던 사라는 아브라함에게 간청하여 하갈과
이스마엘을 내쫓습니다. 아브라함은 미어지는 슬픔을
뒤로하고 이스마엘과 하갈을 내보냅니다. 생각해 보십시오.
그에게는 하갈도 정든 여인이었고, 이스마엘 또한 사랑하는
아들이었습니다. 아들과 억지로 헤어져야 하는 아비의
심정이란 어떻겠습니까. 그러나 약속의 자녀와 육신의
자녀가 함께 유업을 얻지 못할 것(참조. 갈 4:30)이라는 커다란
명제 앞에 아브라함은 용단을 내려야 했습니다. 그래서 결국
이스마엘과 하갈은 아브라함의 장막을 영영히 떠납니다.
이 모든 일이 지난 후, 하나님은 아브라함을 다시
부르십니다. 창세기 22장입니다. 하나님이 아브라함을
시험하기 위해 부르셨다고 나와 있습니다(창 22:1). 그러나
아브라함은 하나님이 어떤 의도로 자기를 부르셨는지
알지 못합니다. 원래 시험이란 대부분 모르고 맞닥뜨리는
것이지요. 여기에 쓰인 '시험하다'의 히브리어 동사는 '나싸

(nā·sâ)'입니다. 이 동사에는 '시험하다, 시도해 보다'라는
뜻이 있습니다만 '입증하다'prove, '경험을 주다'give experience,
'단련하다'train라는 뜻도 있습니다. 아브라함을 시험하려고
부르신 하나님은 아브라함에게 어떤 귀한 경험을 주고
싶으셨나 봅니다. 그래서 참으로 어려운 요구를 그에게
하시지요. 다름 아닌 사랑하는 아들 이삭을 번제로 바치라는
과제였습니다. 아브라함은 어떤 응답을 해야 할지 알지
못했습니다. 이삭이 태어난 후에 늘 웃었던 아브라함은 이제
그럴 수가 없었습니다.

당시 가나안 지역에는 여러 신이 존재했습니다. 그중에는
인신 제사를 흠향하는 '몰렉'이라는 신도 있었습니다.
첫아이가 태어나면 번제로 바치라고 요구하는 악명 높은
신이었습니다. 그야말로 인간이 가장 아파할 수 있는 최고의
취약점을 이용하여 자신의 기쁨을 극대화하는 잔인한
성품입니다. 이런 신을 섬기면 평생 고통 속에 허덕이게
될 것은 말할 것도 없습니다. 그러나 야웨 하나님은 그런
신이 아니었습니다. 율법을 살펴보면 하나님이 이런 행위를
엄히 금지하셨다는 것을 알 수 있습니다(레 18:217:, 20:1-5).
하나님은 그의 백성이 헛된 신에게 제사하며 고통받기를

원치 않으셨던 것입니다. 아브라함 시대는 율법이 완성되기
훨씬 이전이었지만, 그렇다고 아브라함이 하나님의 성품을
오해했을 리는 전혀 없다고 믿습니다. 그는 하나님과 친밀한
관계를 누리는 하나님의 벗이었기 때문입니다(참조. 사 41:8;
약 2:23). 그런 아브라함이 자신이 섬기는 야웨 하나님과
가나안의 지역 신을 구분하지 못했을 리도 없습니다. 그는
하나님이 생명을 주관하실 뿐 아니라 생명을 공급하는
분이라는 것을 믿었습니다. 그래서 하나님의 명령이 임했을
때 지체하지 않고 순종했습니다. 아브라함은 다음 날 일찍
일어나 나귀에 안장을 지우고 두 종과 아들 이삭과 함께
여행길에 오릅니다. 하나님을 향한 신뢰입니다. 하나님을
경외하고 사랑하므로 그분이 명하신 산에 닿기 위해
떠납니다. 드디어 '3일'의 여정이 시작됩니다.
아브라함은 계속해서 걸었습니다. 그 시간은 아브라함에게
어떤 시간이었을까요. 아마 이 세상에서 가장 힘든
3일이었을 것입니다. 아무리 하나님을 신뢰하고 있다지만
아브라함도 연약한 인간이었습니다. 묵묵히 걸어야 했던 3일
동안, 그는 지나온 세월을 하나씩 반추해 보았을 것입니다.
어린 시절의 추억과 아버지의 집을 생각해 보았겠지요.

그리고 사라와의 결혼과 새 출발을 추억해 보았을 것입니다.
아브라함에게 형용하지 못할 향수가 못내 사무쳐 옵니다.
야웨 하나님을 만나고 본토 아비 친척 집을 떠난 일도 곧
생각해 냈을 것입니다. 그러고는 잠시 걸음을 멈춰 하늘을
올려다보았겠지요.
이틀째, 모두가 잠이 들었지만 아브라함은 잘 수 없었습니다.
곧 하나님이 지시한 모리아 땅에 이를 것이기 때문입니다.
그러면 그는 아들 이삭을 데리고 산에 올라 번제를 드려야
했습니다. 밤하늘을 올려다보니 별들이 무심할 정도로
영롱히 반짝입니다. 그 청아한 별들이 아브라함의 눈에
쏟아져 눈물로 맺힙니다. 과거 하나님이 그에게 수많은
별을 보여 주시며 "뭇별을 셀 수 있나 보라"(창 15:5) 하신
것이 떠오릅니다. "그렇게 내 자손이 번성할 것이라고
하셨는데…." 아브라함은 혼자 속삭였겠지요. 그러고는 곤히
잠든 아들을 바라보았을 것입니다. 이삭의 얼굴에는 별보다
빛나는 아름다운 웃음이 잠겨 있습니다. 그런 이삭을 보고
있자니 정을 가눌 수 없어서 울컥합니다. "내 주여, 내가
이 아들을 이토록 사랑함을 잘 아시지 않습니까….이삭이
있어서 저는 행복했습니다. 이 아들은 제게 '웃음'입니다.

이제 이삭이 없는 인생은 생각할 수조차 없습니다." 믿음의
족장 아브라함은 쓰러지듯 흐느꼈을 것입니다. 그러나
그날따라 그렇게 친밀하던 하나님은 침묵하십니다.
새벽 미명이 밝아 오자 아브라함은 허탈함으로 기운을 잃어
갔을 것입니다. 이내 하갈과 이스마엘을 생각해 냈겠지요.
이렇게 새벽이 밝아 올 때 떡과 물 한 가죽 부대를 채워
그들 모자母子를 그의 장막에서 떠나 보낸 적이 있으니까요.
그때도 아브라함의 마음은 아픔으로 미어졌습니다. 그러나
오늘 새벽은 더욱 아픕니다. 허탈하고 허망하기까지 합니다.
비견할 수 없는 슬픔입니다. 이제 사환들이 일어나는
기척이 들리고, 아들 이삭도 일어나려고 몸을 뒤척이는
모습이 보입니다. 멀리 닭 우는 소리가 얄궂게 들립니다.
하루를 꼬박 걸어가면 분명 모리아 땅, 하나님이 지시하신
산에 이르게 될 것입니다. 그런데 오늘 하루를 걸어갈 힘이
아브라함에게는 없습니다.
아브라함에게 이 3일은 그의 인생에서 가장 처절할 정도로
긴 시간이라는 것을 부인할 수 없습니다. 그는 과연 이삭을
번제로 바쳐야 한다는 말입니까.
오늘은 여기서 이야기를 멈추겠습니다. 이야기는 내일 다시

이어집니다. 오늘 여러분 곁에 있는 지체들과 당신이 겪은,
혹은 겪고 있는 '3일'의 여정을 나누어 보면 어떨까요. 서로를
격려해 주면 좋겠습니다. 그리고 내일, 이 캄캄한 장소로
다시 나와 주십시오. 요나와 함께 물고기 배 속에 머문
3일 중 하루가 지났습니다. 우리는 언제 해와 달이 뜨는지 알
수 없습니다. 그러나 이곳에서 보내는 3일이 그리 길지만은
않을 것입니다. 내일 뵙겠습니다.

나를 보소서. 내가 여기 있나이다

요나가 밤낮 삼 일을 물고기 뱃속에 있으니라(욘 1:17b)

다시 이곳에서 여러분을 뵙습니다. 컴컴하지만 지금은
아침이리라 믿습니다. 하루가 지났기 때문입니다. 요나와
함께 물고기 배 속에서 기다리는 동안 '힘든 3일'을 보낸
아브라함 이야기를 여러분과 나누었습니다. 어제 이야기에
이어 말씀드리겠습니다.

아브라함은 모리아 산 가까이 왔습니다. 오늘은 이삭을
번제로 드려야 하는 날입니다. 브엘세바에서 모리아

Day II

땅까지는 약 69킬로미터 정도 됩니다. 그러나 어느 정도
걸려 그곳에 도착했는지 정확히는 알 수 없습니다. 당시
길의 상태나 날씨의 영향을 고려해야 하기 때문입니다.
성경에 나오는 "제삼 일에"(창 22:4)라는 표현은 일반적으로
어떤 중요한 시간이 정점에 이를 때를 말합니다.[14] 그러나
저는 이 단락에 나온 "제삼일" 되는 날을 여과 없이 3일째로
받아들이려고 합니다.

아브라함이 여정을 떠난 지 3일이 되었습니다. 장막을
거두고 마지막 장소, 모리아 산으로 향합니다. 일행은
아브라함의 내적 소요를 전혀 알아차리지 못합니다. 신의
비밀을 지닌 아브라함의 고독을 알 도리가 없습니다.
아브라함의 아내 사라조차 이 비밀을 모르고 있을 것입니다.
아브라함은 하나님의 언약을 보았고 그분과 친밀한 관계를
누렸지만, 친밀한 깊이만큼 심연도 깊었습니다. 원래 신앙의
길이란 좁고 외로운 여정입니다.

아브라함이 눈을 들어 멀리 바라보니 하나님이 지시하신
산이 보입니다(창 22:4). 창세기 기자는 아무런 묘사도 하고
있지 않지만, 저는 이 단락에서 아브라함의 숨소리가 고르지
못하다는 것이 느껴집니다. 여러분도 들리지 않습니까?

아브라함의 거친 심장박동 소리가. 아무도 눈치채지 못한
촉촉한 그의 눈이 우리에게는 잘 보입니다. 아브라함은
사환들에게 말합니다. "너희는 나귀와 함께 여기서
기다리라 내가 아이와 함께 저기 가서 예배하고 우리가
너희에게로 돌아오리라"(창 22:5). 사환들은 그 지경에서
더 이상 나아가지 못하고 머뭅니다. 마치 지성소에 아무나
들어갈 수 없었던 것처럼 아들과 아버지만 하나님의 산으로
나아갑니다. 지극히 거룩한 산에 오르는 사람은 이제
아브라함과 그의 아들 이삭, 두 사람입니다. 창세기 기자는
담담하게 "두 사람이 동행하더니"(창 22:6)라고 기록합니다.
그러나 그 떨림과 긴장감을 감히 상상할 수 없습니다. 이삭의
등에는 번제에 사용될 나무가 들려 있습니다. 번제물이 될
이삭이 자기를 태울 나무를 지고 올라갑니다. 아브라함은
이삭과 함께 산자락에 닿자마자 3일 전에 자신을 부르신
하나님의 음성을 떠올립니다.

하나님이 "아브라함아" 하시자 **"내가 여기 있나이다"**(창 22:1)
라고 답했었지요. 그런데 사실 이 구절을 히브리어로 보면
"나를 보소서"_{Behold me}라는 표현에 가깝습니다. 아브라함은
야웨 하나님이 부르신 자리에서 요동하지 않고 하나님의

눈을 바라보고 있었던 것입니다. 그래서 바로 그 대답이
"나를 보소서", 즉 "내가 여기 있나이다"가 된 것입니다.
그런데 지금 함께 걷고 있는 이삭이 마치 얼마 전 하나님께서
부르셨듯 그렇게 자신을 부릅니다.
"아버지?"
아브라함은 흠칫 놀라며 아들을 쳐다봅니다. 전에 하나님께
드린 대답이 메아리처럼 다시 그의 입에서 흘러나옵니다.
"내 아들아 내가 여기 있노라"(창 22:7).
여기서 "내가 여기 있노라"라는 대답도 "Behold me!"입니다.
"나를 보거라, 아들아", 즉 "내가 여기 있나이다"라는
뜻입니다. 똑같은 대답을 아브라함은 지난 3일간 두 번이나
연거푸 하고 있습니다. 한 번은 그를 부르신 사랑하는
하나님께, 한 번은 그를 부른 사랑하는 아들에게. 아브라함의
대답에는 진정한 용기가 숨어 있습니다. 하나님이 부르실
때 두려워 숨을 수도 있었지만(참조. 창 3:10) 하나님 앞에서
그가 거기에 있음을 '보아 달라'고 간청한 것입니다.
지금도 마찬가지입니다. 사랑스러운 아들이 불렀을 때
그의 마음은 울렁거렸을 것입니다. 당장 아들의 손을 잡고
산에서 도망치고 싶은 유혹도 굉장했을 것입니다. 그러나

아브라함은 그 자리에 있어야 함을 상기했습니다. 자리를
지키는 예배자의 모습입니다.

"불과 나무는 있거니와 번제할 어린 양은 어디 있나이까"(창
22:7). 이삭이 묻습니다. 아브라함의 심장박동이 점점
빨라집니다. 아브라함은 마른 침을 삼키며 이삭에게 이렇게
대답합니다. "내 아들아 번제할 어린 양은 하나님이 자기를
위하여 친히 준비하시리라"(창22:8).

그런데 이 대답에는 사실 이중의 의미가 있습니다. 이 구절을
히브리어 성경으로 보면 해독하기가 약간 난해합니다.
히브리어에는 마침표나 쉼표가 존재하지 않기 때문입니다.
여기에 나오는 "내 아들아"는 두 가지 해석이 가능합니다.[15]

> 해석1 (위의 번역과 같이) "하나님께서 친히 준비하시리라, 내
>   아들아."
> 해석2 "번제할 어린 양은 하나님이 자기를 위하여 친히
>   준비하신 내 아들이라."

두 해석이 판이하지요. 이삭은 아버지 아브라함의
말을 어떻게 들었을까요? 하나님께서 친히 번제할

양을 준비하신다고 들었을까요, 아니면 자신이 번제할
어린양이라고 들었을까요? 이 문장만 보아서는 알 도리가
없습니다. 이삭은 아버지의 말을 신뢰할 따름입니다. 마치
아브라함이 하나님을 신뢰하여 모리아 산까지 온 것처럼
말입니다. 두 사람은 계속해서 위를 향해 걸어갔다고
기술되어 있습니다(창22:8). 이후에 아무런 대화가 없는
것으로 보아, 두 사람 사이에 깊은 침묵이 흐른 것
같습니다. 깊은 침묵. 때로 가장 친밀한 교감은 침묵 속에서
이루어집니다.

그들은 이제 하나님이 일러 주신 장소에 도착합니다(창 22:9).
창세기 기자는 그곳을 '하마콤(hammāqôm)'이라고
기록합니다. 그런데 주목할 것은 이 단어가 이후 예배의 장소
the appointed place를 가리키는 용어로 종종 사용된다는 것입니다
(출 15:17; 23:20; 레 4:24). 하나님이 친히 지시하신 거룩한
장소이기 때문입니다. 하마콤에 오르니 갑자기 모든 장면이
정지한 듯합니다. 마치 롱 테이크long take 기법으로 촬영하는
것처럼, 창세기 기자의 묘사가 자세해집니다. 창세기 22장
9-10절에 나오는 아브라함의 행동을 하나씩 살펴봅시다.

아브라함은 제단을 쌓습니다.

아브라함은 나무를 벌여 놓습니다.

아브라함은 그의 아들 이삭을 결박합니다.

아브라함은 그를 제단 나무 위에 놓습니다.

아브라함은 손을 내밉니다.

아브라함은 칼을 잡습니다.

아브라함은 그 아들을 잡으려 합니다.

아브라함이 이렇게 천천히 행동하는 동안 이삭의 모습을
보십시오. 늙은 아브라함보다 훨씬 날렵하고 건장한 청년이
한 번도 반항하거나 뛰쳐나가지 않고 순순히 결박에
응합니다! 당시 이삭의 나이가 몇이었을지 궁금하지
않으십니까? 십 대로 추측하기도 하지만, 1세기 제정帝政
로마 시대의 유대인 출신 정치가이자 역사가인 플라비우스
요세푸스는 스물다섯은 되었을 것이라고 추정합니다. 반면
탈무드에서는 이삭의 나이가 서른셋은 되었을 것이라고
제의합니다.[16] 서른셋이면 예수님이 돌아가신 나이입니다.
어떤 학자들은 사라가 아흔 살에 이삭을 낳고 127세에 죽은
것을 감안할 때, 사라의 죽음이 창세기 22장 바로 다음에

묘사되는 것으로 보아 이삭의 나이가 서른일곱이었을
것이라 주장합니다.[17] 여하간 이런 기록과 주장을 참고해
볼 때 모리아 산에 있었던 이삭은 결코 어리지 않았던 것
같습니다.

결박을 당하는 동안 노쇠한 아비의 손을 물리쳤다면 이삭이
나무에 묶일 리는 없었을 것입니다. 그러나 그는 놀랍게도
아버지가 행하는 제사에 반항하지 않았습니다. 이 번제가
지극히 이삭의 순종으로 이루어졌다는 뜻입니다. 이삭이
이미 번제물이 되기로 마음먹은 것은 아닐까 생각해 보게
됩니다(해석2). "번제할 어린 양은 하나님이 자기를 위하여
친히 준비하신 내 아들이라…" 그래서 창세기 22장은 '결박'
이라는 뜻을 지닌 히브리어 '아케다'('ăqedâ' 내러티브로
유대인들에게 남아 있습니다.[18] 이삭의 놀라운 순종의 결박은
후에 십자가 앞에서의 그리스도 순종을 예표한다고 할 수
있습니다.

아브라함과 이삭이 순종하는 모습이 하나님의 눈동자에
맺힙니다. 시험(나싸)에 통과하는 장면입니다. 아브라함의
믿음이 입증(나싸)되는 장면입니다. 탈무드에는 이런 구절이
있습니다. "토기장이는 자기가 만든 도기 중 상한 도기는

시험하지 않는다. 상한 도기는 파상해 버리면 그만이다.
토기장이는 반드시 좋은 도기만 시험(나싸)한다." 그리고
하나님은 아브라함을 시험하셨습니다. 모리아 산에 오른
아브라함에게 딱 여기까지만 시험하셨습니다. 더 이상의
시험을 요구하신 것이 아닙니다. 이삭은 그냥 아들이 아니라,
많은 민족을 품은 약속의 씨앗이기 때문입니다. 하늘에서
다급하게 천사의 음성이 들려옵니다.

"아브라함아, 아브라함아!" 연거푸 들려오는 하늘 음성에
이 이야기의 반환점이 있습니다. 이삭을 향해 칼을 겨누던
아브라함의 떨리는 손이 멈춥니다. 하늘에서 낯익은 음성이
들려옵니다. 3일의 기다림 끝에 하나님의 음성이 천사를
통해 들려오지 않습니까. 이제 아브라함이 다시 대답할
차례입니다. 3일 전에 하나님께 드린 대답을, 얼마 전
사랑하는 아들에게 한 대답을 그는 절규하듯 외칩니다.
"나를 보소서, 내가 여기 있나이다!" 예배자 아브라함이
그 장소(하마콤)에 머물러 있음을 다시 한 번 확인시켜 주는
대답입니다. 하나님의 산, 예배의 장소에서 아브라함은
"제가 여기 있나이다. 제가 이렇게 여기 있음을 보소서"라고
고백한 것입니다.

"그 아이에게 네 손을 대지 말라 그에게 아무 일도 하지
말라…내가 이제야 네가 하나님을 경외하는 줄을
아노라"(창 22:12). 이 음성을 듣고 아브라함은 거의
쓰러지듯 엎드렸을 것입니다. "시험이었구나…." 그제서야
깨달았겠지요. 이것은 아브라함 생애에 가장 위대한 시험
(나싸)이자 가장 결정적인 경험(나싸)이었습니다. 경배하듯
엎드러진 그가 눈을 들어 보니 한 숫양이 보입니다.
숫양은 뿔이 수풀에 걸려 도망갈 수 없는 상태입니다. 순간
아브라함은 자기가 왜 그곳(하마콤)에 있는지 상기합니다.
예배를 드리고 번제를 바치기 위해 온 것입니다. 번제물은
이삭이 아니라 숫양이었습니다.
아브라함은 결박된 이삭을 서둘러 풀어 줍니다. 성경에
기록되어 있지는 않지만, 아들을 풀어 주자마자 꼭 껴안았을
것입니다. 아니, 건장한 아들이 노쇠한 아버지를 꼭 안아
주었을지도 모릅니다. 두 사람이 얼싸안고 울었을지 아니면
울음을 감추느라 애썼을지 그건 모르겠습니다. 여하간
부자의 재회 아닌 재회는 몹시 남다른 순간이었을 것입니다.
두 사람은 서로를 바라봅니다. "괜찮니?" 아브라함이 이삭의
몸을 살피며 묻지 않았을까요?

"보세요Behold me, 아버지. 저는 괜찮아요. 아버지는
괜찮으세요?"
"보아라Behold me, 아들아. 나도 괜찮다. 암, 괜찮고말고. 너만
괜찮으면 나는 다 괜찮다."

하나님께서 우리를 '보아 주심'을 믿습니까? 우리가 보지
못하는 미래를 하나님은 미리 보시고 준비해 주십니다.
하나님은 아브라함의 3일을 온전히 보셨습니다. 그의 갈등과
아픔, 슬픔과 고독을 보셨습니다. 그리고 그의 순종과
경외함도 보셨습니다. 이삭 역시 그런 아버지의 위대한
믿음을 보았습니다. 아버지가 믿음의 조상으로 어떻게
하나님을 경외했는지 목도했습니다. 하나님의 산에서
말입니다. 그런 이삭은 아브라함이 지닌 신의 비밀을 알게
되고, 그 또한 믿음의 족장으로 서게 됩니다.
창세기 22장 이야기는 신약에서 다시 한 번 반복됩니다. 나무
십자가를 지고 산으로 올라가신 예수님에게서 말입니다.
하나님은 인류의 죄를 담당할 한 사람을 그곳(하마콤)에서
찾아 내셨습니다. 예수님은 아버지 하나님을 신뢰하므로
온순히 결박당하셨습니다. 하나님은 아들을 번제로 받으셨고

바로 그 산에서 우리의 미래를 보셨습니다. 하나님의 아들
역시 우리의 미래를 보았습니다. 우리의 미래, 즉 구원이
그곳에서 준비되었다는 뜻입니다.
여러분의 어려운 '3일'을 하나님은 보아 주십니다. 그것을
믿으십니까? 하나님이 침묵을 깨고 당신을 부르시면 이렇게
대답하십시오. "제가 여기 있나이다. 저를 보소서!" 그러면
그곳에서 준비될 것입니다(여호와 이레).
내일 여정에서 다시 뵙겠습니다. 3일 중 이틀이 지났습니다.
하루만 더 넘기면 물고기 배에서 나갈 수 있습니다.
고맙습니다, 함께 견디어 주셔서.

4일째 접어들어도

요나가 밤낮 삼 일을 물고기 뱃속에 있으니라(욘 1:17b)

요나가 물고기 배 속에서 지낸 지 벌써 3일째입니다. 이제 얼마 남지 않았습니다. 우리 역시 이곳을 곧 빠져나갈 것입니다. 제가 '3일 동안'을 이렇게 강조하는 데는 이유가 있습니다. 3일이라는 시간이 성경에서 주요한 모티프$_{motif}$가 되기 때문입니다. 제가 이곳에서 진도를 늦추고 있는 것도 3일이 하나님께서 많은 일을 이루실 수 있는 기간이기에 그렇습니다.

Day 12

다시 묻겠습니다. 여러분에게 3일은 짧은 기간인가요?
오늘은 제 대답부터 드리겠습니다. 3일은 짧지 않습니다.
특히 그 기간이 죽음과 관련 있다면 치명적으로 긴
시간입니다. 무덤에 들어간 지 3일이 지나면 살아날
가능성이 없고 죽음의 냄새가 납니다(요 11:6, 14, 39).
하나님이 요나를 구원하기로 작정하셔서 이 물고기를
예비하셨다면, 3일이 지나기 전에 요나가 나와야 자연스러울
것입니다. 그러나 요나서 기록을 보면, 요나는 3일 낮 3일
밤을 물고기 배 속에 머물러 있었다고 나옵니다. 따라서 큰
물고기는 요나를 바다에서 건져 내기 위함이 아니라 그로
하여금 죽음과 부활을 경험하게 하려고 존재했다는 것을
알게 됩니다.
오늘 여정에서는 소망이 끊겨 버린 3일을 보내고 4일째에
사랑하는 사람을 무덤으로 보내야 했던 이들을 소개하려고
합니다.

마르다와 마리아 자매입니다. 두 자매와 나사로는
예수님을 사랑한 남매였습니다. 나사로는 예수님과
우정이 깊었습니다. 마르다와 마리아도 예수님과 친분이

두터웠습니다. 이 자매 이야기는 여러분도 아주 친숙하실
줄 압니다(눅 10:38-42). 그러나 마르다와 마리아의
이야기는 오해하기 쉬운 에피소드입니다. 특히 마르다에
대해서는 일을 우선순위에 두면서 영적으로 소진되기 쉬운
여인이라는 편견이 있습니다.

몇 년 전에 한 자매가 저를 찾아온 적이 있습니다. 교회
공동체 생활의 어려움을 나누며 눈물을 훔쳤지요. 교회를
섬기느라 몹시 바쁜 자매였습니다. 특히 뛰어난 음식 솜씨와
지혜로운 살림으로 주일마다 성도들의 점심식사를 준비하며
성실하게 섬겼습니다. 그런데 어떤 주일은 예배도 제대로
드리지 못할 만큼 분주했다고 합니다. 야유회나 수련회가
겹치면 수고는 두 배로 늘어났습니다. 강도 높은 노동으로
마음이 고갈되어 간다며 힘들어했지요. 특히 그 자매는
누가복음에 나오는 마르다와 마리아 이야기를 묵상할
때마다 마음이 무겁다고 했습니다. 예수님이 말씀을 잘 듣는
마리아는 칭찬하시고 열심히 일한 마르다는 책망하신 게
아니냐고 물었습니다.

저는 공동체를 섬기는 자매의 소중한 손을 보면서 그냥
숙연해졌습니다. 그래서 그 귀한 섬김의 손을 잡고 마르다와

마리아의 이야기를 풀어 드렸습니다. 여러분에게도 이
이야기를 말씀드리고 싶습니다.

우리는 마르다가 일만 하고 우선순위를 잃어 버려 꾸중을
들었다고 여기기 쉽습니다. 반면 마리아는 말씀을 잘 듣는
순전한 여인으로 사랑을 받았다고 생각하지요. 하지만
그게 전부는 아닙니다. 마르다와 예수님 사이에는 사소한
섭섭함까지도 털어놓을 수 있는 친밀함이 존재했습니다
(눅 10:40). 예수님이 마르다를 부르시며 살짝 책망까지
하실 수 있었던 것도(눅 10:41) 그만한 친밀감이 존재했다는
뜻입니다.[19]

그러던 어느 날 오빠 나사로가 병에 걸립니다. 황망해진
자매는 예수님께 전갈을 보냅니다. 그러나 그때 예수님은
예루살렘에서 북동쪽으로 약 160킬로미터 떨어진 베다니에
계셨습니다. 상당히 먼 거리였지요. 두 지역 사이에는
요단강도 흐르고 있었습니다. 그런데 예수님이 유대로
돌아가기로 결정하신 것은 절박한 전갈을 받고도 이틀이
지난 후였습니다(요 11:6). 마르다와 마리아가 속이 까맣게
타도록 기다렸을 텐데 말입니다. 제자들도 나름대로
걱정이 태산이었습니다. 나사로에게 돌아가야 했지만, 당시

유대인들은 예수님에게 적대감이 극에 달한 상태였습니다.
몇 달 전 예수님을 돌로 치려고까지 했었지요(참조. 요 11:22-
42). 예수님이 예루살렘으로 발걸음을 옮기실 때 제자들은
거의 죽을 각오가 되어 있었습니다. "우리도 주와 함께
죽으러 가자"(11:16) 했던 도마의 말은 그런 심정을 반영한
것입니다. 주님과 함께 죽든 나사로와 함께 죽든 그들은 죽을
것 같았습니다.

예수님은 부지런히 예루살렘 근처 베다니로 걸음을
옮기십니다. 제자들도 따라갔습니다. 그러나 나사로는
이미 죽어 있었습니다. 마르다와 마리아는 깊은 수심에
빠져 예수님을 더욱 간절히 기다렸습니다. 이미 죽었는데
왜 더욱 간절히 기다린 것일까요? 예수님이 베푸실 기적에
작은 소망을 걸었기 때문입니다. 예수님은 나인성에서
과부의 아들을 살리신 적이 있지 않습니까(눅 7:1-17).
회당장 야이로의 딸을 살리신 적도 있었습니다(눅 8:40-
56). 이 기적은 모두 갈릴리에서 이방인을 향해 베푸신
기적이었지만, 유대 땅에 있는 나사로라고 해서 기적을
베풀지 못하실 이유는 없었습니다. 그래서 나사로가 죽은
뒤에도 그들은 예수님이 오시기를 고대한 것입니다. 시간이

지체될수록 마르다와 마리아의 소망은 조금씩 퇴색해
갔습니다. 이전에 일어난 기적은 모두 죽은 당일에만
이루어졌기 때문입니다. 죽은 지 3일이나 지난 사람을 살려
내셨다는 것은 아직 들어본 적이 없었습니다.
더운 지역인 만큼 유대인의 장례는 보통 사망한 당일에
치러집니다. 죽은 자를 장사하고 난 후 애도객은 남녀
따로 행렬을 지어 곡哭을 했습니다. 그들의 관례에 따르면
애도 기간은 보통 30일 정도 지속됩니다.[20] 이제 마르다와
마리아도 그 애도 기간에 들어가게 됩니다.
나사로가 죽은 지 하루가 지나고 이틀이 지나고 사흘이
지났습니다. 그리고 나흘째가 되었습니다. 집 안에서는
곡소리가 깊어지고 삶에 대한 소망보다 죽음의 슬픔이
짙어지고 있었습니다. 유대인들은 죽은 지 나흘째가 되면
몸에서 영혼이 떠나고 영과 육이 분리된다고 믿었습니다.[21]
어떤 면으로 보나 나사로가 완전히 죽었다는 이야기입니다.
더 이상 소망을 걸어 볼 수 없다는 뜻입니다. 바로 그
순간, 예수님께서 베다니에 도착하셨습니다. 예수님이
오셨다는 소식을 듣고 언니 마르다는 가장 먼저 예수님을
만나러 갑니다. 애도객이 눈치채지 못하게 조심스럽게

다가갑니다. "주께서 여기 계셨더라면 내 오라버니가 죽지
아니하였겠나이다 그러나 나는 이제라도 주께서 무엇이든지
하나님께 구하시는 것을 하나님이 주실 줄을 아나이다"
(요 11:21-22). 그녀가 예수님께 아뢰었습니다. 역시 성숙한
마르다의 고백입니다.

그런데 마르다의 말을 듣고 예수님은 곧바로 "네 오라비가
다시 살아나리라"(요 11:23)라고 말씀하십니다. 마르다는 깜짝
놀라 예수님을 바라봅니다. 이게 무슨 말입니까. 나사로는
완전히 죽지 않았습니까. 나흘째입니다. 무려 나흘째!
마르다는 고개를 조용히 좌우로 흔듭니다. 그녀는 갈라진
목소리로 주님께 응답합니다. "마지막 날 부활 때에는 다시
살아날 줄을 내가 아나이다"(요 11:24). 이 말은 "마지막 날에
내가 죽으면 그를 다시 보겠지만, 오늘 살아서 그를 다시
보지는 못할 것입니다"라는 뜻이었습니다. 당시 유대인들은
'마지막 날의 부활'을 믿었습니다. 이것이 그들의 종말론적
신앙이었습니다. 사두개인들은 그렇게 가르치지 않았지만
바리새인들은 분명 그렇게 가르쳤고 또 믿었습니다(참조. 행
23:8). 마르다는 부활의 날에 나사로도 살고 본인도 살아나
다시 만나리라고 말씀드린 것입니다. 그러나 예수님은

마지막 날을 말씀하신 게 아니었습니다. 예수님은 3일이
지나고도 죽음에서 소생될 수 있다는 '부활의 소망'을
말씀하신 것입니다.

그러면서 예수님은 마르다에게 귀한 비밀을 전하십니다.
헬라어로 '에고 에이미(ego eimi)', 즉 '나는 ~이다'라는 신적
정체성 선포라고 할 수 있는 내용인데요. **"나는 부활이요
생명이니 나를 믿는 자는 죽어도 살겠고 무릇 살아서 나를
믿는 자는 영원히 죽지 아니하리니 이것을 네가 믿느냐"**
(요 11:25-26). 이 선포를 듣고 그녀는 명료하게 응답합니다.
**"주여 그러하외다 주는 그리스도시요 세상에 오시는
하나님의 아들이신 줄 내가 믿나이다"**(요 11:27).

정말 놀랍습니다! 마르다는 믿음과 영성이 훈련된
여인이었습니다. 죽음의 처절한 슬픔을 경험했음에도
예수님이 생명을 전하는 메시아임을 고백한 것입니다.
마르다는 "방금 제 오라비가 세상을 떠났는데 예수님의
말씀을 믿어야 합니까?" 하고 반박하지 않았습니다. 여인
마르다와 예수님의 대화에는 마치 왕과 충복 사이에 나눌
수 있는 엄중한 각령關令 같은 것이 있습니다. 마르다가 일만
우선하는 여인이었다면 예수님이 이런 대화를 나누셨을

리 없습니다. 더욱이 마르다의 대답을 헬라어 성경으로
보면, 헬라어 시제 중 완료형perfect active을 썼다는 것을 알 수
있습니다. 헬라어의 완료형은 과거에 일어난 어떤 사건이
현재에도 그리고 영원토록 변하지 않음을 암시합니다.[22] 주는
그리스도시요, 세상에 오시는 하나님의 아들이라는 사실은
그녀가 살아가는 시점에도 그리고 미래에도 변하지 않을
것이라는 뜻입니다. 굉장한 대답이 아닐 수 없습니다.
이 대화를 마치고 마르다는 동생 마리아를 부르러 갑니다.
마리아는 예수님이 오셨다는 이야기를 듣고 허겁지겁
나갑니다. 언니 마르다와 달리 순수한 막내 마리아의 행동은
애도객의 눈에 금방 띄고 맙니다. 요한복음 기록에 보면
급히 나가는 마리아를 따라 모든 무리가 따라 나갔다고 하니
말입니다(요 11:31). 거리는 곡하는 행렬의 울음소리로 범벅이
되었을 것입니다. 위로를 전하는 음악 부대, 피리를 부는
사람들도 곳곳에 있었겠지요. 마리아는 예수님을 보자마자
예전처럼 그 발치에 엎드립니다. 예수님의 발치, 그녀의
자리입니다. 곡하거나 피리를 불던 사람들은 조용해졌을
것입니다. 그들이 나누는 대화를 듣고 싶었을 테니까요.
마리아는 말합니다. "주께서 여기 계셨더라면 내 오라버니가

죽지 아니하였겠나이다"(요11:32). 언니 마르다가 주님을
만나자마자 한 말과 동일합니다. 그러나 예수님은 언니
마르다와 나눈 대화를 다시 반복하시지 않습니다. 많은
무리가 들을 수 있는 기회였는데 말입니다. 대신 마리아의
슬픈 눈물을 보시고 심령에 비통함을 느끼셨다고 요한은
기록합니다(요11:33). 예수님은 마리아의 슬픔에 그저
슬픔으로 묵묵히 마음을 나누신 것입니다. 마리아와
마르다의 삶이 어렴풋이라도 이해가 되십니까? 공동체에는
동생 마리아 같은 사람도, 언니 마르다 같은 사람도
있습니다. 두 사람 모두 각기 성격이 다른 주님과의 친밀감이
있습니다. 그리고 이 두 사람은 자매로 살아가야 합니다.
우리 삶에는 마리아처럼 가만히 주님 발치에 앉아 말씀을
들어야 할 때가 있습니다. 그러나 마르다처럼 주님 앞에서
섬겨야 할 때도 있습니다. 만약 섬기는 자리에 있다면
기쁨으로 섬기시면 됩니다. "많은 일로 염려하고 근심"
하지만 않으면 그것은 아름다운 섬김이 됩니다(눅 10:41).
마르다처럼 사는 당신을 주님은 결코 정죄하지 않으십니다.
오히려 주님이 신뢰하신다는 사실을 믿으십시오.

마리아와 상면을 마친 예수님은 그녀에게 "그를 어디
두었느냐"(요 11:34)라고 물으십니다. 설마 예수님이 나사로가
어디에 있는지 모르셨을까요? 아니요, 아셨습니다. 그가 이미
무덤에 들어가 버렸다는 것을 잘 아시면서도 마리아에게
물으셨습니다. 죽음의 장소로 무리를 데려가 부활을 보여
주시기 위함이었습니다. 마리아는 나사로가 놓여 있는
무덤으로 예수님을 모시고 갑니다. 그러는 동안 아마도
그녀는 계속 울었을 것이고, 애도객도 울었을 것입니다. 피리
소리는 더 처량했을 테지요. "아이고, 아이고… 나사로가
죽었다. 어찌할까…" 하면서 말입니다. 마르다도 그곳에
있었을 것입니다. 그녀는 곡소리에 파묻혀 있었지만 조금 전
예수님의 명징한 음성을 잊지 못했을 것입니다. "네 오라비가
다시 살아나리라. 나는 부활이요 생명이니…."
이제 무덤 가까이에 왔습니다. 예수님은 그곳에 도착해서
눈물을 흘리셨습니다(요 11:35). "나는 부활이요 생명이니"
라고 선포하신 예수님이 죽음을 가두어 놓은 장소 앞에서
우셨습니다. 예수님의 눈물을 보니 이제 정말 절망해야 할
것 같아서 모두가 울었습니다. 온 동네에 울음소리가 더욱
높아졌습니다. 마리아도 울고, 애도객도 울고, 온 베다니

마을 사람들이 통곡하며 슬퍼했습니다. 가끔 수근거리는
소리도 들립니다. "저렇게 나사로를 사랑했다면 병환이
깊어졌을 때 얼른 와서 고쳐 주면 되지 않았을까? 내가
듣기로 저 예수라는 자는 맹인의 눈도 뜨게 해주었다고
하던데."

예수님은 어깨 너머로 들려오는 군중의 말에도 아무 말씀이
없으셨습니다. 동굴 무덤 입구에는 큰 돌이 있었습니다. 죽은
자는 다시 이 돌문을 열고 산 자의 땅으로 나올 수 없습니다.
삶과 죽음의 간극은 도저히 뛰어넘을 수 없기 때문입니다.
무덤 앞에서 예수님은 돌문을 찬찬히 바라보셨습니다.
그리고 이내 명령을 내리셨습니다. **"돌을 옮겨 놓으라"**(요
11:39). 예수님은 그저 간단히 치우라고 말씀하셨습니다.
사람들은 애곡하다 말고 엉뚱한 예수님의 제안에 어이가
없어 조용해졌을 것 같습니다.

"죽은 지 나흘째입니다. 벌써 죽음의 냄새가 납니다."
마르다가 조용히 대답했습니다(요 11:39). 그 말은 "돌을
치운다고 간극이 좁아지지 않습니다. 목숨이 끊긴 나사로는
죽음의 무덤에서 산 자의 땅으로 절대 건너오지 못합니다"
라는 뜻이었습니다. 마르다는 예수님을 바라보았습니다.

그리고 눈짓으로 이렇게 말했습니다. "죽음의 장소에 머문 제 오라비가 오늘 다시 살아납니까? 예수님께서 부활이시기 때문에요? 그 말이 진정 맞습니까?" 마르다의 눈에는 믿음과 두려움이 교차합니다. 그녀의 짙은 눈동자 안에는 예수님의 모습이 맺힙니다. "제가 믿어야 합니까?" 마르다의 눈은 계속 그렇게 말하고 있습니다.

그때 예수님은 마르다에게 또 하나의 각령을 알리십니다. **"네가 내 말을 믿으면 하나님의 영광을 보리라!"** 그때 마르다의 눈에는 그동안 참아 온 커다란 눈물이 떨어집니다. "맞습니다, 주님. 저는 오늘 예수님의 말씀에 의지하여 이 돌을 굴리겠습니다. 하나님의 영광 보기를 사모합니다." 그녀는 예수님의 말씀에 모든 것을 걸기로 결정합니다. 그래서 서둘러 무덤으로 달려가 무거운 돌을 굴립니다. 연약한 여인이 비장하게 무덤의 돌을 굴리는 모습을 보고 곁에 있던 남자들도 거들지 않았을까요? 그리하여 무덤 문이 서서히 열립니다.

이제 예수님은 열린 무덤 앞에서 기도하십니다. 삶과 죽음을 주관하는 천부 하나님께, 천부의 아들 예수님이 기도하십니다. 예수님은 분명 생각하셨겠지요. 얼마 후면 당신이 세상 죄를 지고 죽음을 맞게 되시리라는 것을.
그리고 바로 이 무덤에 들어가 죽은 자의 세상을 경험하게
되시리라는 것을. 그러나 예수님은 3일 후에 이 무덤 문이
굴려지고 부활하실 것도 알고 계셨습니다. 기도를 마치신
뒤 예수님은 나사로의 이름을 부르십니다. 마치 친구 집에
놀러가 그의 이름을 부르시듯 말입니다. 친구가 문을 열고
뛰어나와 맞이할 것을 기대하시듯 세상에서 가장 친근한
목소리로 나사로를 부르십니다. **"나사로야 나오라!"**(요 11:43).
마르다는 심장이 뛰기 시작합니다. 돌을 굴리느라 아직도
숨이 거칩니다. 그러면서도 긴장감에 가슴이 떨립니다.
그녀는 숨을 몰아쉬며 열린 무덤을 뚫어져라 바라봅니다.
마리아와 애도객도 숨을 죽이고 그 장면을 지켜봅니다.
나사로가 나오겠습니까? 나사로는 죽은 자입니다. 과연
살아 있는 사람들의 땅으로 죽은 자가 영역을 옮길 수 있단
말입니까? 그러나 예수님이 하신 말씀이 마르다의 귀에
아직도 또렷이 남아 있습니다. "내가 진실로 진실로 너희에게
이르노니 내 말을 듣고 또 나 보내신 이를 믿는 자는 영생을
얻었고 심판에 이르지 아니하나니 사망에서 생명으로
옮겼느니라"(요 5:24). 여기서 '사망에서 생명으로 옮겼다'

의 헬라어 동사는 '메타 바이노(metabaino)'입니다. 출애굽기
12장 3절에 나오는 '유월',pass over과 비슷한 의미입니다. 한
영역에서 다른 영역으로 '떠나다' 혹은 '넘어가다'라는
뜻입니다. 마르다는 순간 이 말씀을 기억해 내고 예수님
안에서 죽음이 생명으로 옮겨갈 수 있음을 믿었습니다.

예수님이 나사로의 이름을 부르시자 발자국 소리가 들리기
시작합니다. 무덤에서 누군가 걸어 나옵니다. 죽은 지 나흘
된 죽은 나사로입니다! 그가 무덤에서 걸어 나옵니다. 돌이
놓여 있던 경계를 지나자마자 그는 죽음의 영역에서 산
자의 땅으로 입성하게 된 것입니다. 죽음에서 생명으로
옮겨졌습니다! 그곳에 모인 애도객은 믿을 수 없었습니다.
나사로가 맞는지 눈을 부비며 다시 한 번 확인해 봅니다.
실로 그가 맞습니다. 그는 아직도 베옷을 걸치고 있었습니다.
"풀어 놓아 다니게 하라"(요11:44). 예수님이 말씀하셨습니다.
산 자의 땅으로 다시 입성한 나사로에게 베는 더 이상
필요 없습니다. 사슬이 끊어지듯 무덤의 옷도 풀어져야
합니다. 나사로는 자유인이 되었습니다. 그는 이제 죽음에서
생명으로 옮겨졌습니다. 십자가를 지실 예수님이 그의

이름을 불러 주셨기 때문입니다. 십자가, 그곳에서 죽음은
생명으로 변합니다.

믿으십니까? 이것이 '부활'입니다. 3일이 지나 이루어진
부활입니다. 예수님은 죽음의 땅에 있는 이름을 불러 산
자의 땅으로 걸어 나오게 하셨습니다. 그곳에 모인 사람들은
아무 말도 하지 못했습니다. 애곡 소리와 위로의 피리 소리가
멈추어 버렸습니다. 예수님 품에 안겨 있는 나사로가 다시
생기 있는 온전한 사람으로 되살아난 것을 목격했습니다.
마르다는 그날 진실로 하나님의 영광을 보았습니다. 이것은
단순한 기적이 아닙니다. 예수님께서 유대인들 앞에서
보이신 표적이었습니다. 예수님께서 곧 이렇게 부활하실
것이라는 표적 말입니다.

서기관과 바리새인들은 언젠가 주님께 표적을 보여 달라고
한 적이 있습니다(마 12:38). 음란하고 악한 세대가 예수님의
존재를 믿지 못하여 믿을 만한 표적을 다시 구한 것입니다.
그때 예수님은 선지자 요나의 표적 외에는 아무것도 보일
것이 없다고 대답하셨습니다(마 12:39). 여러분은 지금 3일
동안 물고기 배 속에서 생생한 예수님의 '표적'을 경험하고
있는 것입니다.

다시 묻습니다. 혹시 여러분 중에 오늘 그 3일이 넘어가
소망이 끊어진 분이 계십니까? 그러나 여러분과 제게는
표적이 있음을 잊지 마십시오. 소망을 잃지 마십시오.
"나는 부활이요 생명이니 나를 믿는 자는 죽어도 살겠고
무릇 살아서 나를 믿는 자는 영원히 죽지 아니하리니
이것을 네가 믿느냐"(요 11:25-26). 이 말씀을 믿으십니까?
부활을 이루신 주님께 여러분의 절망을 드리십시오. 오늘이
넘어가기 전에 무덤의 돌이 굴러가고 죽음이 생명으로
옮겨지는 표적을 보실 것입니다. 그 표적은 십자가를
지신 예수님입니다. 부활의 예수님이 여러분을 지켜 주실
것입니다. 회복시켜 주실 것입니다.
내일 하루만 더 물고기 배 속에서 저를 만나 주십시오.
이곳에서 3일이 지났습니다. 요나에게도 부활이 있을지
궁금하지 않으십니까? 곧 발견하실 겁니다!

스올의 뱃속에서

요나가 물고기 뱃속에서 그의 하나님 여호와께 기도하여 이르되 내가 받는 고난으로
말미암아 여호와께 불러 아뢰었더니 주께서 내게 대답하셨고 내가 스올의 뱃속에서
부르짖었더니 주께서 내 음성을 들으셨나이다(욘 2:1-2)

오늘 아침에는 여러분의 마음을 알 것 같습니다. 물고기
배에서 지내는 것만으로도 충분히 힘겹고 답답하건만, 오늘
묵상 제목이 '스올의 뱃속에서'이니 말입니다. 그렇지만
스올을 지나야 부활의 시간이 다가온답니다. 그래서 오늘
약간 어려운 주제인 스올에 관해 다루는 것에 미리 양해를
구합니다. 어서 부활의 땅으로 가고 싶기에 여러분의 여행
배낭 안에 있는 '바이블 랜드 프리 라이드 티켓'(제가 Day 2

Day 13

묵상 때 드린 선물이지요!)을 사용하고 싶은 유혹이 드실 수도 있습니다. 하지만 지금 그 티켓을 사용하면 다시 스올로 돌아와야 합니다. 왕복 티켓이니까요! 힘드시겠지만 아직 사용하지 않는 것이 좋겠습니다. '나감과 들어옴'의 상징과 더불어 언젠가 이 티켓을 반드시 사용할 날이 온답니다. 잘 간직해 주십시오. 그럼 이제 스올에 대해 이야기하겠습니다. 생각할 거리가 많으니 여러분의 도움이 필요합니다. 오늘 저를 도와 함께 묵상해 주십시오.

요나가 폭풍우 치는 바다에 빠졌을 때, 큰 물고기는 그를 심판하기 위한 매개체가 아니라 그를 살리시기 위한 '예비하심'이라고 Day 9에서 말씀드렸습니다. 그런데 이 물고기에 대해 한 가지 덧붙일 설명이 있습니다. 흥미롭게도 이 물고기는 1장 17절과 2장 10절에서 모두 남성 명사로 쓰였지만, 2장 1절에서는 여성 명사로 쓰였습니다. 개역개정 성경으로 보면 물고기가 남성 명사인지 여성 명사인지 구분이 안 되지만 히브리어 성경으로 보면 명확해집니다. 처음 요나를 삼킨 물고기는 힘이 넘치는 남성 물고기로, 2장 1절에서 요나를 품고 있는 물고기는 여성 물고기로 그려집니다. 그리고 2장 후반부에서 요나를 뱉어내는 물고기는 다시 남성 물고기로 나옵니다.

왜 요나서 저자는 2장 1절에서 물고기의 성性을 갑자기 바꾸어 버렸을까요? 1장 17절에 쓰인 물고기 "뱃속"과 2장 1절에서 사용된 스올의 "뱃속"도 서로 다릅니다. 히브리어에서 '배'를 지칭하는 단어는 주로 '베텐(beṭen)'입니다. 그렇지만 2장 1절에서 쓰인 물고기 '배'는 자궁이라는 뜻의 '메에(mē'ê)'를 씁니다. 이를 숙고하면서 다시 이 구절을 해석해 보면, 요나가 '어머니 같은 물고기 자궁'[23]에서 하나님께 부르짖었다는 뜻이 됩니다. 그런데 '메에'라는 단어에는 자궁 말고도 다른 심오한 뜻이 있습니다. 바로 '영혼의 깊은 곳'inner being입니다. 이 의미로 쓰인 성경 구절을 잠시 살펴보고 갈까요?

먼저 예레미야 4장 19절을 보겠습니다. "슬프고 아프다 내 마음속이 아프고 내 마음이 답답하여"라고 시작합니다. "슬프고 아프다"라고 의역해 놓았지만 히브리어 성경 원본대로 번역하자면 "나의 영혼의 깊은 곳이여, 나의 영혼의 깊은 곳이여" 하고 두 번 반복되어 있습니다. 그래서 어떤 영어성경은 이를 "My soul, oh my soul!(나의 영혼이여, 오 나의 영혼이여)"라고 번역했습니다(NASB, NKJV). "Oh my anguish, my anguish!(오 나의 비통함이여, 나의 비통함이여!)"라고 번역한 성경도 있고(NIV), 원본 그대로 "Oh my bowels!(오 나의 창자여!)"라고 번역한 성경도 있습니다(KJV, AV, LEB). 예레미야애가 1장 20절에서 다시 이 단어가 쓰입니다. 같이 읽어 보겠습니다. "여호와여 보시옵소서 내가 환난을 당하여 나의 애를 다 태우고 나의 마음이 상하오니…." "나의 애"를 태운다고 표현할 때도 히브리어 '메에'를 사용했습니다. 다시 말해서 이 단어는 영혼의 깊은 곳에 고통의 절박한 울림이 있다는 뜻입니다.

물고기 배 속이 '메에'로 표현된 것을 염두에 두고 요나서 본문을 묵상하면, 물고기가 심판의 도구가 아니라 생명으로 이끄는 예비하심이라는 것을 알게 됩니다. 요나가 창자가 끊어지는 듯한 깊은 고통 '메에'를 치르면서 하나님의 뜻을 받아들이고 있다는 사실도 알 수 있습니다. 그곳은 요나 외에 아무도 갈 수 없는 곳입니다. 요나에게 기도하라고 재촉할 사람도, 요나를 위해 기도해 줄 사람도 없는 곳이지요. 철저한 고독과 아픔의 시간이 바로 그 장소에서 펼쳐집니다. 바로 그때, 요나는 하나님의 내재immanence와 초월transcendence의 속성을 이해하게 됩니다.

그는 빛 한 줄기 없는 깜깜한 공간에서도 생명을 전달하는
그분의 이름을 외치기 시작합니다. '구원의 기도'입니다.
그리고 성경은 바로 그 시각에 하나님께서 그의 기도를
들으셨다고 기록합니다(욘2:2).

요나는 자기가 머문 물고기 배 속을 "스올"(욘 2:2)이라고
표현했습니다. 스올은 어디일까요? 여러분은 이곳이
어디라고 생각하십니까? 스올에 관해서 저는 솔직히 시원한
정답을 갖고 있지 않습니다. 그래서 차근차근 여러분과 함께
생각해 보려 합니다. 학자들은 스올이라는 단어가 구약에서
무척 다양하게 쓰였다고 강조합니다. 유대인들에게 스올은
죽은 자가 가는 세계입니다. 그러나 때때로 '무덤'을 지칭하는
평범한 단어로 쓰이기도 했습니다(참조. 시 18:6; 30:3; 49:14;
사 28:15). 따라서 요나가 물고기 배 속에서 무덤에 갇힌
듯한 상황을 그렇게 표현했을 수 있습니다. 유대인들에게
죽음이란 하나의 사건이 아니라 과정이었습니다.[24]

결론적으로 "스올의 뱃속"이 문자 그대로 '무덤의 깊은 곳',
즉 자신이 갇혀 버렸음을 표현했다고 보는 것입니다. 물고기
배 속은 사망의 권세가 주장하는 곳이라는 의견입니다. 구약
문학에서는 그런 상황을 묘사할 때 자주 스올에 놓여졌다고

표현합니다(참조. 시 49:14; 55:15; 잠 1:12; 27:20; 사 5:14).
한편 요나가 물고기 배 속에 들어갈 때 그가 실제로 죽었다고
가정할 수도 있습니다. 요나가 표현한 스올을 '죽음의 장소'로
보는 것입니다. 구약에 쓰인 '스올'은 헬라어로 '하데스
(hades)'인데 이 표현은 영과 혼이 육신을 떠난 죽음의 상태를
지칭합니다. 엄밀하게는 '암흑의 공간, 음부'입니다. 그러나
우리가 흔히 생각하는 지옥은 아닙니다. '지옥'이라는
단어는 신약에 가서야 등장합니다. 지옥은 헬라어로 '게헨나
(Gehenna)'인데, 이 단어는 원래 예루살렘 남서쪽에 위치한
'힌놈의 아들 골짜기' Valley of the Sons of Hinnom 라는 뜻의 지명입니다.
과거에 이곳에서 온갖 가증한 일이 벌어졌기 때문에(대하
28:1-4; 렘 7:31-33; 겔 16:20-21) 후에 이곳은 죄인들의 시체를
매장하는 부정한 장소가 됩니다. 그래서 유대인들은 '게헨나'
를 하나님의 최후의 심판이 이루어지는 곳이라고 믿게
되었던 것입니다. '게헨나'는 신약성경에 열두 번 나오는데,
그중 열한 번은 예수님께서 직접 사용하신 것이고 나머지 한
번은 야고보서에 나옵니다(참조. 약 3:6).[25]
그럼 다시 궁금해집니다. 지옥과 스올이 다르다면, 스올은
신약성경 어디에 어떻게 등장할까요? 누가복음 16장에

나오는 부자와 거지 나사로의 비유에서 이 개념이 나옵니다.
이때 나오는 "음부"(눅 16:23)가 바로 스올(하데스)입니다.
이왕 설명이 나왔으니 부자와 거지 나사로의 비유를 잠깐
살펴보고 가겠습니다. 그들은 각기 죽어 스올에 갔다고 나와
있습니다(눅 16:19-31). 그러나 그들은 스올 중에서도 다른
영역에 머물게 됩니다. 나사로는 아브라함의 가슴에 안기는
곳에 머물렀고, 부자는 뜨거운 불꽃 가운데서 괴로워하는
곳에 머물렀습니다. 흥미로운 것은 그들이 서로 뚜렷하게 볼
수 있었다는 점입니다(눅 16:23). 그뿐 아닙니다. 그들은 서로
이야기도 나누었습니다(눅 16:24). 무엇보다 스올은 그들이
생전에 어떻게 지냈는지 기억하는 의식의 세계입니다(눅
16:28). 그러나 서로의 영역을 영원히 뛰어넘을 수는 없었지요
(눅 16:26). 그들 사이에는 큰 구렁텅이가 있어 도저히 건너갈
수 없다고 나와 있습니다. 스올이라는 같은 곳에 이르렀지만
부자는 갇힌 영역에서 나올 수 없었고, 거지 나사로는
아브라함의 가슴에 행복하게 안겨 있으므로 나올 이유가
없었던 것입니다(눅 16:25).
이 대목이 그저 비유일까요? 그렇지 않습니다. 엄밀히
말하면 이 부분은 비유를 통한 예수님의 가르침입니다.

그래서 '비유적 가르침'parabolic teaching이라고도 합니다. 예수님은
사실과 위배되는 가르침을 비유로 들지 않으셨습니다.
그러므로 우리는 누가복음 16장이 다루는 스올 개념에서
죽음 이후에도 우리의 존재와 영이 완전히 소멸하지
않는다는 것을 배우게 됩니다. 죽음은 멸절annihilation이
아닙니다. 죽으면 끝이라는 생각은 크게 잘못된 것입니다.
죽음 이후에도 우리에게는 또 다른 삶이 기다리고 있습니다.
주님과 걷는 낙원의 삶이거나 뜨거운 불꽃에 거하는 삶,
둘 중 하나입니다. 아무도 모릅니다. 우리 중에 그 영역을
판단할 자격이 있는 사람은 아무도 없기 때문입니다.
그러나 한 가지 분명한 것이 있습니다. 주님을 영접하여
그분과 동행하는 겸손한 사람과 주님을 거부하고 완악하게
살아가는 사람의 사후세계는 명백히 다르리라는 것입니다.
각 영역의 분리가 명징하다는 것, 이것만은 우리가 알 수
있습니다. 그러나 이 주제는 예민한 문제여서 잘못 파고들면
옳지 못한 교리에 접근하게 될 수도 있습니다. 그러니 늘
말씀 가운데 분별 있게 받아들여야 합니다.
자, 그럼 어려운 공부는 일단 여기서 마치고 다시 요나에게로
돌아갑시다. 요나서에 나오는 '스올'은 무엇입니까? 요나가

실제로 죽어 스올에 처한 것일까요? 아니면 거의 죽을
뻔했기 때문에 본인의 무덤 같은 상황을 스올이라고 표현한
것일까요?

연구한 바를 토대로 제 의견을 조심스레 제시하자면, 저는
요나가 실제로 죽음의 스올을 경험했다고 생각합니다.
예수님이 3일 동안 죽음 가운데 머무른 것과 요나가
스올에서 머무른 상황이 맞물려 신약시대의 '표적'이
되었다고 성경은 기록하기 때문입니다(마 12:40; 16:4;
눅 11:29-30). 무덤 권세를 이기신 예수님과 물고기 배에서
해방된 요나가 병치됩니다. 요나가 3일간 머무른 이 죽음의
장소에서 부활이 기다리고 있었습니다. 즉 자궁 같은
물고기 배 속에서 죽음의 고통을 지나 생명이 잉태되는
과정이었다고 봅니다.

죽음의 장소에서 생명의 부활이 일어나는 이 놀라운
이야기는 사도들이 활약한 시대에도 여러 번 등장합니다.
일례로 바울과 실라가 옥에 갇힌 사건이 있습니다(행 16:16-
34). 마게도냐 지방의 빌립보 성에 이르러 복음을 전하고
있을 무렵이었지요. 그들은 귀신 들린 여종과 그의 악한
주인 때문에 불미스러운 일에 엮여 관원들에게 붙들립니다.

상관들은 그들의 옷을 찢은 후 매로 치기 시작합니다. 이때
'치다'는 헬라어로 '랍디조(rhabdizo)'입니다. 이것은 그냥
때리는 것이 아닙니다. 송곳이 박힌 쇠몽둥이로 무자비하게
때리는 것을 지칭합니다. 매우 고통스러운 고문이었으므로
죄수들이 몸을 피하지 못하게 나무에 묶어 놓고 수차례
때렸다고 합니다. 이런 가혹한 고문을 받으면 죄수들은
의식을 차리지 못하고 기절하거나 죽게 되지요.
그날 옷도 걸치지 못한 사도들은 무자비한 고문을 받은
뒤에 온 몸이 피투성이가 되어 거의 죽음을 경험하지
않았을까요. 그러고 나서도 부족했는지 관원들은 사도들을
"깊은 옥"(행 16:24)에 가두어 버립니다. 그들의 몸은
쓰라리고 아팠을 것입니다. 그러나 바울은 실라를 살려 주신
주님께 감사드렸고, 실라 또한 바울을 보호해 주신 주님께
감사드렸습니다. 바울이 "실라, 그대는 괜찮은가?" 물으면
실라가 "네, 저는 괜찮은데 선생님께서는 어떠십니까?" 하고
되물었을 것 같습니다. 서로에게 고개를 끄덕이고 굳은 얼굴
근육을 애써 펴며 희미하게 웃음 지었을 것입니다.
"그리스도와 함께 고난을 받는 것이 기쁘지 아니한가" 하면,
실라도 끄덕이며 "네, 그분의 영광에 동참하기 위해 이 정도

고난쯤이야…" 했을 것이 분명합니다. 두 사람은 서로를
위로하고 격려하며 함께 찬양하고 기도합니다(행 16:25).
그들이 찬양할 때, 스올 같은 지하 감옥은 더 이상 심판과
죽음의 장소가 아니었습니다. 그것은 마치 생명으로 이끄는
'메에', 즉 자궁 같은 처소로 변했습니다. 큰 지진이 나자
옥터가 움직이고 문이 열립니다. 마치 어머니가 아이를
해산할 때 큰 고통 속에서 자궁 문이 열리듯 말입니다.
감옥을 지키던 간수는 옥문이 열린 것을 보고 죄수들이
도망갔다고 생각하여 자결하려고 합니다(행 16:27).
간수로서의 생명이 끝났다고 여긴 것이 분명합니다. 그때
바울이 그를 막습니다. "네 몸을 상하지 말라 우리가 다 여기
있노라"(행 16:28). 간수는 깜짝 놀라 바울과 실라 앞에 엎드려
이렇게 묻습니다. "선생님들이여, 내가 어떻게 하여야 구원을
받으리이까!" 그때 바울이 대답합니다. **"주 예수를 믿으라
그리하면 너와 네 집이 구원을 받으리라"**(행 16:31). 간수와
그의 가족은 결국 그곳에서 죽음이 아니라 생명을 받게
됩니다.
죽음의 장소에서 생명의 부활이 일어나는 이 놀라운 이치는
지금도 계속되고 있다고 믿습니다. 저는 여러분께 묻고

싶습니다. 우리 삶에도 이와 같은 일이 기다리고 있음을
진정 믿으시는지 말입니다. 혹시 지금 모든 소망이 차단된
"스올의 뱃속"에 계시는지요. 그렇다면 당신이야말로
부활을 꿈꿀 수 있는 사람입니다. 죽음을 경험한 사람만이
온전한 부활을 받아들일 수 있기 때문입니다. 죽음의 기운이
술렁여도 부활을 꿈꿀 수 있는 것, 이것이 바로 그리스도인의
특권입니다.

그런데 그 부활을 꿈꾸려면 기도해야 합니다. 그래서 내일은
부활을 꿈꾸었던 선지자의 기도를 살펴보려고 합니다. 오늘
묵상 여정에 함께해 주셔서 감사합니다.

부르짖었더니

요나가 물고기 뱃속에서 그의 하나님 여호와께 기도하여 이르되 내가 받는
고난으로 말미암아 여호와께 불러 아뢰었더니 주께서 내게 대답하셨고 내가 스올의
뱃속에서 부르짖었더니 주께서 내 음성을 들으셨나이다 주께서 나를 깊음 속 바다
가운데에 던지셨으므로 큰 물이 나를 둘렀고 주의 파도와 큰 물결이 다 내 위에
넘쳤나이다 내가 말하기를 내가 주의 목전에서 쫓겨났을지라도 다시 주의 성전을
바라보겠다 하였나이다 물이 나를 영혼까지 둘렀사오며 깊음이 나를 에워싸고 바다
풀이 내 머리를 감쌌나이다 내가 산의 뿌리까지 내려갔사오며 땅이 그 빗장으로
나를 오래도록 막았사오나 나의 하나님 여호와여 주께서 내 생명을 구덩이에서
건지셨나이다(욘 2:1-6)

둘째 주 여정 마지막 날입니다. 이번 주는 주로 물고기 배
속에 있었기 때문에 쉽지 않으셨을 것입니다. 그래도 한
분의 낙오자도 없이 저와 신실하게 동행해 주셨습니다.
실제로 여러분을 뵐 수 있다면 격려의 선물을 드리고 싶은
심정입니다. 성실한 여행의 동반자가 되어 주시는 여러분의

Day 14

삶에 풍성한 하나님의 은혜가 머물기를 기도합니다. 오늘은
"스올의 뱃속"에서 죽음을 경험한 선지자의 기도를 들어
보는 날인데요. 함께하시겠습니다.

그동안 요나에게 기도할 기회가 없었던 것은 아닙니다. 사실
페니키아 상선에 머물렀을 때도 기도할 기회는 얼마든지
있었습니다. 배 밑창까지 수색해서 들어온 선장이 그를
깨우며 "네 하나님께 구하라"(욘 1:6) 하지 않았습니까.
그러나 그때 요나가 기도했다는 내용은 없습니다. 그에게
기도에 대한 갈망이 없었기 때문입니다. 아니, 기도하기에는
야웨 하나님의 낯을 피한 지 너무 오래되어 두려웠던
것이지요. 페니키아 상선에서 죽음 같은 잠을 경험한 요나는
바다로 던져지는 순간까지 하나님께 구하지 않습니다.
그러나 그는 이제 부르짖기 시작합니다. 요나는 암흑
속에서 야웨 하나님을 바라보고 있습니다. 그리고 부활을
꿈꿉니다. 요나가 어떤 형태의 스올을 경험했는가는 어쩌면
부차적인 내용일 수 있습니다. 다시 주의 성전을 바라보리라
결심하며 기도한 것(욘 2:4)이 핵심입니다. 깊은 바다와
큰 물 그리고 큰 물결이 모두 심판의 모습처럼 덮쳤으나
요나의 눈은 한곳, 즉 성전에만 고정되어 있었습니다. 다시

말씀드리지만 깜깜한 물고기 배 속에서는 언제 해가 뜨고
달이 뜨는지 알 수 없습니다. 그리고 어느 방향으로 움직이고
있는지조차 알 수 없습니다. 요나는 그저 죽음 속에서 헤매고
있는 상태였습니다. 그런데도 그는 성전을 바라보겠다고
고백합니다. 성전이 어느 방향인 줄도 모르면서 말입니다.
사실 '주의 성전을 바라본다'는 개념은 솔로몬 때 생겼습니다.
성전 건축이 완성된 후부터 '주의 성전'은 유대인들에게
가장 소중한 단어였지요. 솔로몬이 성전 건축 후에 이렇게
기도했기 때문입니다.

> 주께서 전에 말씀하시기를 내 이름이 거기 있으리라 하신
> 곳 이 성전을 향하여 주의 눈이 주야로 보시오며 주의 종이
> 이곳을 향하여 비는 기도를 들으시옵소서 주의 종과 주의 백성
> 이스라엘이 이곳을 향하여 기도할 때에 주는 그 간구함을
> 들으시되 주께서 계신 곳 하늘에서 들으시고 들으시사 사하여
> 주옵소서(왕상 8:29-30).

유대인들이 성전을 향해 기도한다는 것은, 그 간구함을
듣고 죄를 사하여 주실 야웨 하나님을 바라본다는

의미였습니다. 어느 장소에 있든 함부로 버릴 수 없는
소중하고 거룩한 습관이었지요. 그래서 다니엘은 사자 굴에
던져지리라는 것을 알면서도 예루살렘을 향해 하루에 세 번씩
무릎 꿇고 기도한 것입니다(단 6:10). "예루살렘으로 향한
창가(단 6:10)"는 곧 성전을 가리킵니다.

요나도 마찬가지였습니다. 요나는 성전을 바라보고
있습니다. 사방이 꽉 막힌 물고기 배 속은 이제 온통
기도하는 성전이 됩니다. 물이 그의 영혼을 둘렀고, 깊음이
그를 에워쌌습니다. 바다풀도 그의 머리를 감쌌습니다
(욘 2:5). 그는 산의 뿌리까지 내려갔고 땅이 그 빗장으로
오랫동안 막았습니다(욘 2:6). 삶의 힘이 끊어진 상태였지만,
그의 눈이 성전을 향할 때 그리고 성전을 바라고 기도할 때,
그의 기도가 주께 이르고 주의 성전에 미쳤다고 고백합니다
(욘 2:7). 바로 이때 어떤 일이 일어날까요? 맞습니다. 부활이
일어납니다!

Day 10에서 임파선 암을 판정받고 치료 날짜를 기다리던
친구 이야기를 한 적이 있습니다. 그 친구에게서 소식이
왔습니다. 드디어 병원 심사가 통과되어 좋은 의사의 치료를

받게 되었다는 것입니다. 그런데 최근에 다시 엑스레이를

받게 되었다는 것입니다. 그런데 최근에 다시 엑스레이를
찍어 보니 암이 내부 장기에 이미 넓게 퍼져 있었다고
합니다. 의사 말로는 한 1년은 방치된 것 같다고 했지요. 저는
숙연해졌습니다. 1년이라…. 사실 지난 1년은 그 친구에게
스올 같은 시간이었습니다. (친구의 허락을 받고 이야기를
나눕니다.)
친구의 남편은 의사입니다. 가정 의학을 전공하여 어려운
이웃을 진료해 주는 청렴가빈한 의사이지요. 그런데
친구의 남편은 작년에 바누아투라는 섬에서 의료 선교사로
헌신하고 싶다며 과감히 사직했습니다. 정작 친구는
선교사로 헌신하는 것에 준비가 되어 있지 않았는데
말입니다. 그러나 남편의 원함이 너무 컸기에 친구는 하는
수 없이 순종했습니다. 순종하기로 마음먹고 모든 것을
내려놓았다고 생각했건만, 친구는 출국 날이 다가오자
마음의 동요가 심해졌고 삶의 기쁨도 고갈되었다고 합니다.
스스로 준비되지 못함에 실망하며 자책했지요. 그 시간이
꼬박 1년 넘게 걸렸습니다.
그런 와중에 암이 발견되었으니 친구는 선교를 보류하고
치료를 받아야 했습니다. 삶의 힘이 끊어진 것 같은 깜깜함

속에서 친구와 저의 눈은 성전을 향합니다. 부활과 갱신을
소망하며. 친구가 힘이 없어 기도할 수 없는 날에는 제가
중보자로 주님을 붙들고 있습니다. 그런데 며칠 전 친구가
희미하게 웃으며 말했습니다. "이른 새벽에 병원에 검사를
받으러 갔다가 하늘에 떠 있는 예쁜 별들을 하나하나 세어
보았어." 그리고 친구는 이런 기도를 드렸다고 했습니다.
"바누아투의 새벽하늘은 얼마나 더 아름다울까요, 하나님.
이 병이 나으면 아름다운 그곳으로 보내소서. 복음을 들고
가겠습니다. 임파선 암이 제게 축복입니다."
그 말을 듣고 저는 친구를 꼭 안았습니다. 우리는 얼싸안고
잠시 울었습니다. 힘들어서 운 게 아니라 그분의 사랑에
감사해서 감격이 밀려왔습니다. 존 파이퍼 목사님은 이런
설교를 한 적이 있습니다. "주님께서 우리 삶에 늘 형통함과
안녕만을 허락하시지 않는다. 그러나 주님은 우리에게 그분
자신을 송두리째 주심으로 세상이 침노하지 못할 기쁨으로
환난을 이기게 하신다." 저와 친구는 그때 침노하지 못하는
기쁨을 맛본 것 같습니다.
여러분 중에도 스올 같은 시간을 보내고 있는 분이
계시는지요. 누구에게도 나눌 수 없는, 누구와도 공감할 수

없는 시간을요. 저는 힘든 시간을 보내는 분들을 뵈면 충분한
위로를 전하지 못하는 한계가 원망스러울 때가 많습니다.
그런 분들 앞에서 이상하리만큼 죄송스러워집니다. 진정
우리에게 위로할 언어가 있을까, 곤혹스럽고 아픕니다.
그리하여 위로는 인간의 언어가 아니라 하나님의 언어로
전해진다고 느낍니다. 위로 그 자체가 신의 선물이 아닐까요.
전 가끔 투병하는 친구의 손을 잡고 기도할 때, 하나님이
친구에게 이렇게 말씀하시는 것을 느낍니다. "딸아, 너에게
이런 시간을 보내게 해서 미안하구나. 조금만 참으렴. 내가
분명 너를 건져 주고 인자와 긍휼로 관을 씌울 것이다. 나의
통치를 신뢰해 주렴…."
스올의 장소에서 우리가 할 수 있는 일은 단 하나입니다.
성전을 바라보며 부르짖는 것입니다. 그렇게 기도하면 그
스올마저도 성전이 될 것을 믿습니다. 우리의 부르짖음은
허공에 대고 외치는 소리가 아닙니다. 우리의 부르짖음에는
소망이 있습니다. 하나님께서 반드시 우리에게 응답하시기
때문입니다. 그분이 눈물로 절규하는 우리의 음성을
들으시기 때문입니다. 일을 행하고 그것을 성취하시는
하나님은 우리가 부르짖기를 원하시고, 우리에게 응답하기를

기뻐하십니다(렘 33:2). 함께 기도하지 않으시렵니까? 아래에 적은 것은 스올 가운데 있던 요나의 기도입니다. 저는 이 기도가 스올에서 부르짖는 여러분 개인의 기도가 되기를 원합니다. 괄호 안에 당신의 이름이나 중보하고 싶은 사람의 이름을 넣어 기도하십시오. 한 절씩 천천히 묵상하면서 기도합시다.

*요나의 기도

(   )가 받는 고난으로 말미암아 여호와께 불러 아뢰었더니 주께서 (   )에게 대답하셨고, (   )가 스올의 뱃속에서 부르짖었더니 주께서 (   )의 음성을 들으셨나이다 주께서 (   )를 깊음 속 바다 가운데에 던지셨나이다…큰 물이 (   )를 둘렀고 주의 파도와 큰 물결이 다 (   ) 위에 넘쳤나이다. (   )가 말하기를 (   )가 주의 목전에서 쫓겨난 듯 느껴도 다시 주의 **성전을 바라보겠나이다** 하였나이다 물이 (   )를 영혼까지 둘렀사오며 깊음이 (   )를 에워싸고 바다풀이 (   ) 머리를 감싸는 고통을 느끼나이다

그리하여 (   )가 산의 뿌리까지 내려갔사오나 그러나

나의 하나님께서!

여기에서 잠시 기도를 멈추고 다음 주에 다시 만나겠습니다.
기도는 아직 끝나지 않았습니다. "그러나 나의 하나님께서!"
라는 화두로 셋째 주 여정을 시작하려고 합니다. 다시 만날
때까지 계속해서 이 기도문을 마음에 새겨 주십시오. 믿음과
소망으로 인내하는 여러분의 모습이 참 아름답습니다.
부활이 기다립니다.

셋째 주 여정

다시 그 땅에서

그러나 나의 하나님께서

(그러나) 나의 하나님 여호와여 주께서 내 생명을 구덩이에서 건지셨나이다 (욘 2:6b)

반갑습니다. 요나서 묵상이 어느새 반을 넘어갑니다. 앞으로
어떤 인도함을 받게 될지 몹시 기대됩니다. 충실한 동반자가
되어 주시는 여러분을 위해 저도 길잡이 역할을 게을리하지
않겠습니다. 계속 함께해 주십시오. 그럼 출발하겠습니다.
그런데 떠나기에 앞서 문득 궁금해집니다. 왜 요나는 야웨
하나님의 낯을 피하면서까지 명령을 거부했을까요? 단지
니느웨에 대한 적개심과 증오 때문일까요? 아니면 조국을

Day 15

사랑하는 마음이 너무 컸기 때문일까요? 이제 그 이유를
하나씩 고찰해 볼 것입니다. 지난주 묵상을 마치면서
함께 기도한 내용 기억하시지요? 계속 기도하고 계셨을
줄 믿습니다. "그러나 나의 하나님께서!"에서 마쳤습니다.
부활이 기다린다고도 말씀드렸습니다. 자, 그렇다면 지체
없이 요나서 2장 6절을 함께 읽어 보겠습니다.

"내가 산의 뿌리까지 내려갔사오며 땅이 그 빗장으로
나를 오래도록 막았사오나 **(그러나) 나의 하나님 여호와여
주께서** 내 생명을 구덩이에서 건지셨나이다." 제가 '그러나
나의 하나님 여호와여 주께서'를 강조한 까닭이 있습니다.
바로 이 구절이 부활로 향하는 전환점이기 때문입니다.
죽음에서 삶으로 말입니다. 여러분의 삶에도 이런 전환점이
있기를 간절히 바랍니다. 지병, 실직, 관계의 단절, 가족
간의 갈등, 자녀 문제…. 혹은 이보다 더한 것이라 할지라도
주님 안에서 삶의 반전은 가능합니다. 부활이 일어납니다.
여러분의 가장 절실한 문제를 아래에 적고 '그러나
나의 하나님께서'라는 새로운 이야기를 기다리시지
않겠습니까?

나의 가장 절박한 문제: _____.

그러나 나의 하나님께서….

저는 오늘 "그러나 나의 하나님께서"라고 고백할 수 있는
이야기를 기다립니다. 그리고 여러분께도 그런 새로운
이야기가 있기를 기도합니다.
성경에도 이 고백을 하기까지 아주 오랜 세월을 기다린
인물이 있습니다. 바로 야곱의 아들 요셉입니다. 그는
아버지의 특별한 사랑을 받았기에 형들에게 질투를 삽니다.
그런데 요셉도 문제였습니다. 형들이 잘못한 일이 있으면
아버지에게 그 잘못을 고하기를 즐겼기 때문입니다(창 37:2).
'잘못'은 히브리어로 '라아(raʻá)'입니다. 문자 그대로 보면
'악함'이라는 뜻입니다. 이 '라아'라는 단어를 꼭 기억해
두십시오. 앞으로 요나 묵상을 할 때 무척 도움이 될
것입니다. 형들은 질투하는 마음으로 이미 몹시 악해(라아)
졌건만, 아버지 야곱은 요셉에게 채색옷을 지어 입혀 불난
집에 부채질을 합니다. 채색옷은 히브리어로 '쿠토네트
파씸(kŭttōnĕt passim)'입니다. 그런데 사실 쿠토네트 파씸은
평상복에 가깝습니다. 성경에서 이 단어를 "화려한 채색옷"

7

이라고 설명한 이유는 라틴어 성경 벌게이트Vulgate 역의 영향을
받았기 때문이라고 봅니다.[26] 그렇다면 쿠토네트 파씸은 어떤
평상복이길래 형들이 그렇게 질투한 것일까요? 우선
'쿠토네트'는 긴 소매의 튜닉tunic을 지칭합니다. 뒤에 붙은
'파씸'은 '파쓰(pas)'의 복수형으로 쓰인 것인데 파쓰는 '통으로
짠 옷'으로 번역되는 경우가 많습니다.

그런데 긴 소매와 발목까지 내려오는 통으로 짠 옷은 당시에
아무나 입을 수 없었습니다. 노동을 하지 않는 계층의
사람들만 이런 옷을 입었습니다(참조. 삼하 13:18). 한번 생각해
보십시오. 펄럭이는 긴 소매와 발목까지 내려오는 옷을 입고
바깥 노동을 하기란 여간 거추장스러운 일이 아닙니다.
양을 치거나 밭일을 했던 요셉의 형들은 그런 튜닉을 절대
걸쳐 보지 못했을 것입니다. 웃통을 벗고 바지를 걷어 올린
채 정신없이 노동하지 않았을까요? 그러나 요셉만큼은
튜닉을 입고 야곱의 장막을 누볐다는 이야기입니다. 이는
요셉에게 특별한 지위가 주어졌다는 의미입니다. 게다가
요셉은 해와 달과 열한 별이 자기에게 절하는 꿈을 꾸었다고
이야기하면서 형들의 미움을 더욱 크게 삽니다.
그러던 어느 날, 아버지의 심부름으로 형들에게 간 요셉은

큰일을 당하고 맙니다. 요셉의 형들은 요셉의 꿈을
멸살시키고 싶었습니다. 그 꿈을 멸살시키려면 그 꿈의
주인, 즉 요셉을 죽여야 했습니다. 그래서 형들은 요셉을
죽여 구덩이에 던지고 악한(라아) 짐승이 그를 잡아먹었다고
말하자고 궁리를 냅니다. 그들이 악한 짐승처럼 요셉을 뜯어
죽이고 싶었던 것입니다. 곧 요셉의 옷은 벗겨집니다. 요셉은
헐벗은 채 구덩이에 갇혀 버리게 됩니다. 그런데 창세기
기자는 그 구덩이가 비어 있었다고 기록합니다(창37:24).
즉 가뭄이 닥칠 것이라는 암시였습니다. 만일 구덩이에
물이 차 있었다면 요셉은 빠져 죽었을지도 모릅니다. 그러나
가뭄으로 마른 구덩이는 요셉을 '감싸' 주었습니다. (그럼에도
그 구덩이는 요셉에게 스올 같았겠지요.)
곧 요셉은 이스마엘 상인에게 팔려 애굽의 노예가 됩니다.
그는 바로의 신하, 친위대장 보디발의 신임을 얻었지만
보디발 아내와의 사건으로 구덩이보다 더욱 괴로운
감옥에 갇히고 맙니다. 다시 스올의 시간입니다. 그러나
그 가운데 하나님의 섭리는 한 번도 떠나지 않았습니다.
하나님은 요셉의 '꿈'의 진정한 주인이셨습니다. 하나님은
그 꿈이 이루어지도록 함께하셨습니다. 요셉의 삶에 지혜를

더하시고, 겸손을 더하시고, 총애를 더하셨습니다. 미움과
핍박이 더할수록 전능자에게 받는 사랑 또한 더해졌습니다.
참고로 알아 두십시오. 요셉의 이름은 히브리어 '야사프
(yāsaph)'에서 비롯된 것인데 '더하다'라는 뜻이 있답니다.
요셉은 감옥에서 바로의 술 맡은 자와 떡 굽는 자의 꿈을
풀어주다가 바로의 꿈까지 해석하게 됩니다. 바로 앞에
선 요셉은 철없는 젊은이가 아니었습니다. 그는 나이가
제법 지긋했습니다. 스올 같은 세월을 보낸 요셉은 더 이상
자기의 훌륭함을 주목해 달라는 철부지가 아니었습니다.
그에게는 긴 튜닉도, 사랑해 주는 아버지도, 사회적 지위도
없었습니다. 오직 자기의 삶을 책임지고 인도해 주신 하나님
한 분을 의지하는 신앙만 남아 있었습니다. 그런 요셉에게
다시 새 옷이 입혀집니다. 어릴 적 아버지가 지어 준 옷보다
더 고귀한 총리의 옷입니다(창 41:42).
가뭄이 닥쳤지만 문제없었습니다. 지혜로운 요셉이 곡식을
잘 관리하여 사람들이 굶어 죽지 않게 도왔기 때문입니다.
그 무렵에 요셉의 형들이 나타납니다. 우여곡절 끝에 요셉의
가족은 다시 애굽 땅에서 연합하게 됩니다. 모든 일들이
평안하게 마무리된 뒤, 야곱은 나이가 많아 그의 열조에게로

돌아가게 됩니다. 요셉의 형들은 불안했습니다. 악했던 형들은 "요셉이 혹시 우리를 미워하여 우리가 그에게 행한 모든 악을 다 갚지나 아니할까"(창 50:15) 걱정합니다. 그러나 요셉은 "두려워하지 마소서 내가 하나님을 대신하리이까 당신들은 나를 해하려 하였으나 하나님은 그것을 선으로 바꾸사 오늘과 같이 많은 백성의 생명을 구원하게 하시려 하셨나니"라고 말하며 형들을 위로합니다.

그러나 나의 하나님께서!

이것이 요셉의 결론입니다. 스올의 세월도 하나님의 섭리 가운데 '선'으로 바뀐다는 고백입니다. 기근이 아니라 생명으로의 전환입니다. 이스라엘 자손에게 일어난 삶의 반전입니다. 부활입니다. 구원입니다.

이 승리의 테마는 절망하고 있는 우리의 주제가 되어야 합니다. 이는 모든 그리스도인에게 영원히 살아 있는 간증과 같습니다. 예수님은 이 땅에 육신을 입고 오셨지만 사람들은 처음에 그분을 알아보지 못했습니다. 오히려 순결하고 깨끗하신 주님을 증오하고 핍박하며 십자가에 못 박아 죽였습니다. 십자가를 지고 희생 제물이 되신 예수님은 우리의 죄를 그의 온 몸에 지고 돌아가셔야 했습니다. 그러나

그 후에 어떤 일이 일어납니까? 사도 베드로의 이야기를
들어보겠습니다.

> 이스라엘 사람들아 이 말을 들으라 너희도 아는 바와 같이
> 하나님께서 나사렛 예수로 큰 권능과 기사와 표적을 너희
> 가운데서 베푸사 너희 앞에서 그를 증언하셨느니라 그가
> 하나님께서 정하신 뜻과 미리 아신 대로 내준 바 되었거늘
> 너희가 법 없는 자들의 손을 빌려 못 박아 죽였으나 (그러나)
> **하나님께서** 그를 사망의 고통에서 풀어 살리셨으니 이는 그가
> 사망에 매여 있을 수 없었음이라…그런즉 이스라엘 온 집은
> 확실히 알지니 너희가 십자가에 못 박은 이 예수를 하나님이
> 주와 그리스도가 되게 하셨느니라 하니라(행 2:22-24, 36).

'그러나 하나님께서!'입니다. 하나님께서 그분의 섭리대로
부활을 이루신다는 것입니다. 그분이 작정하신 바는 항상
선하고 기쁘고 온전함을 믿으십시오(롬 12:2). 하나님은
우리를 절망이 아니라 소망으로 이끄십니다. 스올을 이겨
내신 그리스도께서 영원한 삶을 보장해 주시고 우리 삶에
승리의 이야기가 되어 주십니다.

이제 요나의 기도 후반부를 함께 묵상하며 기도드립시다.
Day 14에서 이어지는 부분입니다. 역시 괄호 안에는
여러분이나 중보하실 분의 이름을 넣으면 됩니다.

( )가 산의 뿌리까지 내려갔사오며 땅이 그 빗장으로

( )를 오래도록 막았사오나 (그러나) ( )의

하나님 여호와여 주께서 ( )의 생명을 구덩이에서

건지셨나이다!

하나님이 우리의 생명을 구덩이에서 건지실 것을
받아들이고 믿으십시오. 그분이 여러분의 삶을 온전하게
해주실 것입니다. 제가 묵상 서두에서 여러분의 삶에도
전환점이 있기를 간절히 바란다고 했지요. 그 전환점은 주님
안에서 가능하다고도 했습니다. 지금 가장 절실한 문제를
적어 보고 '그러나 나의 하나님께서'로 시작될 이야기를
기다리라고 말씀드렸습니다. 그런 분들께 새 삶이 시작될
거라고 자신 있게 말씀드립니다. 여러분이 적은 내용을 다시
한 번 읽어 보십시오.

나의 가장 절박한 문제: _____ ,
그러나 나의 하나님께서 나를 반드시 이 상황에서 건져 내시고,
나로 하여금 그리스도 안에서 부활의 기쁨을 누리도록 이끄실
것이다.

여러분과 저는 곧 찬란한 태양이 비치는 육지로 나가게
될 것입니다. '스올의 뱃속'에 있었지만 '그러나 우리의
하나님께서' 우리를 건져 주십니다. 드디어 아침다운 아침을
맞이할 수 있겠군요. 그리웠던 태양을 곧 볼 것입니다!

끊어진 길을 넘어 돌아오라

내 영혼이 내 속에서 피곤할 때에 내가 여호와를 생각하였더니 내 기도가 주께
이르렀사오며 주의 성전에 미쳤나이다 거짓되고 헛된 것을 숭상하는 모든 자는
자기에게 베푸신 은혜를 버렸사오나 나는 감사하는 목소리로 주께 제사를 드리며
나의 서원을 주께 갚겠나이다 구원은 여호와께 속하였나이다 하니라(욘 2:7-9)

구약학자 L. C. 앨런은 요나를 가리켜 '구약의 탕자'
an Old Testament Prodigal 라고 표현했습니다.[27] 하나님의 임재를 등지고
배회하다가 결국 주님의 품으로 돌아왔으니 참으로 수긍이
갑니다. '돌아옴'은 하나님의 선하신 계획입니다. 하나님의
사랑은 우리를 자석처럼 이끌어 반드시 감격을 맛보게
합니다. 하나님께로 다시 돌아오도록 길을 열어 주시는
사건. 새로운 삶의 시작입니다. 오늘 요나도 큰 물의 시련과

Day 16

죽음의 고통을 통과해 다시 돌아오게 됩니다. 한 번 더
말씀드리지만, '돌아옴'은 신의 섭리이지 인간의 힘으로 할
수 있는 게 아닙니다.

사람이라면 누구나 자신을 위협하는 세상에서 빠져 나와
안전한 곳으로 떠나고 싶은 열망이 있습니다. 영원히 안전한
곳은 지상에 없다는 것을 깨닫지 못하고 말입니다. 우리는
어리석게도 완벽한 안전을 제공하는 곳이 있을 것이라 믿고
끊임없이 그곳을 찾아 헤맵니다. 돈이나 지식, 인맥이나 세상
권력을 이용하여 발버둥쳐 봅니다. 그러나 영원히 안전한
곳은 단 하나입니다. 길 되신 예수 그리스도 뿐입니다(요
14:6).

여기까지 말씀드리고 잠시 분위기를 바꿔 보겠습니다.
마음이 따뜻해지는 노래를 여러분께 소개하려 합니다.
그룹 '셀라'Selah의 노래인데요. 시편에 나오는 셀라를 따서
그룹 이름을 지었다고 합니다. 'Bless the Broken Road'
라는 곡입니다. 노래 가사가 참 좋습니다. 지금 우리가
라이브 카페에 있다면 함께 노래를 불러 보았을 텐데요.
좀 아쉽습니다. 아쉬운 대로 가사를 적어 보았습니다. 제
나름대로 번역해 보았답니다.

아주 오래전에 이 좁은 길로 들어섰지요

끊어지고 막혀 버린 듯한 길 가운데서도

진정한 사랑 찾기를 갈망하면서

그렇지만 한두 번 길을 잃게 되었고

이마에 땀을 닦으면서 꾸준히 앞을 향해 걸어가야 했지요

곳곳의 이정표가 당신께 닿을 길로 인도하고 있었는지

알 수 없었어요

오래전에 잃어버린 꿈들은 모두

당신이 있는 곳으로 나를 인도하더군요

내 마음을 무너뜨린 사람들은 북극성과 같이

당신의 사랑의 품으로 가는 길을 안내했고요

이것만큼은 이제 내가 아는 진실이에요

하나님께서 끊어지고 막혀 버린 듯한 그 길을 축복하셔서

저를 당신께 이르게 하셨음을

맞아요 그분이 그렇게 하셨지요

내가 헛되게 흘려버린 시간들을 회상해 봐요

이제 그 잃어버린 시간을 찾아 당신께 다시 드리고 싶어요
그러나 당신은 웃으며 제 손을 잡아 주십니다
당신은 줄곧 함께 계셔 주셨어요
당신은 아셨던 거예요
이 모든 것이 원대한 계획의 한 부분이었음을

맞아요 저는 이제 집으로 달려갑니다
당신의 사랑의 품으로
이것만큼은 이제 내가 아는 진실이에요
하나님께서 끊어지고 막혀 버린 듯한 그 길을 축복하셔서
저를 당신께 이르게 하셨음을

가사가 참 아름답습니다. 영어로 보시면 의미 전달이 더욱
잘 될 것 같습니다. 기회가 되시면 셀라가 부른 노래와
함께 들어 보세요. 그런데 오늘 요나도 노래 가사처럼
'끊어지고 막혀 버린 듯한 그 길'을 지나 다시 돌아오고
있습니다. 요나의 기도 후반부를 마저 보겠습니다. 오늘
본문 7-9절입니다. "내 영혼이 내 속에서 피곤할 때에 내가
여호와를 생각하였더니 내 기도가 주께 이르렀사오며 주의

성전에 미쳤나이다 거짓되고 헛된 것을 숭상하는 모든
자는 자기에게 베푸신 은혜를 버렸사오나 나는 감사하는
목소리로 주께 제사를 드리며 나의 서원을 주께 갚겠나이다
구원은 여호와께 속하였나이다 하니라."
여기서 '주의 성전에 미쳤다'는 무슨 뜻일까요? 물고기
배 속에 있었지만 그의 기도가 하나님의 마음에
닿았다는 뜻입니다. 그렇다면 하나님 마음에 닿는 기도는
무엇이겠습니까. 바로 진정한 회개의 기도입니다!
누가복음에 성전에 올라간 두 사람의 이야기가 나옵니다
(눅 18:9-14). 한 사람은 바리새인이었고 다른 사람은
세리였지요. 바리새인은 고개를 꼿꼿이 세우고 이렇게
기도했습니다. "제가 토색과 불의와 간음을 행하는 자들과
같지 않고, 저 옆에 있는 저런 못된 세리와도 같지 아니함을
감사하나이다. 저는 경건한 사람이라서 이레에 두 번씩
금식을 하고 십일조를 꼬박꼬박 드리나이다. 제가 이렇게
올바르고 의로우니 감사, 또 감사하옵니다." 그러나 멀찍이
서 있던 세리는 감히 하늘도 쳐다보지 못하고 가슴을
치며 이렇게 고백합니다. "저는 드릴 말씀이 없습니다.
죄송합니다. 그저 저를 불쌍히 여기소서. 이 죄인을 불쌍히

여기소서…"

기도 내용만 본다면 바리새인의 기도처럼 수려한 기도가
없습니다. 반면 세리의 기도는 빈약하고 안타깝기만 합니다.
그렇지만 하나님이 받으신 기도는 바리새인의 기도가
아니라 말도 제대로 잇지 못한 세리의 기도였습니다.
주님은 이렇게 말씀하십니다. "내가 너희에게 이르노니
이에 저 바리새인이 아니고 이 사람이 의롭다 하심을 받고
그의 집으로 내려갔느니라"(눅 18:14). 마음이 가난한 자의
회개 기도만큼 하나님의 가슴을 울리는 것은 없습니다.
부모의 마음과 마찬가지입니다. 자녀가 뉘우치고 다시는
잘못된 길로 가지 않겠다고 하면 부모의 마음은 여지없이
녹아내리니까요. 여러분도 그런 경험이 있을 것입니다.
한번은 제게 이런 일이 있었습니다. 제 아이들은 초등학생 때
미국 서부에서 중부로 이사 온 적이 있습니다. 아이들은 옛날
친구들을 그리워하며 몹시 외로워했지요. 저는 아이들의
마음을 달래 주려고 강아지를 키워 보려고 했지만 집주인이
허락하지 않았습니다. 햄스터는 키워도 되냐고 했더니
상자에 넣고 키우면 얼마든지 괜찮다고 하더군요. 그래서
당장 작은 햄스터를 아이들에게 한 마리씩 사주었습니다.

딸아이는 아주 작은 햄스터를 골랐고, 이름을
'스니커 두둘'이라고 지었습니다. 아들은 누나가 고른 것보다
약간 큰 햄스터를 골랐는데, 색깔이 콜라 같다며 '펩시'라고
이름 지었습니다. 아이들은 햄스터를 보고 이야기하느라
시간 가는 줄 모르고 지냈습니다.
그러던 어느 날, 아들이 누나의 햄스터와 놀다가 그만
햄스터의 다리를 절게 만들었습니다. 새로 산 귀여운
햄스터가 다리를 절자 아들아이는 크게 상심하고 말았지요.
무엇보다 누나가 알면 몹시 화를 낼까 봐 걱정했습니다.
저는 그걸 알면서도 모른 체하며 아침을 지었습니다.
아무것도 모르는 딸이 뒤늦게 식탁에 앉았습니다. 아직
사건을 자백하지 못한 아들은 잔뜩 긴장하며 옆자리에
앉았습니다. 저는 아이들에게 식사 기도를 하자고 했습니다.
그랬더니 아들아이가 손을 슬며시 들더니 "내가 기도할래요"
하더군요. 평소에 먼저 나서는 법이 없는 아이라, 이유가
있으리라 짐작했습니다. "응, 그래. 그럼 얼른 기도하자. 음식
식겠다." 아들아이는 기도하기 시작했습니다.
"하나님, 오늘 아침에 제가 누나 햄스터와 놀다가 그만…
그만…" 하면서 말을 잇지 못했습니다. 딸아이는 궁금해서

안달이 났습니다. 참다못해 동생의 기도를 가로챘습니다.
"아이참. 무슨 일이 있었나요, 하나님?" 저는 이 질문 아닌
기도를 듣고 웃음이 터져 나오는 것을 간신히 참았습니다.
아들아이는 땀을 뻘뻘 흘리며 기도를 이어 나갔습니다.
"그만… 스니커 두들의 다리를 다치게 해서… 지금 다리를
절고 있는데… (한숨을 깊이 쉬고) 빨리 낫게 해주세요….
다시는 그런 장난하지 않겠습니다. 회개합니다." 저는
아들아이의 심각한 회개 기도를 듣고 마음이 녹아
내렸습니다. 그런데 하나님도 그 기도를 듣고 마음이
녹아내리셨나 봅니다. 분명히 화낼 만한 일이었는데도
딸아이는 놀랍게 기도를 마친 동생을 바라보며 이렇게
말했습니다. "괜찮아. 안심하고 밥 먹어." 전혀 예상치 못한
답이었습니다. 누나가 너무 쉽게 용서해 주자 평소에 잘 울지
않는 아들아이의 눈에 감격의 눈물을 빼꼼히 맺혔습니다.
그러나 그렇게 쉽게 용서해 준 딸아이는 정작 밥도 먹지
못했습니다. 스니커 두들을 보러 간다며 방으로 들어간 딸은
나오지 않았습니다. 스니커 두들은 하루 종일 잠만 잤습니다.
그래서 다리를 얼마나 저는지 알 도리가 없었습니다. 바퀴를
타면서 놀아야 하는데 그러지도 않았습니다. 햄스터는

야행성 동물이니까 밤에는 놀겠나 싶어서 확인해 보았지만,
스니커 두둘은 그날 저녁에도 잠만 잤습니다. 펩시는
그날따라 유독 소란스럽게 바퀴를 돌리며 놀았습니다.
아들은 자기 햄스터가 내는 소리가 미안해서 "좀 조용히
놀아 펩시. 제발… 스니커 두둘이 아프단 말이야" 하면서
검지 손가락을 입에 댔습니다. 알아듣지도 못하는
햄스터에게 쉿, 쉿 하면서 면박을 주었지요.
그런데 새벽이 되자 드디어 스니커 두둘이 바퀴 돌리는
소리가 났습니다. 작은 스니커 두둘이 날렵하게 바퀴를
타는 소리가 분명했습니다. 들여다보니 다리가 다 나은
모양이었습니다. 다리를 절지 않고 아주 잘 놀았습니다.
그 새벽에 저와 아이들은 햄스터를 보느라 시간 가는 줄
몰랐습니다. "하나님 감사해요." 아들아이가 속삭였습니다.
아마도 아들의 회개 기도가 하나님의 마음에 닿은 것
같습니다. 햄스터 다리를 치유해 주셨으니까요. 아이들은
서로를 바라보며 꺄르륵 웃었습니다. 저도 기뻤습니다.

회개는 돌이키기를 기뻐하는 의지입니다. 즉, 말이 아니라
뜻과 마음과 결연한 행동이 회개입니다. 그러나 지혜가

없으면 우리는 진정으로 회개를 할 수 없습니다. 지혜는
하나님의 관점으로 삶을 바라보는 것입니다. 그래서
회개는 하나님의 귀한 선물입니다. 회개의 선물을 받을
때 기뻐하십시오. 지혜가 없으면 자신이 모두 옳다고
착각하기 쉽습니다. 그러나 지혜자는 분별할 수 있는 능력을
부여받고 자신의 잘못을 깨닫습니다. 그리고 죄 씻음 받기를
기뻐합니다. 작은 일이든지 큰 일이든지 그 지혜를 사모하는
저와 여러분 되기를 기도합니다.
회개하는 사람은 착각하지 않습니다. 경건하고 옳은 척
꾸미지도 않습니다. 헛된 것을 숭상하거나 따르지도
않습니다. 요나는 "거짓되고 헛된 것을 숭상하는 모든 자는
자기에게 베푸신 은혜를 버렸사오나"(욘 2:8)라고 말합니다.
우상숭배가 꼭 목각 인형이나 석상을 가져와 절하는
것만은 아닙니다. 유대인들에게 우상숭배는 이스라엘
하나님을 저버리는 행위를 지칭했습니다. 오늘날을 사는
그리스도인에게도 그 의미는 변함이 없습니다. 하나님보다
다른 존재를 소중히 여기고 있다면 그것이 우상숭배입니다.
그 우상은 우리가 존경하는 선생님일 수도 있고, 사랑하는
연인일 수도 있고, 심지어 우리가 믿고 따르는 종교 지도자일

수도 있습니다. 우상은 우리에게서 하나님의 영광을
탈취합니다.

우리 자신조차도 우상으로 변할 수 있습니다. 누군가
치켜세우고 칭찬해 줄 때, 우리는 하나님보다 자신을 높게
생각하기 쉽습니다. 바로 그때 하나님의 영광을 가로채게
되지요. 그러나 우리는 기억해야 합니다. 내주하시는
그리스도의 영이 삶을 아름답게 할 수 있을 뿐, 우리는 그저
진토나 먼지에 불과한 존재라는 것을 말입니다(시 103:14).
하나님을 섬기는 일은 좁은 길입니다.

여하간 요나는 하나님을 떠나 도망갔습니다. 하나님이
아니라 자기가 주인 된 다시스의 삶을 마음껏 누려 보고
싶었습니다. 그러나 그것이 바로 우상숭배였음을 요나는
스올의 뱃속에서 자백했습니다. 요나는 하나님께 다시
돌아오고 싶어 하늘을 향해 두 손을 높이 들었습니다. 그리고
밀려오는 감격을 누렸습니다. 이것이 바로 회개 다음에
이르는 '감사'입니다. 회개하는 사람에게 하나님이 주시는
보너스 선물입니다. 오늘 여러분과 제게 이런 놀라운 선물이
폭포수처럼 임하기를 기도합니다. 회개하면 잊고 있던

감사가 봇물 터지듯 터져 나온답니다.

우리 가운데 누구도 마땅히 구원받을 사람은 없습니다.

요나는 자신이 죽어야 마땅했으나 하나님이 살려 주신

것에 감사했습니다. 하나님의 임재로 들어간 것입니다.

구원은 여호와께 속한 것이 아닙니까(욘 2:9). 이제 요나는

서원을 갚겠다고 고백합니다. 그러자 드디어 하나님께서

요나를 품은 물고기에게 무엇이라고 말씀하십니다. 뭐라고

말씀하셨을까요? 그 말씀이 무엇인지 궁금하시다면 내일

다시 이곳으로 나와 주십시오.

저는 벌써 향긋한 냄새가 느껴집니다. 여러분도 이 향기가

나십니까? 육지의 싱그러운 냄새입니다. 축축하게 젖은

물고기 배 속이 아니라 상쾌하게 마른 대지의 냄새가 납니다.

그리운 그곳, 햇볕이 곱게 드는 단단한 땅을 밟아 보고 싶지

않으십니까. 우린 너무 오랫동안 미끌거리는 물고기 배 속에

있었습니다. 기다리십시오. 거의 다 왔습니다.

다시 그 땅에서 출발하라

여호와께서 그 물고기에게 말씀하시매 요나를 육지에 토하니라(욘 2:10)

상쾌하게 마른 대지의 냄새가 느껴지는 좋은 아침입니다.
여러분은 곧 햇볕이 드는 땅을 밟게 될 것입니다.
기대하십시오. 오늘 묵상하려는 내용은 딱 한 구절입니다.
2장의 마지막 절이지요. 10절 상반부에는 하나님이
물고기에게 말씀하시는 장면이 묘사되어 있습니다.
"여호와께서 그 물고기에게 말씀하시매." 하나님의 언어가
피조물인 물고기에게 임했습니다.

Day 17

10절 하반부에는 물고기가 하나님의 말씀에 순응하는
장면이 그려집니다. "요나를 육지에 토하니라." 물고기가
정확하게 하나님의 의도를 해석해 내는 흥미로운
구절입니다. 태초에 하나님은 "말씀"으로 세상을
창조하셨습니다(창 1:1-25). 그래서 모든 피조물이
'물질로 응결된 언어적 존재'였다는 것은 결코 과한 표현이
아닙니다.[28] 그런데 주목해야 할 것이 있습니다. 특별히
인간은 말씀으로 창조되지 않았다는 것입니다. 사람은
'있으라, 나뉘라, 드러나라, (열매를) 내라, 비추라, 번성하라,
날으라' 등의 언어 명령으로 창조되지 않았습니다. 하나님이
손으로 친히 아담을 빚으시고 생령을 불어넣으셨기
때문입니다(창 2:7).[29] 인간은 피조물 가운데 유일하게
하나님의 직접적인 접촉으로 창조되었고, 그분의 형상을
본받아 언어를 구사하는 능력을 부여받았습니다.
사람이 하나님께로부터 '생령'을 받았다는 것은 영이 서로
교통하도록 지음받았다는 뜻입니다. 그래서 인간은 신과
소통이 가능할 뿐 아니라, 소통해야 할 사명까지 받게 된
것이죠. 그런데 오늘 본문에 하나님과 소통하는 피조물이
등장합니다. 바로 큰 물고기입니다. 저는 오늘 이 큰

물고기와 하나님의 소통을 화행론speech-act theory 이론을 빌려
잠시 해석해 보려고 합니다. 이론이라고 하니까 복잡해
보이지만 그렇지 않습니다. 쉽게 설명해서 화행론이란,
언어에 실천과 행위의 힘이 들어 있다는 것입니다. 하나님의
말씀이 단순히 어떤 지침을 설명한 밋밋한 언어가 아니라,
우리의 실천과 행위를 일구어 내는 역동적이고 입체적인
힘을 지닌다는 것입니다.

화행론은 대략 세 가지 요소를 포함합니다. '발화 행위'locutionary
act, '발화 수반 행위'illocutionary act, '발화 효과 행위'perlocutionary act
입니다.[30] 어려운 듯하지요? 예를 들어서 쉽게 설명해
드리겠습니다. 만약 여러분이 자녀나 동생에게 이렇게
말했다고 합시다. "저녁 늦도록 숙제를 미루면 안 돼."
이것은 그냥 발화 행위, 말하는 것 자체입니다. 이 말에는
"아직 시간이 있을 때 숙제를 마쳐야 한다"는 발화 수반
행위, 즉 말하는 사람의 의도가 들어 있지요. 이때 아이들이
그 말의 의도를 어떻게 받아들이는지가 발화 효과 행위가
됩니다. 사실 발화 효과 행위는 듣는 이의 성향에 따라
반응하는 정도가 매우 다릅니다. 의도를 알아차리고 그
자리에서 숙제를 마치는 사람이 있는가 하면, 숙제를 끝까지

미루는 사람도 있지요.

요나서 1장 1-2절에서 하나님은 요나에게 이렇게
말씀하셨습니다. "외치라. 그 악독이 내 앞에
상달되었음이라."(발화 행위) 그러나 이 말씀에는 "니느웨로
가서 하나님의 엄정하심을 알리고 그들이 하나님을
인지하게 하라"라는 의도(발화 수반 행위)가 있습니다.
그러나 요나는 순종하지 않고 도망갔다가 3일이 지나서야
회개하고 돌아옵니다(발화 효과 행위). 요나의 더딘 반응은
오늘 본문에 나오는 물고기의 빠른 반응과 대조를 이룹니다.
하나님이 물고기에게 어떤 말씀을 하셨는지 정확히 알 수는
없습니다. 다만 물고기가 알아듣는 언어로 하셨을 것만은
확실합니다. 추측하기로는 단순히 "요나를 뱉어 내라"
하셨을 것 같습니다. 그런데 물고기가 하나님 말씀의
정확한 의도를 파악한 것이지요. 하나님이 의도하신
바대로 정확한 장소와 타이밍에 요나를 뱉어 냈으니
말입니다.

물고기는 마른 땅에 발이 닿도록 안전하게 요나를 육지에
뱉어 놓습니다. 육중한 물고기가 수심이 얕은 물가로 온다는
것은 위험한 일입니다. 물고기는 헤엄치는 동안 자기가

위험해질 것을 알았을 것입니다. 그러나 하나님의 의도를
명확하게 이해하고 순종했습니다. 하나님이 요나에게
온전한 구원을 허락하신다는 것을 받아들이고 수행했다는
것입니다. 그래서 저는 물고기의 반응이 발화 효과 행위의
극치였다고 나름대로 생각해 봅니다. 물고기의 지혜로운
순종에 경탄합니다.

물론 성경에는 동물이 하나님의 의도대로 움직인 경우가
종종 나옵니다. 노아의 방주에서 육지로 정찰 나간
비둘기(창 8:8-11)와 발람이 채찍질한 나귀가 그렇습니다
(민 22:21-30). 예수님을 태운 나귀도 그러한 경우라고
볼 수 있습니다(눅 19:35). 그런데 요나서에 나오는 이
물고기는 좀더 특별합니다. 일단 물고기는 선지자 요나가
바다에 빠진 시간에 맞추어 요나를 삼켜야 했습니다. 요나를
품는 동안에는 '회개 기도의 공간'이 되기도 했습니다.
화행론으로 물고기의 소통 능력을 살펴보면 굉장합니다.
칭찬은 고래도 춤추게 한다는데, 제가 너무 이 물고기 칭찬을
많이 한 것 같습니다.

화행론 설명은 이제 그만두고, 물고기가 요나를 뱉어 낸
행위에 대해 잠시 설명 드리고 넘어가겠습니다. '뱉어 내다'

는 히브리어로 '키(qy')'입니다. 쉽게 말해서 '토하다'라는
뜻입니다. 성경에 이 동사가 자주 나오는 편은 아닙니다.
그런데 흔히 등장하지는 않지만, 일단 나오면 부정적인
목적어를 받는 경우가 대부분입니다. 예를 들어 사악한
사람이라든지, 지혜 없는 사람이라든지, 미련한 자를 가리킬
때 이 동사가 쓰입니다. 그럼에도 '키'라는 히브리 동사는
신학적으로 의미가 깊습니다.[31] 이 동사는 레위기에서 심도
있게 쓰였습니다. 레위기 18장 25, 28절을 읽어 보십시오.
"그 땅도 더러워졌으므로 내가 그 악으로 말미암아 벌하고
그 땅도 스스로 그 주민을 토하여 내느니라." "너희도
더럽히면 그 땅이 너희가 있기 전 주민을 토함 같이 너희를
토할까 하노라."
하나님은 그분의 백성에게 이방의 풍속을 좇아 음란하고
가증한 행위를 따르지 말라고 경고하셨습니다. 거룩한
백성이 어리석은 풍속을 따르면 그 땅에서 '쫓겨나리라' 하지
않으시고, 땅이 그들을 역겨워하여 '게워 내리라' 말씀하신
것입니다. 여러분도 잘 아시겠지만 몸에 받지 않는 역한
음식은 게워 내야 시원한 법입니다. 마찬가지로 우리가
하나님의 백성으로 거룩함을 좇지 아니하고 가증스러운

것, 음란한 것을 좇아 살기 시작하면 땅이 우리를 견뎌 내지
못하고 토해 낼 것이라고 설명합니다. 땅은 그런 의미에서
'의인화된 주체'personified subject입니다. 토함을 당하지 않으려면
길은 하나입니다. 하나님의 규례와 법도를 지켜 행하는
것입니다(레 20:20).
그런데 보십시오. 요나의 경우는 반대입니다. 물고기는
역겨움 때문에 요나를 뱉은 것이 아니라, 회개를 통한
거룩함의 회복 때문에 그를 뱉어 냈습니다. 이 거룩한 요나를
물고기는 이제 땅으로 돌려놓습니다. 그리고 땅도 요나를
마침내 수용합니다. 드디어 요나가 온전한 하나님의 거룩한
선지자로 살아갈 것이라는 암시입니다.

요나는 다시 육지에 이르게 됩니다. 물 무덤에서 빠져나와
반석 같은 마른 땅의 구원을 맛보게 된 것입니다.
여러분도 이제 땅을 밟아 보십시오. 아, 시원합니다.
그리고 신선합니다! 옆에 있는 분들을 한번 안아 주십시오.
대지에 함께 두 발을 대고 서 있는 감격을 나누십시오.
그런데 참, 우리가 딛고 있는 이 땅은 어디일까요? 요나가
그토록 갈망했던 다시스일까요? 아니면 니느웨에 곧바로

당도한 것일까요? 여러분은 이 땅이 어디라고 생각하십니까?
곧 묵상하실 테지만 요나서 3장은 다시 "일어나 가라"
라는 말씀으로 시작합니다. 이곳이 니느웨라면 하나님이
요나에게 "가라"고 명령하실 이유가 없지 않겠습니까? 저는
이제 이곳이 어디인지 알 것 같습니다. 물고기가 뱉어낸 곳은
욥바 항구입니다. 선지자가 도망치기 위해 처음으로 간 항구,
바로 그곳으로 요나를 다시 돌아오게 하셨다고 믿습니다.
제가 말씀드리지 않았던가요? '돌아옴'은 하나님의 선하신
계획이라고.
팔레스타인 땅에 요나를 다시 서게 하시는 하나님.
출발점으로의 회귀입니다. 그러나 이곳은 예전의 욥바
항구가 아닙니다. 요나에게는 다시 돌아온 구원의 땅, 소망의
항구입니다. 그래서 거룩한 곳입니다. 구원을 얻은 거룩한
선지자는 이곳에서 다시 출발해야 합니다. **다시 그 땅에서
출발하라!** 하나님의 새로운 발화 행위입니다. 이제 요나는
도망가지 않습니다. 그는 하나님이 명하신 목적지로 떠날
것입니다. 거룩한 구원의 땅에서 말입니다. 그럼 이 땅에서
내일 다시 뵙겠습니다!

*추신

여러분께 꼭 말씀드리고 싶은 것이 있어서 덧붙입니다. 요나서
2장에도 우리가 생각지 못한 키아즘 구조가 존재합니다. 물고기
배 속에서 이루어진 여정은 ABC X C′B′A′라는 정교한 구조로
이루어져 있답니다. 두 구조가 X라는 정점에서 겹치도록 되어
있습니다. 내일 3장으로 넘어가기 전에 이 구조를 정리하고 가면
많은 도움이 될 것입니다.

   A **주의 성전**을 바라보겠나이다(4절)

    B 물이 나를 **영혼(생명)**까지 둘렀사오며(5절)

     C 내가 산의 뿌리까지 **내려갔사오며**(6절)

      X 스올에서(6절)

     C′ 나를 들어 **올리시나이다**(6절)

    B′ 물로부터 나의 **생명을**(6절)

   A′ **주의 성전**에 미치리이다(7절)

키아즘 구조는 구원이 하나님의 치밀한 계획이라는 것을
입체적으로 보여 줍니다. 스올의 밑바닥을 밟은 요나(X)를 다시
끌어올리시는 것(C C′)은 하나님이 긍휼과 자비로 베푸시는 생명의

구원(B B´)입니다. 그리고 이런 놀라운 구원의 은혜를 받으려면
우리가 **주의 성전을 바라보며 기도해야 한다**는 것(A A´)을 상기할
수 있습니다.

또 한 번의 기회

여호와의 말씀이 두 번째로 요나에게 임하니라 이르시되 일어나 저 큰 성읍 니느웨로
가서 내가 네게 명한 바를 그들에게 선포하라 하신지라 요나가 여호와의 말씀대로
일어나서 니느웨로 가니라(3:1-3a)

오랜만에 땅에서 인사를 드리려니 감회가 새롭네요. 이곳은
더 이상 갇힌 공간이 아닙니다. 그리고 어둡지도 않습니다.
지금 우리는 서로의 얼굴이 밝히 보이는 곳에 있습니다.
어디가 동쪽이고 어디가 서쪽인지도 알 수 있습니다.
정말 좋은 아침이지요!
요나와 우리는 가야 할 곳이 있습니다. 무작정 걸어가서는 안
됩니다. 땅으로 돌아왔으니 이제 지도가 필요합니다. 그런데

Day 18

우리 삶에서도 마찬가지입니다. 구원을 얻기 전에는 어두운
세상에서 향방 없이 살았을지도 모릅니다. 그러는 구원을 얻은
우리는 사명받은 목적지를 향해 지도를 보며 걸어가야 합니다.
오늘 묵상에 본격적으로 들어가기 전에 문득 이런 질문을
드리고 싶네요. 여러분은 삶의 지도를 그려 본 적이 있나요?
만약 없다면 지금 한번 그려 보면 어떨까요. 삶의 목적지를
표시하다 보면 우리가 가야 할 방향이 분명해집니다. 지금
아래 빈 공간에 여러분만의 삶의 지도를 그려 보세요. 저는
이렇게 그렸습니다.

※여러분도 그려 보세요.

저는 제가 좋아하는 장소와 별로 내키지 않는 장소를
그렸습니다. 목적지의 방향과 추억의 장소도 그렸습니다.
추억의 장소는 다시 가고 싶지만 당장은 멀어서 갈 수 없는
곳입니다. 그러나 제 지도 안에는 그 장소가 고스란히 남아
있습니다. 여러분이 그린 지도에는 어떤 곳들이 표시되어
있을지 궁금합니다. 혹시 다시는 돌아가지 못할 곳이라고
여겼는데 돌아가게 된 곳이 있습니까. 그곳이 미움의
장소였든 후회의 장소였든, 아니면 아련한 추억의 장소였든

말입니다. 추억 속에만 남고 사라지는 경우가 있는가 하면,
실제로 존재하지만 가지 않으려고 하다 보니 허상처럼
기억되는 경우도 있습니다. 지도를 그려 보면서 기억을
더듬어 보십시오. 여러분이 지도를 그리는 동안 오늘 묵상을
준비하겠습니다.

요나는 물고기 배에서 나왔지만 곧바로 정신이 들지는
않았습니다. 사방이 울렁거리고 초점이 흔들렸습니다.
그는 해변에 엎드린 채 땅에 적응하느라 애썼습니다. 그를
지탱하는 바닥은 아직 물고기 배 속인 양 흔들거려야 할
것 같습니다. 해변의 모래를 만져 봅니다. 축축한 끈적임이
아니라 따뜻한 햇볕을 담뿍 먹은 모래의 감촉이란! 모래가
주는 감촉이 그렇게 좋은 줄 미처 몰랐습니다. 요나는 서서히
몸을 일으켜 세웁니다. 해변의 향긋하고 신선한 향이 흠씬
풍겨 옵니다. 구원이 임한 땅의 냄새입니다. 요나는 숨을
한껏 들이마십니다. 공기가 소중하다는 것을 처음 알았다는
듯 말입니다. 요나는 이곳에서 다시는 흔들리지 않을
것입니다.
주변을 다시 천천히 둘러봅니다. 욥바 항구. 그는 니느웨로

가라는 명령을 받았지만 하나님의 낯을 피해 이곳으로 도망

왔었습니다. 거룩하지 못한 이방인, 그것도 잔인무도한

니느웨 사람들을 향해 외치라는 명령은 유대인 요나에게

무척이나 꺼려지는 일이었습니다. 그래서 무작정 피해

떠났습니다. 그러나 지금은 이곳에 돌아와 감격하고

있습니다. "사랑스럽구나, 욥바여! 예쁘다 욥바여…."

요나는 혼잣말처럼 중얼거립니다. 맞습니다. 사실

욥바는 히브리어로 '아름답다, 예쁘다'에 해당하는

'야페(yāpeh)'에서 파생된 명사입니다. 즉 욥바는 '아름다운

마을'이라는 뜻입니다. 오늘 묵상 후반부에서 다시

언급하겠지만, 욥바는 신약시대에 더욱 아름답고 의미 있는

곳이 됩니다.

요나는 그가 살았던 옛 동네로 돌아갈까도 생각해 보았을

것입니다. 하지만 돌아가도 어차피 남은 것이 아무것도

없었습니다. 많은 재산은 아니었지만 그마저도 페니키아

상선에 오를 뱃삯을 지불하느라 모두 팔았기 때문입니다.

그에게는 돌아갈 집이 없었습니다. 이제 그는 무슨 일을

해야 합니까. 요나는 번뜩 페니키아 상선의 선원들이 물었던

질문을 상기합니다. "네 생업이 무엇인가"(욘 1:8). 요나는 이

질문을 되새기고 또 되새겨 봅니다. 그의 직업은 무엇이란
말입니까. 가축을 돌보는 사람입니까, 아니면 밭일을 하는
사람입니까. 아니면 배를 타고 항해를 떠나는 선원입니까.
요나는 자기의 생업이 무엇인지 말할 수 없다는 것을
깨달았습니다.

요나는 자신의 정체성에 대해 진지하게 고민했을 것입니다.
나는 누구이고, 어디에 소속되어 있는가를 말입니다. 요나는
정체성을 규정하기 위해 자신이 어디 소속인지 밝히는 게
중요하다는 것을 깨달았습니다. 그리고 새롭게 각인합니다.
자신의 소속이 야웨 하나님의 품이라는 것을요. 그는
야웨 하나님의 명령에 순종하는 선지자가 되어야 한다는
결론을 내립니다. 생각이 정리되고 나니 요나의 마음에는
깊은 평강과 자유가 밀려들어 옵니다. 힘을 내어 자리에서
일어나려는 순간, 하나님의 말씀이 두 번째로 요나에게
임합니다.

"쿰 레이크! 카라!"

그에게 다시 한 번 기회가 주집니다. 그런데 이런 상황이
왠지 그리 낯설지 않습니다. 은혜의 시대가 도래함에
따라 우리는 언제든지 다시 돌이킬 수 있는 기회를 얻기

때문입니다. 그리스도의 공로로 말미암는 은혜 때문입니다.
그러나 요나가 살던 구약시대에는 새로운 기회가 쉽게
주어지지 않았습니다. 하나님의 음성을 듣고 다시 니느웨로
파송된 것은 선지자에게 또 한 번 주어진 기회였으나,
구약시대인 것을 감안하면 정말 드문 일이었습니다.
아담와 하와가 뱀의 유혹에 넘어가 불순종했을 때를 떠올려
보십시오. 그들은 하나님의 명령을 어긴 후 벗은 것을
부끄러워했습니다. 그래서 그들을 소중히 빚으신 하나님의
얼굴을 피해 버렸지요. 그런데 아담과 하와에게 다시 기회가
주어졌습니까? 안타깝게도 아니었습니다(창 3:10-24).
모세와 아론의 경우는 어땠습니까? 그들은 충실한 하나님의
종이었습니다. 그러나 이스라엘 지도자인 그들도 영적으로
넘어진 적이 있었습니다. 이스라엘 자손의 목전에서 그들이
하나님의 거룩하심을 나타내지 못했을 때 다시 기회가
주어졌을까요? 슬프게도 주어지지 않았습니다. 그들은
하나님이 허락하신 약속의 땅으로 들어갈 수 없었습니다(민
20:12). 그 땅을 바라보기만 했을 뿐 들어가지는 못했지요.
그런데 오늘 선지자 요나에게는 다시 한 번 기회가
주어집니다. 오늘 두 번째로 요나에게 임한 말씀이 그

증거입니다. 1장 2절에서 하나님은 "일어나라, 니느웨로
가라, 그리고 그들을 향하여 외치라"라고 말씀하셨습니다.
두 번째도 전반부는 거의 동일합니다. 그러나 이번 말씀은
1장 2절의 말씀과 강조점이 다릅니다. 오늘 본문 2절을
자세히 보겠습니다. "일어나라, 니느웨로 가라, **내가 네게
명한 바**를 그들에게 선포하라"입니다. 무엇을 선포하라고
하십니까? 오늘 본문에서는 출처가 명확해집니다. "내가
네게 명한 바"를 그들에게 선포하라는 것입니다. 요나에게서
나오는 말도 아니고, 다른 신에게서 나오는 말도 아닙니다.
메시지의 출처는 바다와 육지를 지으신 하나님 한 분입니다.
하나님께로부터 나온 메시지를 가감 없이 전하는 것이
요나의 생업인 것입니다. 요나가 다시 한 번 기회를 얻은
것은 그가 받은(혹은 거부할 수 없는) 이방인을 향한 특별한
사명 때문이었습니다. 하나님이 명하신 바를 그대로
전달하기 위해 그는 이방 땅 니느웨로 걸어가야 했습니다.
요나에게 다른 길은 없었습니다. 오직 한 길, 니느웨로 가는
길만 있습니다.

수잔이라는 자매에 대해 잠깐 이야기하고 싶습니다.

호리호리하고 아름다운 여인이자 세 명의 자녀를 둔
엄마입니다. 이렇게 평범한 아줌마 수잔의 삶에도 결코
돌아가고 싶지 않은 장소가 있었습니다. 자매의 고백에
따르면 과거에 공부도 잘하고 꽤 영리한 편이었다고
합니다. 그래서 좋은 대학에 무난히 입학했지요. 그러나
그때는 하나님을 잘 몰랐다고 합니다. 남자친구와
동거하면서 원하지 않는 임신을 하게 되었고 임신 상담소에
방문했다고 했지요. 상담사의 설득에도 낙태를 감행했다고
합니다. 수잔에게는 그곳이 다시는 돌아가고 싶지 않은
장소였습니다.
다시는 같은 실수를 반복하지 않으리라 다짐하고 또
다짐했건만, 수잔은 두 번이나 더 원하지 않는 임신을 하게
됩니다. 다시는 돌아가고 싶지 않았던 임신 상담소에 또다시
가게 된 것입니다. 다행히도 수잔은 그곳에서 크리스천
상담사를 만나 성경 공부를 하면서 예수님을 인격적으로
경험했다고 합니다. 수잔의 말에 따르면 하나님이 주신
또 한 번의 기회였다고 합니다. 상처를 치유받고 순결하게
살아가게 하신 두 번째 기회 말입니다.
그녀는 지금 10-20대 자매들을 보듬어 주는 치유 사역자가

되었습니다. 다시는 찾아가지 않겠다고 다짐한 임신
상담소를 매일 찾아가 봉사하면서 생명을 구하는 일을 하고
있습니다. 낙태를 경험했거나 미혼모이거나 과거의 잘못된
선택으로 고통에 허덕이는 자매들을 언니처럼 보살피고
예수님의 사랑을 전하는 일을 합니다. 수잔은 이렇게
말합니다. "하나님께서 다시 한 번 기회를 주셔서 그 은혜의
기회를 베푸는 사람이 되지 않을 수 없었다…"라고. 하나님이
수잔에게 기회를 주신 것은 그녀가 다시 누군가에게
은혜의 기회를 선포할 사역자가 되리라 신임하셨기 때문
아니었을까요.

여러분은 어떤지 묻고 싶습니다. 우리에게도 분명 그리스도
안에서 주어지는 새로운 기회가 있습니다. 그 내용은 서로
다르겠지만, 죄인에게 주어진 은혜라는 점에서는 의미가
같을 것 같습니다. 그런데 다시 기회를 부여받은 우리에게는
두 가지 선택의 길이 있습니다. 첫 번째 선택은 죄의 심판
대신 은혜를 입었으니 그 은혜를 더하려고 그냥 죄에
거하는 것입니다(롬 6:1). 우리는 연약해서 이 길을 택하려는
유혹을 자주 받습니다. 두 번째 선택은 죄에 대하여 죽은

자로 여기고 예수님 안에서 하나님께는 살아 있는 의의
종으로 거듭나는 것입니다. 죄의 해방을 선포하는 자가 되는
삶입니다(롬 6:11). 우리는 두 번째 길을 선택해야 합니다.
끝까지 결심을 내려놓지 않고 가야 합니다. 은혜 아래
놓였으니 마음 놓고 죄를 지을 수는 없기 때문입니다.
그렇다면 어떻게 두 번째 길에 해당하는 아름다운 선택을 할
수 있을까요? 저는 '순종'이 그 답이라고 생각합니다. 순종은
순종하기까지가 어렵습니다. 그렇지만 일단 하고 나면
순종이 가장 쉬운 길이었음을 알게 됩니다. 순종은 자유를
보장하고 죄의 석방을 담보합니다. 그러나 불순종은 억압을
불러오고 우리를 다시 죄의 포로로 만듭니다. 굴레 안에
있기를 즐거워하는 사람은 아무도 없습니다. 그러나 굴레를
쓰고도 깨닫지 못하는 무감각한 사람은 많습니다. 그리하여
저는 여러분께 굴레를 끊으신 그리스도의 십자가를 다시 한
번 끌어안으시라고 권면합니다. 그분의 사명을 받으시기를
바랍니다.

사명받은 요나는 다시 일어납니다. 하나님께서 "쿰!"
하셨으니 일어나야 옳습니다. 그러나 오늘의 '일어남'

은 예전의 것과 다릅니다. 예전의 일어남이 야웨 얼굴을
피하기 위한 기만적 일어남이었다면, 오늘 요나의 일어남은
정직하고 거룩한 목적이 있습니다. 그가 "여호와의
말씀대로" 일어났기 때문입니다(욘 3:3). 하나님이 "레이크!"
하셨으니 또한 걸어가야 합니다. 그는 어디로 걸어가야
합니까? 북동쪽 니느웨를 향해 걸어야 합니다. 니느웨가
목적지입니다! 요나는 욥바를 둘러보며 다시 말합니다.
"사랑스럽구나, 욥바여! 예쁘다 욥바여…." 제가 오늘 묵상
초반부에 욥바에 대해 다시 말씀드린다고 했었지요? 약속을
잊지 않았습니다. 그래서 지금 말씀드립니다.

사실 신약시대에도 욥바는 특별한 장소였습니다. 유대인
사도가 이방인을 기꺼이 맞이하는 거룩한 장소였기
때문입니다. 욥바가 이렇게 예쁜 장소인지 몰랐지요? 사도
베드로가 바로 이 욥바에서 이방인들도 예수 그리스도의
복음을 들어야 한다는 비전을 보게 된 것입니다. 하늘이
열리며 한 그릇이 내려왔는데 그 안에는 경건한 유대인들이
결코 먹어서는 안 되는 불결한 네 발 가진 짐승, 기는 것,
공중에 나는 것들이 있었지요(행 10:12). "베드로야 일어나
잡아먹어라"라는 음성을 듣지만 베드로는 "주여 그럴 수

없나이다 속되고 깨끗하지 아니한 것을 내가 결코 먹지
아니하였나이다"라고 합니다(행 10:14). 그러나 하늘에서
들려오는 음성은 단호합니다. "하나님께서 깨끗하게 하신
것을 네가 속되다 하지 말라"(행 10:15). 이 말씀은 하나님께서
이미 이방인들을 그리스도의 보혈로 거룩하게 하셨고
유대인과 이방인의 구분이 그리스도 안에서 허물어졌음을
나타내는 것이었습니다(참조. 엡 2:11-19).
베드로는 그 음성을 순종하며 받아들였고 그날 자신을
찾아온 이방인 군대 백부장 고넬료에게 하나님의 말씀을
전합니다. 이방인들도 성령의 세례를 경험하는 역사적
사건이 일어납니다. 바로 욥바에서 말입니다. 유대인
사도가 처음 이방인에게 말씀을 전한 이 사건은 구약시대
요나에게까지 거슬러 올라간다고 보셔도 맞습니다. 그래서
우리 역시 이 아름다운 땅에 서 있을 수 있는 것이겠지요.
욥바, 정말 예쁘고 사랑스러운 마을이지요?

오늘은 여러분이 그린 삶의 지도를 보면서 목적지의 방향을
새롭게 하는 하루가 되시기를 바랍니다. 여러분이 오늘 어떤
장소에 거하셨는지 모르지만, 그곳이 욥바처럼 아름다운

땅이 되기를 축복합니다. 잊지 않으셨으리라 믿습니다.
우리가 요나와 더불어 '스불론 지파의 축복'을 받았다는
사실을. 오늘 거한 이 장소가 비상할 각오가 되어 있는 출발
대기상태처럼 힘 있는 탄성의 '거함'이 될 것입니다. 그럼
내일 뵙겠습니다!

하나님 앞에 큰 성읍
그리고 40일이 지나면!

니느웨는 사흘 동안 걸을 만큼 하나님 앞에 큰 성읍이더라 요나가 그 성읍에
들어가서 하루 동안 다니며 외쳐 이르되 사십 일이 지나면 니느웨가 무너지리라
하였더니(욘 3:3b-4)

아름다운 욥바 항구의 아침입니다! 어서 나오십시오.
오늘은 다시 일어나 걸어가는 요나와 동행할 것입니다.
준비되셨습니까? 쿰 레이크! 뜨거운 태양을 머리에 지고
함께 걸어갑시다. 니느웨가 우리를 기다리고 있습니다.
니느웨는 이방 도시이지만 하나님께서 요나에게 지목하신

Day 19

거룩한 행선지가 맞습니다. 그런데 묵상에 들어가기 전에
점검하고 갈 표현이 하나 있습니다. "니느웨는 사흘 동안
걸을 만큼 하나님 앞에서 큰 성읍이더라"인데요(욘 3:3).
"하나님 앞에서 큰 성읍"은 과연 무슨 뜻일까요? 우선
영어성경으로 이 구절을 읽어 보겠습니다.

> Now Nineveh was a very important city (NIV)
>
> 니느웨는 아주 중요한 성읍이더라
>
> Now Nineveh was an exceedingly great city (ESV, NASB)
>
> 니느웨는 극도로 위대한 도시더라
>
> Now Nineveh was an extraordinarily great city (LEB)
>
> 니느웨는 기이하게 위대한 도시더라

"하나님 앞에서"라는 표현은 없고, 대신 그 부분을 "very"
혹은 "exceedingly"라는 부사로 번역했음을 알 수 있습니다.
왜 그랬는지 궁금하시지요? 그 이유는 이렇습니다. "하나님
앞에서"라는 뜻의 히브리어 '르 엘로힘'(le 'ĕlōhîm)은 '엘로힘'
이 '르'라는 전치사를 수반하면서 '매우' 혹은 '어마어마하게'
라는 관용구처럼 쓰이기 때문입니다. 참고로 알아 두십시오.

'엘로힘'은 '하나님'이라는 뜻이지만 문맥에 따라서
'여러 신들, 우상들'로 번역되기도 합니다. 엄밀히 말해서
'엘로힘'은 복수형이기 때문입니다. 그렇지만 이것이 히브리
성경에서는 관용구처럼 쓰일 때가 간혹 있고, 그런 경우에는
'매우 중요한' 혹은 '매우 위대하고 큰'이라는 뜻도 갖게
됩니다. 우리말에도 '왕 김밥'이라는 표현이 있지요. 김밥이
크면 왕 김밥인 것입니다. 거기에 진짜 왕이 있어서 그런
것은 아니지요. 이런 맥락으로 이해하면 쉽습니다.
잠깐 이해를 돕기 위해 욥기 1장 16절로 가보겠습니다. 욥이
자녀와 재산을 잃은 장면이 나오지요. 사환이 급히 뛰어
들어와 욥에게 "하나님의 불이 하늘에서 떨어져서 양과
종들을 살라 버렸나이다"라고 말합니다. "하나님의 불"
이라고 표현한 이 부분에도 '엘로힘'이 나옵니다. 그런데 이는
'엄청나게 큰 불'을 표현했던 것입니다. 자칫 문자 그대로
해석해서 하나님이 욥에게 작정하여 불을 내리신 것으로
오해하면 안 됩니다.
그렇다면 개역개정 성경의 "니느웨는 사흘 동안 걸을
만큼 하나님 앞에서 큰 성읍"이라는 번역은 완전히 잘못된
것일까요? 저는 그렇게 생각하지는 않습니다. 우리가 알지

못하는 특별한 은혜가 번역자에게 있었으리라 생각합니다.
엄밀히 말하면 니느웨가 '하나님 앞에서 크고 중요한 성읍'
이라는 사실은 결코 틀리지 않습니다. 니느웨가 무도한 죄를
저지르는 악한 나라였음을 잊지 마십시오. 죄가 중하면
중할수록 하나님의 마음도 무거워집니다. 우리도 말을 듣지
않는 자녀를 보면 마음이 무겁지 않습니까. 그 자녀는 가슴에
크게 멍울져 맺히게 됩니다. 따라서 누구도 멸망하기를 원치
않으시는 긍휼의 하나님은(벤후 3:9b) 니느웨를 바라보시며
마음에 멍울이 지셨을 것입니다. 그런 의미에서 '하나님
앞에서 큰 성읍'이라고 이해하셔도 좋을 것 같습니다.
저와 여러분 중에 죄인이 아닌 사람은 없습니다. 그리고
우리 모두는 하나님께 중히 사랑받는 존재입니다. 그래서
날마다 주님께 돌이키는 우리가 되어야 합니다. 자, 이제
요나와 함께 (용감하게!) 니느웨 성읍으로 하나님의 메시지를
전하러 들어갑시다. 이스라엘에서 니느웨 성읍까지는 약
800킬로미터 정도 되는데요. 당시 지면 상태라든가 날씨를
고려할 때 한 달보다 더 오랜 시간이 걸려 도착했으리라
예상합니다. 긴 여정이었겠지요. 그렇지만 요나는 그 오랜
시간을 쉼 없이 걸어가면서도 예전처럼 도망칠 생각은

하지 않습니다. 다시 한 번 기회를 얻은 요나는 니느웨라는
종착지만 바라보며 뚜벅뚜벅 걸어갔습니다.

그런데 오늘 본문 3절을 다시 보십시오. "니느웨는 사흘
동안 걸을 만큼"이라고 나와 있습니다. 또 "사흘 동안"이
걸린다니! 휴우, 갑자기 맥이 탁 풀립니다. 그런데 이 사흘은
무작정 해석할 수 없는 애매한 부분입니다. 사흘이라…. 무슨
뜻일까요? 고대 사회에서 건장한 남자가 하루 동안 걸을 수
있는 거리는 최대 32킬로미터 정도였다고 합니다. 지금처럼
잘 포장된 도로가 아닌 것을 감안하면 굉장한 거리입니다.
보통 걸음으로 걸어도 10시간은 족히 걸리는 거리니까요.
어떤 학자는 니느웨 성읍 외곽이 89킬로미터 정도였다고
주장합니다. 그래서 요나가 말한 사흘이 니느웨 성읍
주변, 즉 원주 한 바퀴를 도는 데 소요되는 시간이었다고
제의하기도 합니다.[32] 성읍 외곽 주변을 돌면서 요나가
메시지를 전달하는 데 3일 정도 걸렸다는 뜻입니다.

그런데 과연 그랬을까요? 요나가 니느웨 백성에게 메시지를
전하려 했다면 성읍 주변만 돌면서 의무를 마쳤을 것 같지는
않은데 말입니다. 요나는 분명 하나님의 말씀을 들고 성읍
중심부로 들어가려고 애썼을 것 같습니다. 그래서 저는

앗수르 문명 연구가이자 성경학자인 도널드 와이즈먼이
내놓은 해석에 좀더 마음이 기웁니다.

그는 사흘이라는 시간을 요나가 니느웨 중심지에 들어가기
위해 주변 성읍들을 하나씩 방문한 기간으로 봅니다.[33] 당시
니느웨 성은 중심지 같은 곳이었지요.[34] 다시 말해서 서울
주변 수도권 지역처럼 니느웨 성 근방에는 위성 도시 같은
중요한 성읍들이 모여 있었던 것입니다. 따라서 그 지역
전체를 니느웨 성읍 범주로 여겼습니다.

현재 이라크 북부에 자리 잡은 칼라크(성경에 나오는
지명으로는 갈라), 아수르, 코르사바드 등의 지역은 모두 당시
니느웨권에 들어가는 도시였습니다. 이 해석이 맞다면,
요나는 말씀을 효과적으로 전하기 위해 니느웨 지역권으로
들어간 후에도 중요한 성읍들을 찾아다니며 메시지를
선포하느라 사흘을 보냈다는 결론이 나옵니다.

니느웨 중심지에 효과적으로 접근하여 정확한 메시지를
전하기 위해 '사흘'은 절대적으로 필요한 시간이 아니었나
싶습니다. 그 사흘이 어떤 의미였든, 요나가 자신에게
주어진 사흘 동안 하나님의 말씀을 성실히 전달했다는 것은
분명합니다. 요나가 전해야 할 메시지는 간단명료했습니다.

"사십 일이 지나면 니느웨가 무너지리라"(욘 3:4)가
전부였습니다. 요나는 그 짧은 메시지를 가감없이
전했습니다. 니느웨 사람들은 이런 메시지를 전하는 히브리
선지자를 어떻게 바라보았을까요? 무엇보다 요나의 심경은
어땠을까요? 아마 무척 두려웠을 것입니다. 메시지를 전하는
요나도, 그 메시지를 받는 니느웨 백성도 모두 두려웠을
것입니다. 그러나 요나는 회개한 후 "돌아옴"을 경험한
자였습니다. 그는 돌아오면 받아주시는 하나님의 긍휼을
알고 있었습니다. 은혜로 구원을 얻은 요나였습니다. 그래서
니느웨 사람들에게 심판의 메시지를 전하면서도 '그렇지만
회개하고 돌아오면 긍휼이 많으신 하나님이 받아주신다'를
늘 상기했을 것입니다. 은혜를 경험한 사람의 말에는 어쩔 수
없이 은혜가 녹아 있기 마련입니다.

실제로 요나가 니느웨 성읍에서 전한 메시지를 히브리어로
읽어 보면 그 은혜를 발견합니다. '무너진다'는 히브리어로
'하파크(hāpak)'입니다. 이 동사는 '뒤집어엎다'라는 뜻이
있기 때문에 '멸망하다'로 번역되어도 맞지만 '변화되다'
라는 뜻도 숨어 있습니다. 묵은 땅이 기경되어 변화된다는
뜻입니다. 그래서 이 메시지를 잘 숙고해 보면 "사십 일이

지나면 니느웨는 변화된다"라고 들을 수도 있습니다. 다시
말해서, 요나는 하나님의 공의에 입각하여 '심판'의 메시지를
전했지만 사실 그 안에는 하나님의 자비에 입각한 '회복'이
숨 쉬고 있었다는 것입니다.

사실 요나가 도착하기 전, 견고한 성읍 니느웨에는 몇 가지
재난이 덮친 적이 있었습니다(기원전 765, 759). 또한 그 사이인
기원전 763년 6월 15일에 괴이한 개기일식이 일어나기도
했습니다.[35] 니느웨 사람들은 이러한 현상들을 신의 응징으로
받아들이고 죄를 돌이키려고 노력하고 있었습니다. 하나님은
니느웨 백성의 마음 밭이 부드럽게 일구어지고 있는
것을 아시고 요나를 지목하여 부르신 것입니다. 하나님의
의도는 이렇게 선하셨습니다. 그리하여 "사십 일이 지나면
무너지리라" 외쳤던 요나의 메시지를 니느웨 성읍 사람들은
겸허히 그리고 신중히 받아들였던 것입니다.

성읍 사람들의 진중한 태도에 선지자 요나는 놀랍니다.
메시지를 받으면 자기를 옥에 가두고 잔인하게 고문할 줄
알았는데, 오히려 말씀을 겸허히 받아들인 것입니다. 그것은
하나님의 역사였습니다. 요나는 하나님께서 쓰신 전달자일
뿐이니까요. 그렇지만 요나는 이 상황을 받아들이기

힘들었습니다. "사십 일이 지나면 망한다고 했는데…."
하면서 요나는 문득 하나님이 니느웨에게 주신 40일의
의미를 곰곰이 생각하게 됩니다. 40일에 어떤 의미가 있길래
그럴까요?
노아 시대의 홍수 기간도 40일이었습니다(창 7:17). 그 후에
어떻게 되었지요? 땅이 회복되었습니다. 그리고 하나님은
노아와 언약을 세우셨습니다(창 9:11). 모세가 시내산에서
보낸 기간은 얼마입니까? 맞습니다. 역시 40일이었습니다(출
24:18). 그 기간 동안 이스라엘이 지켜야 할 예배의 법도가
모세에게 전달되었습니다. 하나님이 이스라엘을 예배
공동체로 세우시려는 기간으로 보셔도 됩니다. 그렇다면
여호수아 시대에 가나안으로 정탐꾼을 보낸 기간은
어떻습니까? 네, 역시 40일이었습니다(민 13:25). 열 명의
정탐꾼은 낙망하여 돌아왔지만 여호수아와 갈렙은 가나안
땅을 정복할 수 있으리라는 소망과 믿음을 지녔다는 것을
우리는 기억합니다.
그런데 성경에 나오는 어떤 40일보다 가장 가슴에
새겨야 할 40일이 있습니다. 바로 예수님이 부활하신 후
승천하기까지의 기간입니다(행 1:3). 예수님은 그 기간 동안

제자들에게 살아 계심을 나타내시고, 하나님 나라의 일을
친히 말씀하셨습니다. 그래서 사도들의 시대가 열리기 전
40일이 의미가 깊은 것입니다. 이렇듯 40일이라는 기간은
변화와 회복의 의미를 품고 있습니다. 극도의 긴장과
두려움이 교차하는 기간이 지나면 분명 새로움이 기다리고
있습니다.

오늘 묵상은 여기서 마치려고 합니다. 그런데 갑자기
궁금해집니다. 여러분 삶에도 이런 40일이 있었는지
말입니다. 혹은 지금 그런 40일을 보내고 계시는지요.
그렇다면 그 시간 안에 숨겨진 하나님의 긍휼과 은혜를
발견하고 힘을 얻으시기를 바랍니다. 언젠가 당신의
이야기를 듣고 싶습니다. 기회가 되면 꼭 들려주십시오.

엘로힘! 야웨 아도나이!

니느웨 사람들이 하나님을 믿고 금식을 선포하고 높고 낮은 자를 막론하고 굵은 베옷을 입은지라(욘 3:5)

여정의 반 이상을 함께해 주신 여러분이 제겐 모두 소중한 분입니다. 모두 저의 신실한 여행 동반자가 되어 주고 계시니까요. 여러분과 니느웨까지 들어오게 되어 저는 정말 행복합니다. 여러분도 저와 동일한 기쁨이 머물기를 바랍니다. 그런데 생각해 보니 여러분과 니느웨 성을 찬찬히 둘러볼 기회가 없었습니다. 사실 성읍에 들어온 후부터 요나가 잔뜩 긴장하고 다녀서 그럴 여유가 없었던 것

Day 20

같습니다. 그런데 오늘 여정에서는 요나가 거의 등장하지
않습니다. 말씀을 전한 후로는 다소 소극적으로 니느웨를
관망하고 있기 때문입니다. 그러니 오늘은 그냥 우리끼리
니느웨 근경을 둘러보도록 합시다.

와, 니느웨는 정말 크고 수려한 성읍이군요. 티그리스 강 동쪽에
자리 잡은 이 도시는 12킬로미터 정도 되는 성곽으로 둘러싸여
있습니다. 성곽에는 열 다섯 개의 성문이 있는데 각 문마다
화려한 장식이 새겨진 것이 보입니다. 왕이 머무는 궁전도
얼마나 화려한지요. 벽마다 그들이 승리로 이끈 전쟁 장면이
정교하게 드러납니다. 이 벽면을 하나씩 들여다보면 그 진상이 잘
드러납니다. 전에도 말씀드렸지만 앗수르인은 잔인무도하기로
악명이 높았습니다. 그래서 벽면마다 차마 눈뜨고 보지 못할
장면들이 줄을 잇습니다. (제가 지금부터 말씀드리는 것은 시카고
대학의 근동 고대 유물 박물관에서 참고한 내용입니다.)

앗수르는 군대가 많았고 군기가 잘 잡혀 있었습니다. 전쟁
전문 지휘관들도 상당히 많았습니다. 군사들은 쇠 비늘
갑옷을 갖추어 입었고, 그들이 타고 다니는 전시용 말 역시
가죽 갑옷을 입혀서 보호했을 정도입니다. 그렇게 기강을
갖춘 나라이다 보니 그들에게 복종하지 않는 민족과 국가는

무조건 무력과 채찍으로 다스렸습니다. 극도로 잔인한
전쟁을 치르면서 수많은 포로를 앗수르로 압송하기도
했지요. 포로들은 극심한 노동에 시달려야 했습니다.
앗수르인들은 포로들이 도망가지 못하도록 장님으로
만들기도 하고 산 채로 가죽을 벗기기도 했습니다. 정말
끔찍했지요. 왜 요나가 메시지를 전한 후에 슬그머니 성읍
바깥으로 사라졌는지 이해가 됩니다.

그럼 이쯤에서 (꽤 끔찍했던) 관광을 멈추고 분위기를 바꿀
겸 여러분에게 다른 이야기를 해드리겠습니다. 지금 우리가
함께 묵상하고 있는 3장은 첫째 주 여정에서 묵상한 1장과
평행구조를 이루고 있습니다. 아래 도표를 보십시오. 요나가
물고기 배 속에 들어가 있던 2장을 제외하고 1장과 3장만
겹쳐 놓으면 마치 병행구처럼 보입니다.

A	여호와의 말씀이 요나에게 임하니라 (1:1)	A´	여호와의 말씀이 요나에게 임하니라 (3:1)
B	일어나 (1:2)	B´	일어나 (3:2)
C	가서 (1:2)	C´	가서 (3:2)
D	외치라 (1:2)	D´	선포하라 (3:2)

구절들을 그냥 펼쳐서도 한번 보겠습니다.

1:1-2 **여호와의 말씀이** 아밋대의 아들 **요나에게 임하니라**
(A) 이르시되 너는 **일어나**(B) 저 큰 성읍 니느웨로 **가서**(C)
그것을 향하여 **외치라**(D) 그 악독이 내 앞에 상달되었음이니라
하시니라
3:1-2 **여호와의 말씀이** 두 번째로 **요나에게 임하니라**(A′)
이르시되 **일어나**(B′) 저 큰 성읍 니느웨로 **가서**(C′) 내가 네게
명한 바를 그들에게 **선포하라**(D′) 하신지라

요나에게 첫 번째와 두 번째 말씀이 임할 때 구조가 거의
비슷합니다. 니느웨를 향한 하나님의 의도가 변치 않았음을
나타냅니다. 다시 말해서, 니느웨의 악독함이 상달되었을
때 하나님이 무조건 심판하지는 않으신다는 것입니다.
여호와의 시키심이 아니고서는 재앙이 성읍에 이르지 않고,
그 종 선지자에게 미리 보이지 않고서는 결코 행하심이
없는 하나님이기에 그렇습니다(암 3:6-7). 자, 그럼 다음
병행구조도 보시겠습니다. 1장과 3장을 비교하십시오.

1:3 그러나 요나가 **여호와의 얼굴을 피하려고**(A) **일어나**(B)
　　 다시스로 도망하려 하여(C)

3:3 요나가 **여호와의 말씀대로**(A′) **일어나서**(B′) **니느웨로**
　　 가니라(C′)

이 구조도 비슷해 보이지만, 아시다시피 첫 번째로
야웨 하나님의 말씀이 임했을 때 요나는 니느웨로 가지
않았습니다. 이토록 요나는 니느웨를 꺼렸으나, 하나님은
끝까지 요나를 추적하셨고, 요나에게 '돌아옴'을 허락하셔서
다시 니느웨로 보내십니다. 하나님의 의도가 변함없다는
것을 다시 한 번 입증합니다.

구조를 설명하는 김에 한 가지만 더 비교해 보겠습니다. 이번
병행구조는 오늘 본문에 나오는 장면입니다. 1장에서 폭풍우
재난이 닥쳤을 때 페니키아 선원들의 반응을 기억하시지요?
바로 그 페니키아 선원들의 반응과 오늘 나오는 니느웨
사람들의 반응이 평행을 이룹니다.

	요나서 1:5	요나서 3:5
내적 반응 (inward response)	사공들은 두려워하여	니느웨 사람들이 하나님을 믿고
표출 반응 (articulated response)	각각 자기의 신을 부르고	금식을 선포하고
외적 반응 (outward response)	또 배를 가볍게 하려고 그 가운데 물건들을 바다에 던지니라	높고 낮은 자를 막론하고 굵은 베옷을 입은지라

극악무도할 줄 알았던 앗수르 니느웨 사람들의 반응은
의외로 겸손과 순응이었습니다. 우리는 이 세 가지 반응[36]
에서 '믿음'이 '반응'을 주장한다는 것을 깨닫게 됩니다.
그렇다면 우리에게도 한번 적용해 봅시다. 여러분은 두려운
일이 닥칠 때 어떻게 반응하나요? 정직하게 적어 보시길
바랍니다. 저도 혼자 여백에 적어 보겠습니다.

표출 반응: _____

외적 반응: _____

내적 반응: _____

어떻게 적으셨습니까? 저는 쓰면서 내적 반응이 옳지 않으면
표출 반응도 어긋난다는 것을 느꼈습니다. 외적 반응은 말할
것도 없습니다. 그래서 오늘은 여러분 앞에 다짐합니다. 저의
내적 반응이 언제나 주님의 마음, 그 물결 흐름 안에서만
반응하기를. 그것은 믿음입니다. 그분이 움직이시는 물결에
따라 순응하는 믿음을 갖겠습니다. 우리의 내적 믿음이
우리의 외부 행동까지 의연하고 아름답게 붙들어 줄 것을
믿습니다. 그리하여 저와 여러분의 내적 반응이 두려움이
아니라 늘 믿음이기를 바랍니다.

그런데 한번 보십시오. 눈물의 선지자 예레미야도 고국
사람들에게 비슷한 메시지를 전한 적이 있습니다. 남유다가
곧 멸망한다는 메시지였습니다. 메시지의 출처는 물론
하나님이셨습니다. 이 메시지를 받고 백성과 제사장들은
어떻게 반응했을까요? 그들은 선지자 예레미야를 붙잡아
죽이려고 듭니다(렘 26:8). 진리를 전달한 선지자를 영접하지
않았다는 이야기입니다.
여러분과 저는 어떤지 돌아봅시다. 진리를 전달하는 사람을
소중히 영접하는지요. 아니면 진리가 마음에 찔림을 주니

괜히 화가 나서 그 사람을 미워하고 공격하는지요. "길한 일은 예언하지 아니하고 흉한 일만 예언하기로 내가 저를 미워하나이다"라고 고백한 먼 옛날의 사악한 이스라엘 왕처럼 되면 곤란합니다(참조. 왕상 22:8). 진리의 말씀은 우리에게 번영과 평안만을 전달하지 않습니다. 늘 우리 편에서 우리를 달래 주지도 않습니다. 만일 우리가 기분 좋은 말씀만 찾는다면 진정 주님을 섬기는 것이 맞는지 다시 한 번 점검해야 합니다.

진리의 말씀은 우리를 영적 가난함으로 몰아넣으면서도 하나님을 새롭게 만나게 하는 역할을 합니다. 사탄은 진리를 혐오하지만, 우리 주님은 진리이십니다. 그리고 그분의 진리는 어두움의 거짓을 몰아냅니다. 저와 여러분 모두가 진리를 사모하는 사람이 되기를 간절히 바랍니다. 그리고 그 진리를 전달하는 사람이 되기를 원합니다. 무엇보다 진리를 전달하는 사람을 소중히 영접하는 우리 모두가 되기를 간절히 기도합니다.

그럼 다시 본문으로 돌아오겠습니다. 니느웨 사람들은 하나님을 믿었다고 했습니다(욘 3:5). 그런데 기록된

"하나님"은 이스라엘 언약 가운데 계신 '야웨 하나님'을
일컫지는 않습니다. 히브리어 성경으로 읽어 보면, 니느웨
성읍 사람들이 믿은 존재는 야웨가 아니라 '엘로힘'이라고
적혀 있기 때문입니다. 앞부분에서 엘로힘을 설명한
적이 있습니다. 엘로힘은 광범위하게 '신'이라는 뜻으로
받아들여질 수 있습니다. 니느웨 사람들은 범신론과
다신론적 신앙관을 가지고 있었습니다. 그래서 니느웨 백성
모두가 요나의 말을 듣고 이스라엘의 유일신 야웨 하나님을
영접했으리라는 추측은 억지일 수 있습니다. 그러나 그들이
신을 달래는 음란한 제사나 향락적 제례의식을 따르지
않고, 이스라엘의 관습을 좇아 금식을 선포하고 굵은 베옷을
입었다는 사실은 주목할 만합니다. 그들은 여전히 범신론적
혹은 다신교적인 사람들이었을지 모르나 지극히 높으신
하나님을 알기 위해 노력했다는 증거입니다. 그들이 익히
알고 있는 종교 문화를 융합하고 통섭하면서 하나님의
구원을 알아 가려고 애썼다는 것입니다. 아마도 그들 중
상당수는 진심으로 이스라엘의 하나님을 좇으려는 마음의
발로가 있지 않았을까요?
그러므로 그들이 순복하여 받아들인 엘로힘은 중요한

의미를 지닙니다. 전반적인 개종改宗이 일어난 것은
아니었지만 분명 역동적으로 이스라엘 하나님의 메시지에
반응하며 죄의 길에서 돌이켰다는 의미가 있습니다.
'엘로힘(신)'에서 '야웨 아도나이(야웨 주 하나님)'로
다가가는 길목에 섰다는 뜻입니다. 구약의 구원 계시가
점진적이고 유기적으로 발전해 왔듯이[37] 이방인 니느웨
사람들도 야웨 아도나이를 그들이 부르짖은 엘로힘을 통해
배워 가고 있었다는 것입니다. 그러므로 그들의 모습은
가식이 아니었습니다. 만일 이들이 종교적 관습에 얽매여
회개했다면 하나님은 긍휼을 베풀지 않으셨을 것입니다.
아주 조심스럽게 한 말씀 드리면서 오늘 묵상을 마무리할까
합니다. 혹시 여러분 중에 오늘 본문에서 묵상한 니느웨 성읍
사람들처럼 어렴풋이 하나님을 알아 가는 분이 계십니까?
아직 그분이 친밀한 언약 속의 야웨 아도나이로 느껴지지
않는 분이 있는지요. 그렇다면 저는 그분들을 마음 다해
격려하고 싶습니다. "하나님"이라고 부르며 돌이키는 것
자체가 믿음의 큰 행보가 된답니다. 당신은 벌써 아주
가까이 주님께로 나아온 셈입니다. 하나님을 가까이하기
시작한 여러분을 하나님께서는 소중히 여겨 주실 것입니다.

믿으십시오. 하나님은 이제부터 영원까지 당신을 점점
가까이 여겨주실 것입니다(약 4:8). 날마다 더 가까이
가십시오. 날마다 나아가다 보면 하나님은 언젠가 '당신의
주님'이 되어 주시고 당신은 '그분의 것'이 될 것입니다.
엘로힘이 야웨 아도나이가 될 날이 옵니다. 그날을 기대하며
지금 하나님을 부르시는 여러분을 사랑하며 축복합니다.
셋째 주 마지막 날인 내일, 다시 뵙겠습니다.

왕의 보좌와 거지의 보좌

그 일이 니느웨 왕에게 들리매 왕이 보좌에서 일어나 왕복을 벗고 굵은 베옷을 입고
재 위에 앉으니라(욘 3:6)

오늘은 셋째 주 마지막 날 여정입니다. 여전히 니느웨의 좋은
아침이네요. 그런데 잿빛 도는 조용한 아침이기도 합니다.
맞습니다. 지금 니느웨 성읍을 언덕에서 관망한다면 온통
회갈색일 것입니다. 백성 모두 금식을 선포하고 굵은 베옷을
입었기 때문입니다. 여기서 말하는 '베옷'은 염소 털로 실을
짜서 만든 성기고 불편한 상복을 말합니다(참조. 계 6:12).
백성뿐 아니라 짐승들도 금식을 선포하고 이 옷을 입었지요.

Day 21

수려한 궁 높은 보좌에 앉아 있는 니느웨 왕에게도 이 소식이
전해졌고, 요나가 전달한 메시지 역시 전해졌습니다(욘 3:6).
니느웨 왕은 보좌에서 일어나 굵은 베옷을 입고 재 위에
앉았습니다. 왕이 일어나다니, 정말 대단한 것입니다. 왕은
보좌에 앉는 것을 포기하기 힘듭니다. 더욱이 무릎을 꿇기
위해 보좌에서 일어난다는 것은 아주 큰 결단입니다. 그런데
저 니느웨 왕은 누구일까요? 역사적으로 본다면, 아슈르 단
3세로 추정해 볼 수 있습니다. 하지만 아슈르 단 3세가
금식을 선포하고 국가가 회개에 들어갔다는 기록을
찾아보기는 힘듭니다. 이런 연유로 많은 사람이 요나서가
꾸며낸 이야기라고 주장하기도 합니다. 그렇지만 무턱대고
성경을 덮어 버릴 수는 없습니다. 요나서 저자는 분명
"니느웨 왕"이라고 소개했지, 앗수르 왕이라고 소개하지
않았기 때문입니다.
요나가 활동한 시기는 티그라트 필레세르 3세(기원전 745-727)
가 앗수르 제국 영토를 넓게 확보하기 전이었습니다. 따라서
니느웨 성읍 역시 앗수르의 수도로 확정되기 전이라고
보시는 게 옳습니다. 니느웨가 수도로 확정되기 전에는
'앗수르'나 '칼라흐' 같은 지역이 앗수르의 수도 역할을

했습니다. 그렇지만 니느웨는 지역적으로 항상 중요한
성읍이었고, 후에 앗수르 제국이 통일되어 땅이 넓게
확보되었을 때 결국 앗수르의 수도로 자리 잡게 됩니다.
그러므로 요나가 있었던 그 시기에는 그냥 중요한 성읍
니느웨였다는 정도로 이해하시면 도움이 될 것입니다.
자, 그러면 니느웨 왕이라는 표현은 어떻게 설명해야
할까요? '왕'은 히브리어로 '말렉(malek)'입니다. 하지만
그 당시에 '말렉'이라는 말은 생각보다 광범위한 의미를
지녔습니다. 한 지역의 치리자 혹은 권력자에게도 이 말이
쓰였답니다(열왕기상 20장 1절에 나오는 왕 서른두 명도 지역의
치리자들을 가리켰을 가능성이 많습니다). 그렇다고 해서 그들의
권력이나 위치가 여느 제국의 왕에 비해 현저히 열등했던
것은 아닙니다. 오히려 중요한 성읍을 다스리는 치리자의
권력은 왕과 비견할 만했습니다.[38] 즉 요나서에 나오는
니느웨 왕이 앗수르 왕 아슈르 단 3세가 아니라도 니느웨
성읍을 치리한 당시의 말렉임은 분명합니다. 그가 보좌에서
일어나 회개를 선포한 것이지요.
니느웨 왕이 재 위에 꿇어앉아 있는 모습은 니느웨 성읍의
급진적인 회개를 나타내는 장면입니다. 이 왕의 모습에서

우리는 잔잔한 감동을 받습니다. 그는 우리에게 회개가
무엇인지 가르쳐 주고 있습니다. 참으로 회개는 이런
것입니다. 왕 되었던 보좌에서 기꺼이 일어나 스스로
걸치고 있던 왕복을 벗는 것입니다. 이는 우리가 거지로
살아간다고 해도 가능한 일입니다. '거지한테 보좌가 어디
있어?' 생각하실지도 모르지만, 오해입니다. 우리는 어느
처지에 놓여 있든 기어이 자기만의 보좌를 만들어 냅니다.
그리고 자신의 삶에서 왕으로 살아남고자 안간힘을 씁니다.
그래서 회개는 치리자의 변화를 가리킵니다. 그리스도께서
등극하시고 우리는 보좌에서 일어나는 순간이 회개입니다.
저는 지금 거지로 살아온 한 맹인이 자신의 보좌에서 일어나
예수님을 보좌에 모신 급진적 회개 일화를 나누려고 합니다.
군중 사이에서 구걸하는 여리고의 소경이 있었습니다(눅
18:35-43). 그때 예수님은 여리고에 입성하십니다. 마을은
예수님의 등장으로 떠들썩했지요. 구걸하던 소경도 소식을
듣고 정신이 번쩍 들었습니다. 그래서 그 유명하다는
예수님을 따라가며 고래고래 고함을 지릅니다. 눈이
보이지 않으니 목소리라도 크게 내야 예수님이 자신을
돌아보실 것 같았습니다. 혹자는 마가복음 10장 46절에

나오는 소경이 바로 이 누가복음에 나오는 소경과 같은
인물이라고 여깁니다. 그 말이 맞다면, 그는 디매오의
아들 바디매오입니다. '바디매오'는 '디매오의 아들'이라는
뜻입니다. 그런데 '디매오'는 '오물, 쓰레기'라는 뜻이므로
'바디매오'는 '쓰레기의 아들'이라는 의미를 지닙니다.[39]
도대체 누가 이런 이름을 갖고 싶겠습니까? 이름이 시사하듯
바디매오의 삶은 거지의 삶이었습니다. 그런데 소경
바디매오가 고결하신 예수님 앞으로 인도됩니다. 예수님은
바디매오를 보자마자 무턱대고 질문부터 하십니다. **"네게
무엇을 하여 주기를 원하느냐"**(눅 18:41). 바디매오는 이
질문을 듣고 충격에 빠집니다. 눈먼 자 바디매오의 소망이
무엇이겠습니까. 소경인 데다가 거지인 바디매오에게 시력을
회복하여 세상을 보는 것 외에 더 큰 소원이 있겠습니까?
그러나 실은 그렇지 않았습니다. 바디매오는 자기가 정말
원하는 것이 무엇인지 몰랐습니다. 그래서 정곡을 찌르는
예수님의 질문에 충격을 받은 것입니다.
바디매오에게도 자신만의 보좌가 있었을까요? 있었습니다.
거리에 앉아만 있으면 돈을 벌 수 있다는 것이 그의
보좌였습니다. 그런 바디매오가 진정 눈을 뜨고 싶었을까요?

만일 눈을 뜨게 되었다고 칩시다. 그렇다면 오랜 세월
구걸하며 살던 그가 마침내 스스로 생계를 유지해야
할 청년이 되어야 합니다. 노동하며 살아 본 적 없는
무능한 바디매오가 눈만 뜬다고 해서 앞으로 무엇을 하며
살겠습니까. 그런 그에게 예수님은 도전하시는 것입니다.
"내가 무엇하여 주기를 원하느냐"라는 질문으로. 복음서에는
자세히 기록되어 있지 않으나, 바디매오는 입이 떡 벌어졌을
것입니다. 한참 입을 다물지 못하고 생각했겠지요. "내가
원하는 것은 무엇이지? 눈을 뜨는 것일까? 아니면 편안히
앉아서 돈을 버는 것일까?"
예수님은 보좌에 앉아 있는 우리에게도 끊임없이
질문하십니다. 솔직히 우리는 우리가 진정으로 원하는
게 무엇인지 잘 모릅니다. "내가 좀더 부유했다면 이렇게
살지는 않았을 거야. 내가 좀더 좋은 부모를 만났더라면 내
인생이 더 잘 풀렸겠지. 내가 좀더 키가 크고 잘생겼더라면
그 기회를 놓치지는 않았을 거야. 내가 ○○○ 했더라면 지금
같지는 않았을 거라구!"
우리는 끊임없이 부족한 부분을 찾아내면서, 마치 그것만
해결되면 우리의 삶이 갑자기 변할 것처럼 이야기합니다.

그러나 생각해 보십시오. 지금 갖고 있는 불평거리가
사라지면 진정 완벽한 삶을 영위할 수 있는지 말입니다. 또
다른 상대적 불만이 우리를 찾아오지 않을까요?
바디매오는 혼란스러웠습니다. 그의 삶을 지탱해 주는
보좌에 남아 타인에게 의존하며 살 것인가, 아니면 그
보좌에서 내려와 책임지는 삶을 살 것인가. 바디매오는
스스로에게 물었습니다. "내가 거지 보좌를 포기하면
예수님이 나의 삶을 책임져 주실 것인가? 나에게 돈이 아니라
새로운 인생을 허락하실 수 있단 말인가?" 바디매오는
고심하였고 드디어 예수님께 대답합니다. 그는 먼저
"주여"(눅 18:41)하고 부릅니다. 스스로의 왕 되기를 포기하고
보좌에서 내려오겠다는 의지를 보여 주는 것입니다. "보기를
원하나이다"(눅 18:41). 그 순간 바디매오는 소경과 거지라는
정체성에서 주님의 제자라는 정체성으로 바뀝니다.
주님의 음성을 들어 보십시오. "보라 네 믿음이 너를
구원하였느니라"(눅 18:42). 그 후에 바디매오가 어떻게
살았는지는 성경에 기록되어 있지 않습니다. 다만 이름이
복음서에 기록된 것으로 보아 남은 평생을 예수님을 따르며
살아갔을 것이라 추측하는 것이지요.

오늘 본문에서는 니느웨 왕이 그의 보좌에서 내려왔습니다.
복음서에 등장하는 거지, 쓰레기의 아들 같은 바디매오도
그의 보좌에서 내려왔습니다. 오늘 우리는 어떤 보좌에서
내려와야 할까요? 여러분과 제 보좌가 다르겠지만 거기에서
내려와야 함은 동일합니다. "내가 무엇을 하여 주기를
원하느냐" 예수님은 계속 질문하십니다. 정말로 저와
여러분이 원하는 것은 무엇입니까…?
니느웨 성읍에서 보좌로부터 내려온 여러분, 다음 주에도
다시 만나겠습니다. 사실 불편한 보좌보다 낮은 이곳이 더
좋습니다. 앞에 '말렉'이 붙는 직함처럼 부담스러운 것도
없습니다. 여러분 이름 앞에 '말렉'을 붙여 보십시오. 말렉
지윤, 말렉 민수? 아, 괜히 거추장스럽다는 생각이 들지
않으십니까? 보좌에서 웅크리고 있느니 기꺼이 포기하는
것이 낫습니다. 진정한 왕이 보좌에 좌정하셔서 우리를
통치하시는 것이 가장 복됩니다.
그런데 문득 생각해 보니, 니느웨…. 꼭 꺼려지는 장소만은
아니지 않습니까? 저는 니느웨에 점점 정이 갑니다.
여러분은 어떠신지요. 그럼 이 성읍에서 다음 주에
뵙겠습니다!

넷째 주 여정

돌이키시는 하나님

누가 알랴

왕과 그의 대신들이 조서를 내려 니느웨에 선포하여 이르되 사람이나 짐승이나 소
떼나 양 떼나 아무것도 입에 대지 말지니 곧 먹지도 말 것이요 물도 마시지 말 것이며
사람이든지 짐승이든지 다 굵은 베옷을 입을 것이요 힘써 하나님께 부르짖을 것이며
각기 악한 길과 손으로 행한 강포에서 떠날 것이라 하나님이 뜻을 돌이키시고 그
진노를 그치사 우리가 멸망하지 않게 하시리라 그렇지 않을 줄을 누가 알겠느냐
한지라(욘 3:7-9)

안녕하세요. 넷째 주 여정입니다. 계속해서 니느웨 성읍에서
여러분을 만나고 있습니다. 니느웨 성읍, 이런 특별한
장소에서 여러분을 만나 요나서를 묵상할 수 있음이 참
감사하다는 생각뿐입니다. 지난주 Day 21에서 저는 회개란
우리의 보좌에서 내려오는 것이라고 말씀 드렸습니다.
그래서 저와 여러분은 보좌에서 내려왔고 우리 삶을 온전히
통치하시는 주님께 그 보좌를 맡겼습니다. 자, 이제 우리는

Day 22

어떻게 살아야 할까요? 오늘 등장하는 니느웨 왕의 모습에서
그 답을 찾을 수 있답니다.

보좌에서 내려온 니느웨 왕은 백성에게 조서를 내립니다.
왕복을 벗어 버렸다고 해도 여전히 그는 백성에게
'말렉 니느웨'였습니다. 당시 왕의 조서는 백성에게 하늘의
명령 같은 것이었습니다. 조서를 받으면 그 명령을 절대
거역할 수 없었습니다. 그런데 왕은 회개를 촉구하는
조서를 내립니다. 권력을 유지하기 위한 조서가 아니라,
하나님 앞에서 죄를 자복하기를 권면하는 조서였습니다.
내용을 보십시오. "사람이나 짐승이나 소 떼나 양 떼나
아무것도 입에 대지 말지니 곧 먹지도 말 것이요 물도
마시지 말 것이며 사람이든지 짐승이든지 다 굵은 베옷을
입을 것이요"(욘 3:7-8a). 왕이 니느웨 성읍 모두의 회개를
촉구하고 있다는 것을 알 수 있습니다. 따라서 니느웨의 회개
운동은 위로부터 아래에 이르는 총체적 움직임이었다고
보셔도 좋습니다.

고대 사회에서 짐승까지 금식에 동참하는 경우는 매우
드물었습니다. 짐승은 노동력이나 음식을 제공하는 역할을
했기 때문에, 짐승을 일부러 굶기는 일은 거의 없었습니다.

짐승도 금식에 참여한 것은 니느웨의 간절함이 그만큼
컸다고 볼 수 있습니다. 다시 말하지만 모두가 생업을
중단하고 하나님께 집중한 회개 운동이었습니다. 니느웨인이
진실로 악한 길에서 떠나야 한다는 왕의 절박한 외침은,
오늘 본문 8절 후반부에 잘 드러납니다. "힘써 하나님께
부르짖을 것이며 각기 악한 일과 손으로 행한 강포에서 떠날
것이라"(욘 3:8b). "강포에서 떠날 것이라"라는 말은 니느웨
사람들이 그동안 지녀 온 삶의 급전환을 가리킵니다. 전에도
말씀드렸지만 앗수르인은 그 잔인성으로 인해 열방 가운데
무척 악명 높았습니다. 그런 잘못을 저지르면서도 악한 줄
몰랐습니다. 오히려 힘을 자랑스럽게 여겼지요. 왕은 그것이
바로 그들의 죄임을 깨달은 것입니다. 니느웨 왕은 강포함을
내려놓습니다. 특권층인 지도자부터 백성에 이르기까지 그
죄에서 함께 떠나자고 권언했습니다.
악한 길에서 "떠나자" 한 이 부분이 우리가 주목해야 할
대목입니다. 보좌에서 내려온 다음에 어떻게 살아야 하는지
그 정답을 알려 주는 구절입니다. 예전의 죄악 된 삶의
방식을 떠나야 한다고 가르쳐 주고 있습니다. 그렇습니다.
옛 삶의 방식을 떠나 그리스도께서 제시하는 새로운 삶의

방식으로 적극 진입해야 합니다. 그래야 온전한 회개가
이루어집니다. 니느웨 백성은 잔인한 옛 삶을 적극적으로
떠날 수밖에 없었습니다. 불편한 굵은 베옷을 입고 금식을
하면서 전쟁에 나갈 수는 없기 때문입니다. 오늘 우리도
떠나야 할 옛 삶이 무엇인지 생각해 봅시다.

아, 그런데 요나는 어디에 있냐고요? 좋은 질문입니다. 사실
요나는… 이 모든 것을 관망하면서 성읍 외곽에 있었습니다.
이건 말씀드리지 않으려고 했는데 질문을 주셨으니 살짝
전해 드립니다. 지금 니느웨 백성은 마치 유니폼처럼
모두가 굵은 베옷 입고 있는데요. (여러분과 저를 포함해서
말이지요.) 그런데 딱 한 사람만 베옷을 입지 않고 있답니다.
이미 눈치채셨겠지만 바로 우리의 주인공 요나입니다.
언젠가 페니키아 상선에서도 이런 비슷한 일이 있었던 것을
우리는 기억합니다. 선원들 모두 광풍을 맞아 신의 이름을
부르짖는데 요나만 배 밑창에서 잠을 자고 있었지요(욘 1:5).
지금도 비슷한 상황입니다. 모두 굵은 베옷을 입고 회개
기도를 드리고 있는데 요나만 베옷을 입지 않고 구석에
가만히 앉아 있습니다. 제가 말씀드렸지요. 요나는 참 독특한

선지자라고요.

가만히 앉아 있는 요나를 방해하지 말고 우리는 일단
니느웨 백성의 동향을 살펴봅시다. 그들은 여전히 부르짖고
있습니다. 누구를 향하여 부르짖고 있을까요? 선지자
요나의 메시지를 받아들인 것으로 미루어 보아 야웨
하나님이 분명합니다. 그런데 니느웨 백성은 이스라엘처럼
언약의 백성이 아닙니다. 역사 가운데 단 한 번도 야웨
하나님과 친밀한 관계를 맺고 축복을 받아 본 적이 없다는
말입니다. 그들은 야웨 하나님의 자비와 긍휼을 이해하지도
못했습니다. 그래서 그들이 부르짖었다는 사실이 우리를
숙연하게 합니다. 특권과 체험 없이 회개하며 기도했기
때문입니다. 그들은 아는 만큼만 깨닫고 부르짖었습니다.
정직한 기도입니다. 그래서 오늘 우리는 이방인 니느웨
사람들의 믿음을 배워야 합니다.

그들은 단순히 '죄를 위해' 금식하지 않았습니다. 그들은
'죄로부터' 금식하기를 결단한 것입니다. 그들의 금식은
강포에서 떠나는 결단을 낳았습니다. 니느웨 군대는 틈만
나면 주변 국가에게 전쟁을 선포하고 잔인한 방법으로
사람을 고문하거나 죽이면서 전리품을 착취하고 영토를

확장해 왔습니다. 그러나 금식이 이루어지는 동안은 어느 누구도 손 하나 까딱할 수 없었습니다. 그들의 잔인성이 죽어 가는 과정입니다.

시편 기자는 이렇게 고백한 적이 있습니다. "내가 나의 마음에 죄악을 품었더라면 주께서 듣지 아니하시리라" (시 66:18). 그렇다면 하나님은 죄악을 품지 않으려는 니느웨 사람들의 기도도 들으실 것입니다. 또한 그들의 금식을 기뻐하실 것입니다. 하나님은 친히 이렇게 말씀하신 바 있습니다. "내가 기뻐하는 금식은 흉악의 결박을 풀어 주고 멍에의 줄을 끌러 주며 압제 당하는 자를 자유하게 하며 모든 멍에를 꺾는 것이 아니겠느냐"(사 58:6).

그리하여 니느웨 왕은 담대하게 백성을 위로합니다. 오늘 본문 10절입니다. "하나님이 뜻을 돌이키사 그들에게 내리리라고 말씀하신 재앙을 내리지 아니하시니라 (**그렇지 않을 줄을 누가 알겠느냐?**)" 왕의 말은 "누가 알랴"Who knows?로 시작합니다. 다시 말하면 '하나님만 아신다'는 뜻입니다. 그러나 니느웨 왕은 이렇게 말하면서도 하나님이 그들의 기도를 들어주시리라는 기대를 저버리지 않았던 것 같습니다. 여러분도 이런 표현을 곧잘 쓰시는지요.
"그날 심한 마음의 상처를 받고 어려운 시간을 보냈던 것이,
누군가를 위로하고 섬기기 위한 경험이 될 줄을
누가 알랴?"처럼 말입니다. 사실 이 고백은 하나님의
통치권을 인정하는 표현에 가깝습니다. 우리가 지휘하려는
상황을 내려놓고 하나님이 하실 것이라는 권리 양도의
표현입니다. 성경에 나오는 '누가 알랴'의 스토리는 언제나
우리를 고무시킵니다.
다윗이 그중 한 명입니다. 다윗은 "하나님과 마음이
합한 사람"이라는 호칭이 붙을 정도로 믿음이 좋은
사람이었습니다. 그러나 그런 다윗도 죄로 인해 넘어진
적이 있었습니다. 여러분도 잘 아시다시피 우리야의 아내
밧세바와 동침한 사건입니다(삼하 11장). 때는 봄이었습니다.
늦은 비가 마쳐 갈 무렵이면 군사적 활동이 재기될
시기였지요. 그런데 다윗은 좀 쉬고 싶었습니다. 그래서
군대장관 요압에게 명하여 암몬의 수도 랍바를 공격하게
합니다. 예전에는 모든 일을 하나님께 물으며 결정했는데,
이제는 그런 사소한 일까지 확인할 필요는 없다고 생각한
것입니다. 그에게는 더 이상 거대한 골리앗도, 위협하는

사울도 없었습니다. 이스라엘의 당당한 왕이었지요.
그즈음, 다윗에게 숨이 넘어갈 정도로 아름다운 여인이
나타납니다. 밧세바입니다. 남편이 있는 여인이었지만 그는
흔들리는 마음을 이겨 낼 수 없었습니다. 수많은 국가를
정복한 다윗이었지만 그해 봄날 밤만큼은 스며드는 유혹을
정복하지 못한 약한 존재였습니다. 기억해 주십시오. 후에
지혜자가 남긴 글을. "자기의 마음을 다스리는 자는 성을
빼앗는 자보다 나으니라"(잠 16:32). 다윗은 그녀와 동침하는
죄를 기어이 저지르고 맙니다. 정욕에 따라 행동한 다윗에게
얼마 후 밧세바의 임신 소식이 들려옵니다(삼하 11:5).
다윗은 사건을 무마하기 위해 밧세바의 남편 우리야를 전투
현장으로 배치해 전사시킵니다. 밧세바는 드디어 다윗의
아내가 됩니다. 다윗은 행복했을까요? 밧세바와 동침한
순간은 아주 잠시 행복했겠지만, 평생 그녀를 바라보면서
괴로웠을 것이라 여깁니다. 죄는 그렇게 짧은 행복을 담보로
우리를 유혹합니다.
밧세바에게서 아이가 태어났습니다. 그런데 그 아이는
심히 병약했습니다. 나단 선지자는 아이가 반드시 죽을
것이라고 예언했지만(삼하 12:14), 그래도 다윗은 아이가 살아

있는 동안 하나님께 간구합니다. 매일 금식하고 밤새도록
땅에 엎드립니다. 그러나 선지지가 전한 말씀은 번복되지
않았습니다. 이레 만에 아이는 죽습니다. 이레 만에 아이가
죽었다는 것은 의미가 깊습니다. 율법에 따르면 남자아이는
여덟 째 날에 포피를 베도록 규정되어 있습니다(레 12:3).
여덟째 날이 되기 전에는 '이스라엘의 남자'로 인정받을
수 없었던 것입니다. 다윗의 아기가 이레 만에 죽었다는
것은 할례받지 못한 상태에서 무명으로 세상과 작별했다는
뜻입니다.[40]
아이가 죽었다는 소식을 접한 다윗은 그제야 일어나 몸을
씻고 의복을 갈아입습니다. 그는 여호와의 전에 들어가
경배한 뒤 왕궁으로 돌아옵니다. 그리고 드디어 음식을
입에 댑니다(삼하 12:20). 놀라운 것은 그가 하나님께
경배드리기 전까지 금식을 지켰다는 것입니다. 다윗은
경배드리고 나서야 금식을 거뒀습니다. 이는 그가
하나님과의 관계 회복을 음식보다 더 갈망했다는 뜻입니다.
곁에 있었던 신하들은 다윗의 모습이 기이했습니다. 아이가
살아 있을 때는 금식하고 애통하던 왕이 오히려 아이가
죽으니 기운을 차리다니 이상했지요. 신하들은 왕에게

그 연유를 묻습니다. 그때 다윗의 대답에 '누가 알랴'가
들어갑니다.

"아이가 살았을 때에 내가 금식하고 운 것은 혹시 여호와께서
나를 불쌍히 여기사 아이를 살려 주실는지 **누가 알까**
생각함이거니와 지금은 죽었으니 내가 어찌 금식하랴"(삼하
12:22-23). 다윗은 하나님이 긍휼과 인자가 많으신 분임을
잘 알았습니다(출 34:6). 그리고 하고자 하신다면 얼마든지
아이를 살려 내실 수 있다는 것도 알았습니다. 그래서
'누가 알랴' 하는 마음으로 주께 매달린 것입니다. 그러나
다윗은 또한 받아들였습니다. 아이가 죽은 것은 하나님의
무정하심이 아니라는 것을. 아이가 죽은 뒤에 느껴야 했던
슬픔만큼이나 하나님이 다윗에서 부으신 은혜와 위로도
컸음을 의심할 수 없었습니다(참조. 삼하 12:24-25). 다윗의
예화는 조금 슬프지만 하나님의 통치권을 인정하는 고백인
것이 분명합니다.

'누가 알랴' 스토리는 언제나 '얻음'입니다. '잃음'이
없습니다. 어려운 일이 닥칠 때마다 하나님의 통치를
인정하고 주님이 친히 행하여 주시기를 매달리십시오.
여러분과 저의 간구로 하나님의 나라가 귀하게 확장될 줄

누가 알겠습니까?

과연 니느웨 사람들의 '누가 알랴' 스토리는 어떻게 풀릴까요.

그건 내일 알아보도록 합시다. 니느웨 이곳에서 여러분을

다시 만나겠습니다.

돌이켜 떠난 것을 보시고 돌이키사

하나님이 그들이 행한 것 곧 그 악한 길에서 돌이켜 떠난 것을 보시고 하나님이 뜻을
돌이키사 그들에게 내리리라고 말씀하신 재앙을 내리지 아니하시니라(욘 3:10)

평강 가운데 아침을 맞이하셨기를 바랍니다. 계속해서
우리는 니느웨 성읍에 있습니다. 오늘은 니느웨 사람들의
'누가 알랴' 스토리의 결말을 알아보는 날입니다. 3장
마지막 구절에 나옵니다. 함께 읽어 보겠습니다. "하나님이
그들이 행한 것 곧 그 악한 길에서 돌이켜 떠난 것을 보시고
하나님이 뜻을 돌이키사 그들에게 내리리라고 말씀하신
재앙을 내리지 아니하시니라"(욘 3:10).

Day 23

금식하며 회개한 니느웨 백성을 향해 하나님은 그 뜻을
돌이키셨습니다! 스토리의 결말은 '하나님의 돌이키심'
입니다. 역시 '누가 알랴' 이야기에는 잃음이 없고 얻음만
존재합니다. 그런데 과연 하나님은 언제 그 뜻을 돌이키신
걸까요? 백성이 회개를 결심한 날이었을까요? 아니면
회개하고 있는 중이었을까요? 이 구절만 보아서는 알 수가
없습니다. 다만 "그들에게 내리리라고 말씀하신 재앙을
내리지 아니하시리라"에서 힌트를 얻을 뿐입니다.
우리는 Day 19에서 "사십 일이 지나면 니느웨가
무너지리라"(욘 3:4)라는 말씀을 함께 묵상한 적이 있습니다.
그때 '무너지다'의 의미를 함께 숙고해 보았지요.
'멸망하다'라는 뜻 외에 '변화되다'의 뜻도 숨어 있다고
말씀드렸습니다. 그리고 이 말씀을 드리면서 견고한 성읍
니느웨에 괴이한 개기일식 외에 몇 가지 커다란 재난이
덮쳤었다고 언질을 드렸습니다. 그러므로 니느웨 사람들에게
'하늘에서 내린 재앙'이 낯선 상태는 아니었습니다. 그래서
요나의 메시지를 겸허히 받아들였으리라 믿습니다.
Day 20에서는 "사십 일"의 의미에 대해 자세히
살펴보았습니다. 문자 그대로 40일일 수도 있지만 어떤

의미에서는 변화와 회복까지의 '상당한 시간'이라는 관용적
의미[41]도 갖고 있음을 아울러 말씀드렸습니다. 그런데 니느웨
사람들은 그 40일을 아주 시급하게 받아들였던 것 같습니다.
그래서 하나님이 마음을 돌이키신 정확한 시점은 모르지만,
니느웨 사람들이 미루지 않고 회개하는 태도를 보일 때
지체 없이 움직이셨다고 믿습니다. 금식 기간에는 모두가
물도 마시지 못했음을 잊지 말아 주십시오. 백성들 사이에는
갓난아기도 있었습니다. 이런 순진무구한 어린 생명에게 40
일의 금식 과제는 너무나 커다란 고통과 희생이었습니다.
니느웨가 아무리 악해도 하나님은 어린 생명들이 고통받기를
원치 않으셨을 것입니다. 오늘 묵상 구절을 보십시오(욘 3:10).
하나님은 "그들이 행한 것 곧 그 악한 길에서 돌이켜 떠난
것"을 보시고 뜻을 돌이키셨다고 되어 있습니다. 즉 이미
돌이키셨다는 말입니다. 그들이 악을 떠나기로 다짐한 순간,
멸망으로부터 건져지고 새롭게 변화된 것입니다. 1초의 낭비
없이 바로 변화되었습니다. 새로운 삶, 변화의 시작입니다.
그래서 이 구절은 참 의미가 있습니다.
히브리어 성경으로 보면 요나서 저자가 이러한 변화를
효과적으로 전달하기 위해 아주 절묘한 언어유희를

사용했다는 것을 관찰할 수 있는데요. 여기서 사용된
언어유희는 같은 단어를 반복하면서 그 주제를 드러내는
기법입니다. 설명 중에 히브리어가 많이 나오기 때문에
조금 복잡하게 느껴지실 수도 있습니다. 그러나 말씀의
참 의미를 발견하는 은혜가 임하기를 바라면서 천천히
설명드리겠습니다.

히브리어로 '행하다'는 '아싸('āśāh)'입니다. 감탄사 같은
어감이 들지요? 이 재미있는 어감을 갖춘 '아싸' 동사가
'행한 것, 행함'이라는 명사가 되면 '마아쎄(mă'ăśĕh)'가
됩니다. '아싸'와 '마아쎄'. 꼭 형제자매 이름같기도
합니다. 그런데 요나서 3장 10절은 두 단어가 정말 의좋은
형제자매처럼 사이좋게 반복되어 나옵니다. 아래와 같이
번호를 달아 정리해 보겠습니다.

1) 하나님께서 그들의 **행함**(마아쎄)을 보시다.

2) 그들이 **행함**(마아쎄)은 그들의 악한 길에서 돌이켜 떠난
   것이다.

3) 하나님이 그들에게 재앙을 **행하리라**(아싸) 말씀하신 것을
   후회하시다.

4) 하나님이 재앙을 **행하지**(아싸) 아니하시다.

이렇게 네 단락으로 나누어 보면 이 언어유희 기법을
살펴보는 데 도움이 됩니다. 보시는 바와 같이 두 단어가
줄곧 반복되고 있음을 관찰하게 됩니다. 또한 1)과 2)의
'행함(마아쎄)'은 3)과 4)의 '행하다(아싸)'라는 동사를 낳는
필수조건임을 수 있습니다.
그런데 요나서 저자는 본문에 또 다른 언어유희를 숨겨
놓았습니다. 이번에 소개할 단어는 아주 낯선 단어는
아닙니다. '라아(rāʻā)'라는 단어와 '슈브(šûb)'라는 단어입니다.
어쩐지 귀에 익는다고요? 네, 맞습니다. 기억하고 계셨네요.
'라아'는 '악하다'라는 뜻인데 우리가 이미 Day 15에서
살펴본 단어입니다. 그때 제가 이 단어를 꼭 기억해 달라고
부탁드렸지요. 이 라아(악함)를 돌이키는 단어가 바로
'슈브'입니다. 슈브는 가려고 한 방향을 돌이키는 행위를
말합니다. 돌이켜 돌아간다는 뜻이지요. 슈브! 하면서 몸을
홱 돌려 반대 방향으로 걸어가 보십시오. 그렇듯 지금 니느웨
성읍은 악한 마음을 돌이켜 반대 방향으로 걷고 있습니다.
쉽게 말해서 슈브는 니느웨 성읍의 회개를 나타내는

것입니다. 이번에도 번호를 달아서 정리해 보겠습니다.

1) 하나님이 그들의 행함을 보시다.
2) 그들이 행함은 그들의 **악한**(라아) 길에서 **돌이켜**(슈브) 떠난
   것이다.
3) 하나님이 그들에게 **재앙**(라아)을 행하리라 말씀하신 것을
   돌이키시다(나함).
4) 하나님이 **재앙**(라아)을 행하지 아니하시다.

이번에도 '악함'과 '돌이킴'이 반복되고 있음을 알 수
있습니다. 앞선 언어유희와 한 가지 미묘하게 다른 것이
있다면, 니느웨 성읍이 마음을 돌이켰을 때는 '슈브'라는
단어가 쓰였는데, 하나님께서 마음을 돌이키셨을 때는
'나함(nāham)'이라는 단어가 쓰였다는 것입니다. 나함은
'후회하다'라는 뜻입니다. 후회? 후회라니! 우리는 놀라고
맙니다. '하나님도 후회를 하시나?' 생각이 듭니다. 개역개정
성경에서는 "하나님께서 뜻을 돌이키사"(욘 3:10)라고
부드럽게 번역해 놓았지만, 히브리어 나함은 실제로
'후회했다'는 뜻입니다.

그렇다면 이 구절은 어떻게 받아들여야 할까요? 니느웨는 멸망하거나 무너지지 않았습니다. 요나가 외친 메시지가 이루어지지 않은 예언으로 끝나 버린 것 같은 허망함마저 느껴집니다. 요나가 전한 메시지와는 전혀 다른 결과니까요. 그런데 사실 요나가 전한 메시지는 전혀 위배되지 않고 그대로 이루어졌습니다. 하나님이 단순히 마음을 변개하신 것이 아닙니다. 주님은 그분이 작정한 일을 하셨습니다. 니느웨는 요나의 예언을 듣고 하나님 앞에 이미 완전히 무너져 있었습니다! 분명 "니느웨가 무너지리라"(욘 3:4) 하지 않았습니까? 맞습니다. 그렇게 니느웨는 회개함으로 하나님 앞에 부서지고 무너져 버린 것입니다. 요나의 예언은 그렇게 정확하게 성취되었습니다.

언어유희를 통해 요나서 저자가 우리에게 밝히려는 주제도 이것입니다. 악(라아)이 돌이켜졌기(슈브)에 구원이 임했다는 것입니다. 그럼 이 주제를 확고히 하기 위해 여기서 잠깐 예레미야 18장 7-8절을 찾아보겠습니다. 예레미야에 나온 구절과 요나서 3장 10절 구절은 쌍둥이처럼 닮아 있고 그 주제도 비슷하기 때문에 꼭 살펴보아야 할 구절이랍니다.

내가 어느 민족이나 국가를 뽑거나 부수거나 멸하려 할 때에
만일 내가 말한 그 민족이 그의 악에서 돌이키면 내가 그에게
내리기로 생각하였던 재앙에 대하여 뜻을 돌이키겠고

히브리어 성경으로 읽어 보면, 희한할 만큼 요나서 3장
10절과 비슷한 언어유희가 사용되고 있습니다. 제가 조금
전까지 설명한 아싸, 마아쎄, 라아, 슈브, 나함이 (휴우….
용서하십시오. 그런데 일단 다 나열해 보아야 합니다. 중요한
단어들이까요) 이 예레미야 구절에 축약되어 있습니다. 이
단어들을 사용하여 설명드리면 이렇게 됩니다.

내가 어느 민족이나 국가를 뽑거나 부수거나 멸하려 할 때에
만일 내가 말한 그 민족이 그의 **악**(라아)에서 **돌이키면**(슈브)
내가 그에게 **내리기로**(행하기로, 아싸) 생각하였던 **재앙**(라아)에
대하여 뜻을 **돌이키겠고**(나함)….

보시다시피 두 곳에 쓰인 단어가 동일합니다. 우리가
돌이키면 하나님께서 돌이키시겠다는 선포가 됩니다.
그러므로 민수기 23장 19의 "하나님은 사람이 아니시니

거짓말을 하지 않으시고 인생이 아니시니 후회가
없으시도다 어찌 그 말씀하신 바를 행하지 않으시며 하신
말씀을 실행하지 않으시랴"라는 구절을 반추해 본다 해도
하나님께서는 식언하지 않으심을 요나서와 예레미야의
평행구조에서 확인하게 됩니다. 깔끔할 정도로 딱 떨어지는
하나님의 말씀입니다.

여기까지 설명을 드리고 나니 안도의 한숨이 쉬어집니다.
오늘 묵상을 시작할 때, 하나님의 변개치 아니하심을 잘
설명하면서도 어떻게 하나님의 긍휼하심을 잘 드러낼 수
있을까 많이 고민했습니다. 특히 이 구절에 쓰인 언어유희를
어떻게 하면 효과적으로 묵상할 수 있을까 고민하며
기도했지요. 최선을 다해서 설명드렸지만, 오늘 묵상이
쉽지 않고 이런저런 히브리어의 나열로 난해하게 느끼셨을
수 있습니다. 그렇지만 꼭 필요한 내용을 점검하며 묵상할
수 있었기에 감사한 마음입니다. 오늘 묵상을 함께 해주신
여러분의 신실함에 감복합니다. 재미있는 것은 취하고
재미없는 것은 버리는 세상에서, 여러분처럼 말씀 속에서
기쁨을 찾으시는 분들이 귀하기만 합니다.

문득 이쯤에서 묻고 싶어지네요. 오늘 이 글을 읽는 분 중에

실수나 죄로 인해 어려움을 겪는 분이 계시는지요. 죄의
중압감으로 하나님이 마음을 돌이킬 수 없다고 여기는
분들이 있는지 궁금합니다. 저는 오늘 그분들께 감히
이렇게 선포드리고 싶습니다. 하나님은 반드시 부르짖는
여러분 앞에서 그 마음을 돌이키십니다. 우리는 늘 죄를
범하는 연약한 사람이지만, 주님의 공의는 은혜와 자비에서
실행됩니다. 천만 번 넘어진다 해도 다시 주님의 발을 잡고
부르짖으면 우리를 그리스도 안에서 세우시고 다시 은혜로
일으켜 세워 주십니다. 주님의 십자가 희생은 결코 헛되지
않습니다. 반복되는 죄의 사슬을 끊어 주시고 두려움의
올무에서 건져 주십니다. 이것이 그분이 우리에게 예정하신
것입니다. 그리하여 돌이켜 주시는 주님을 바랄 수 있습니다.
우리는 주님의 복된 백성이기 때문입니다.

싫어하고 성내며 은혜로운 기도를 하다

요나가 매우 싫어하고 성내며 여호와께 기도하여 이르되 여호와여 내가 고국에
있을 때에 이러하겠다고 말씀하지 아니하였나이까 그러므로 내가 빨리 다시스로
도망하였사오니 주께서는 은혜로우시며 자비로우시며 노하기를 더디 하시며
인애가 크시사 뜻을 돌이켜 재앙을 내리지 아니하시는 하나님이신 줄을 내가
알았음이니이다(욘 4:1-2)

니느웨의 좋은 아침입니다! 아침마다 이곳에서 여러분의
밝은 얼굴을 뵈니 참 감사합니다. 활짝 웃는 얼굴을 만나는
것은 삶의 활력소가 됩니다. 반면 인상을 잔뜩 찌푸린 얼굴을
대하면 기분이 가라앉기 마련이지요. 그래서 오늘 여러분께
미리 말씀드릴 것이 있습니다. 오늘부터 요나서 4장에
들어가는데요. 지금부터는 기분이 좋지 않은 요나와
밀접한 동행을 해야 한답니다. 지금 그의 얼굴은 잔뜩

Day 24

찌푸려 있습니다. 미간에 주름이 잡힌 것을 보니 퍽 속상한
모양입니다.
요나는 왜 이렇게 화가 났을까요? 그 이유를 찾기 위해 1절
본문 "요나가 매우 싫어하며 성내며"라는 구절을 히브리어
성경으로 직역하여 풀어 보겠습니다. 어제 집중적으로
공부했으니 오늘은 그 덕을 보게 되실 겁니다. '라아(악함, 악,
재앙)'가 오늘 묵상에서 또 나오거든요.

　　이것은 요나에게 매우 큰 악(라아)으로 악(라아)이 되어
　　요나에게 화가 되니.

역시 직역하다 보니 조금 어색한 번역이 되었지요? 개역개정
성경은 효과적인 의미 전달을 위해 "요나가 매우 싫어하며
성내며"라고 축약했지만, 히브리어 성경에는 이처럼
'라아'가 연거푸 두 번 나옵니다. 니느웨 사람들이 죄악을
돌이켜 회개하니 하나님이 재앙을 내리지 않고 그 마음을
돌이키셨는데, 이것이 바로 요나에게 분노가 되었다는
것입니다.
참으로 안타깝습니다. 지금 말씀을 전한 요나만 분노를 참지

못해 씩씩거리고 있습니다. 요나의 분노는 형용할 수 없는
침울함을 동반합니다. 그는 선지자였습니다. 선지자라면
선견先見할 수 있었던 사람입니다. 요나는 앗수르의 회개
운동이 잠깐의 감정적 동요일 뿐, 그들 안에 잠재된 악은
후에 더욱 창일하게 되어 이스라엘을 억압하리라는 것을
선견했던 것 같습니다(기원전 722). 요나만큼은 니느웨의 회개
운동을 위선으로 느낀 것이 분명합니다.[42] Day 15에서 요나가
하나님의 얼굴을 피하면서까지 부르심을 거부한 이유를
요나서 묵상 후반부에서 고찰해 본다고 말씀드렸지요?
바로 이 대목입니다.

요나는 압제자 니느웨가 구원받는 것이 싫었습니다. 조국
이스라엘을 사랑하는 요나는 니느웨 성읍을 사랑할 수
없었습니다. 생각해 보십시오. 니느웨 사람들은 야웨
하나님의 언약 밖의 사람, 즉 엄연히 이방인이었습니다.
그래서 하나님이 뜻을 돌이키신 것에 몹시 분노가 치민
것이지요. 여기서 잠깐 출애굽기 32장 14절을 읽어
보겠습니다. "하나님께서 뜻을 돌이키사 말씀하신 화를
그 백성에게 내리지 아니하시니라." 출애굽기에 기록된
하나님의 '돌이키심'은 이스라엘에게만 내리신 하나님의

사랑이었습니다. 그 지극한 하나님의 사랑이 어떻게
선택받지 못한 이방인에게 내릴 수 있는지 이해할 수 없었던
것입니다. 그래서 요나는 혼란스럽고 화가 치밀었습니다.
니느웨를 사랑하고 싶어도 그 성읍이 사랑스럽지 않은 것을
어떻게 합니까.

그런데 요나는 이미 1장에서 이방인 선원들에게 선포한
적이 있습니다. 하나님은 이스라엘의 국지적 신이 아니라
"바다와 육지를 지으신 (온 땅과) 하늘의 하나님"이라고
말입니다(욘 1:9). 이제 하나님은 요나에게 기필코 알려 주실
것입니다. 이스라엘뿐 아니라 열방을 품고 사랑하며 구원할
계획이 있으시다는 것을요. '나감과 들어옴'의 기동력을 갖고
있는 스불론 지파 출신 선지자에게, 하나님은 모든 민족의
주인이심을 가르쳐 주실 것입니다.

드디어 요나가 힘 빠진 마른 목소리로 야웨 하나님을
부릅니다. "여호와여…." 아, 그가 기도를 드리려는
모양입니다. "여호와여 내가 고국에 있을 때에 이러하겠다고
말씀하지 아니하였나이까"(욘 4:2a). 잠깐, 이게 무슨
이야기입니까? 그의 기도 내용에 우리는 갑자기 고개가
갸우뚱해집니다. 분명 1장에서 요나가 야웨 하나님의 말씀을

받았을 때, "야웨 하나님의 얼굴을 피하려고" 다시스로 간
것 외에는 요나로부터 아무 음성을 듣지 못했기 때문입니다.
우리는 요나가 하나님의 얼굴을 피한 이유를 속 시원히
들어 보지 못한 상태입니다. 그저 정황으로 추측한 것이
전부였습니다. 그렇지만 오늘 요나의 기도 내용을 들어 보니
다른 이유가 있었던 것 같습니다. 우리는 듣지 못했지만 1장
초반부에 어떤 숨은 대화가 있었다는 것이지요.
그러면 좀더 자세히 알아보기 위해 히브리어 성경에 기록된
요나의 기도를 직역해 보겠습니다. 약간 어색하지만 이렇게
번역됩니다. "내가 내 땅(흙)에 아직 있을 때 이게 바로 내가
말했던 것이 아니었습니까?" 개역개정 성경에서 "고국"으로
번역된 것은 히브리어로 '아다마(ădāmā(h))'입니다. 이는
'흙'이라는 뜻입니다. 참고로 우리가 아는 최초의 사람 '아담'
은 바로 '(흙으로 빚어진) 사람'을 뜻합니다. 요나가 '이스라엘'
이나 '고향'이나 '내 아버지 집'이라는 전형적인 표현을 쓰지
않고 굳이 '아마다'를 사용한 것이 사뭇 특이합니다. 흙은
생명을 움트게 하는 힘이 있습니다. 흙에 뭔가를 심으면 싹이
트고 열매가 맺힙니다. 무엇을 심든 그 열매가 땅으로부터
거두어지게 됩니다(갈 6:7). 우리도 흙입니다. 우리에게

무엇을 심는가에 따라서 육체로 썩어질 것을 내기도 하고
영생의 열매를 내기도 합니다.

요나는 이미 알았던 것입니다. 그가 이스라엘 흙을 떠나
이방인의 흙에 어떠한 메시지를 뿌려야 하는지를. 그리고
그 메시지가 이후에 어떤 열매를 맺을 것인지도 말입니다.
니느웨 성읍에 하나님의 말씀을 심으면 회개가 일어나고
신의 긍휼로 말미암아 구원의 열매가 맺히리라는 것을
요나는 잘 알았던 게 분명합니다. 니느웨 흙에 메시지를
뿌리고 싶지 않아서, 그의 가슴에 심긴 말씀의 씨앗을
니느웨 흙에 뿌리고 싶지 않아서 다시스로 도망갈 생각을 한
것입니다.

자, 계속해서 요나서 4장 2절 후반부입니다. "주께서는
은혜로우시며 자비로우시며 노하기를 더디 하시며 인애가
크시사 뜻을 돌이켜 재앙을 내리지 아니하시는 하나님이신
줄을 내가 알았음이니이다" 언뜻 들으면 야웨 하나님의
성품을 찬양하는 것 같지요? 그런데 정말 그럴까요?
"주께서는 은혜로우시며 자비로우시며 노하기를 더디
하시며 인애가 크시사"라는 표현을 어디서 많이 들어 본
것 같지 않습니까? 맞습니다. 성경에 여러 번 등장하는

표현이랍니다. 그런데 성경에서 이 문구가 쓰일 때는 대부분 하나님의 속성을 이해하고 하나님께 더 친밀히 나아가는 경우였습니다. 과연 요나는 하나님께 더욱 친밀히 나아가기 위해 이 표현을 쓴 것일까요?

우선 이 표현을 사용한 다른 성경 본문을 살펴봅시다. 민수기 말씀입니다. "여호와는 노하기를 더디 하시고 인자가 많아 죄악과 허물을 사하시나"(민 14:18a). 당시는 이스라엘 백성이 약속의 땅 가나안을 정탐할 무렵이었습니다. 야웨 하나님이 새로운 일을 시작하시려는 그때에 백성은 이미 가나안 족속에게 주눅이 들어 있었습니다. "우리가 애굽 땅에서 죽었거나 이 광야에서 죽었으면 좋았을 것을…"(민 14:2) 이라는 고백은 실로 불신앙의 표출이었습니다. 야웨 하나님은 진노하실 수밖에 없었습니다. 지금껏 신실하게 인도하신 하나님을 그들이 신뢰하지 않으니 말입니다. 그때 모세가 이 표현을 인용합니다. "여호와는 노하기를 더디 하시고 인자가 많아 죄악과 허물을 사하시나." 모세가 이 표현을 자신 있게 사용한 것은 그가 시내 산에서 받은 하나님의 말씀에 힘입었기 때문입니다. 하나님은 모세에게 당신 자신을 표현하시기를 "여호와라 여호와라 자비롭고 은혜롭고 노하기를 더디 하고 인자와 진실이 많은 하나님이라"(출 34:6)라고 하셨습니다.

유대 사회에서는 이름이 그 사람의 명성과 인격을 나타냈는데,[43] 야웨 하나님께서 당신의 이름을 모세에게 두 번이나 표명하시면서 신의 속성이 무엇인지 명확하게 드러내 주셨습니다. 또한 "이렇게 너에게 드러내는 나 야웨 하나님은 네게 참으로 친밀한 친구가 되는 자"라는 뜻도 포함합니다.[44] '은혜'는 히브리어로 '하눈(ḫǎnnûn)'입니다. 간절한 자에게 충만히 베푸시는 하나님의 놀라운 돌보심을 뜻합니다. '자비'라는 말은 히브리어로 '라훔(rǎḫûm)'입니다. 긍휼과 맥을 같이하는 단어입니다. 어미가 자녀를 측은히 여겨 품어 주는 것을 말합니다. 비참한 상태에 놓이지 않도록 보호해 주는 행위를 뜻하기도 합니다. '인애'는 '헤세드 (ḥesed)'입니다. 하나님과의 언약 관계 안에서 이루어지는 충실하고 자원적인 인애와 사랑을 일컫습니다. 따라서 하눈, 라훔, 헤세드는 하나님의 속성을 표현하는 아주 적절한 단어들입니다.

자, 그럼 오늘 요나의 기도문에는 어떻게 쓰였는지 알아봅시다. 엉뚱하게도 그의 의도는 그저 섭섭함과 불평이었습니다. 싫어하며 성내며 드린 기도입니다.
시니컬한 표현입니다. 하나님의 극진스러울 만큼 은혜로운
성품이 섭섭해서 요나는 그런 문구를 사용하여 불만을 토한
것입니다. 다시 말해서 하나님이 니느웨에게 재앙이 아니라
선을 베푸시므로 화가 치밀었다는 내용입니다. 요나는
공의의 하나님이 아니라 '은혜와 자비'의 하나님께 화가 나
있습니다!
그런데 히브리어 성경을 놓고 해석하면 더 재미있는 사실을
발견합니다. 제가 한번 적나라하게 직역해 보겠습니다. 늘
그렇지만 직역을 하다 보면 내용이 조금 딱딱해집니다.

오, 야웨 하나님. 내가 내 땅(흙)에 거하고 있을 때 내가
이러하겠다고 말씀하지 않았나이까. 그래서 내가 원래
다시스로 도망갔던 겁니다. 왜냐하면 주께서는 은혜로우시며
자비로우시며 노하기를 더디 하시며 인애가 크시사 뜻을
돌이켜 재앙을 내리지 아니하시는 하나님이신 줄을 내가
알았기 때문입니다. 오 야웨 하나님. 이제 나의 생명을 내게서
취하소서. 왜냐하면 나에게는 죽는 것이 사는 것보다 낫기
때문입니다.

이 기도문에서 '나' 혹은 '내가'가 등장하는 곳을 모두 찾아서
동그라미 해보십시오. 몇 번이나 나옵니까? 맞습니다! 한두
번도 아니고 여덟 번이나 나옵니다. 그만큼 이 기도는 요나
자신이 주체가 되어, 그의 관점에서 토해 낸 절규라는 것을
알게 됩니다. '나, 내가, 나의'가 수없이 반복됩니다. 얼핏 보면
정중한 기도문 같지만 실은 하나님이 아닌 요나가 중심이 된
자기중심적self-centered 기도 호소문이나 다름없습니다.
이 직역을 바탕으로 이번에는 요나의 기도를 현대어로
번역해 보려 합니다. 제목도 붙여 보았습니다.

요나의 기도: 〈나 요나가 다시스로 도망갔던 정당한 이유〉

주님, 보십시오. 이런 일이 벌어질 것이라고 제가 제 땅에서
평상시처럼 무던히 잘 살아갈 때 미리 말씀드리지 않았습니까.
그래서 제 나름대로 다시스로 도망갔던 겁니다. 니느웨까지
가서 주님의 메시지를 전하면 뭐합니까? "멸망한다"라고
심판의 메시지를 외친들 무슨 소용이 있습니까? 그들이
회개한다고 베옷을 입고 꿇어 앉아 있으니 주님께서 마음을
돌이키시지 않았습니까!

저는 주님께서 친절하시고 사랑이 많으시니 저 못된 사람들을
멸망시키지 않고 구원하실 것을 진작부터 알았습니다. 언젠가
이스라엘을 억압할 이들을 기억하셔서 뭔가 조치를 취해 주실
줄 알았는데 섭섭합니다. 언약 가운데 계신 이스라엘만의
은혜롭고 자비로우며 노하기를 더디 하고 인애가 크신
하나님인 줄 알았는데 저런 이방인들의 하나님도 되어
주신다니….
솔직히 저는 저 사람들이 구원받는 게 싫습니다. 왜 저더러
메시지를 전하라고 하십니까? 저 사람들을 제가 사랑하기 힘든
백성입니다. 그래서 화가 납니다. 왜 제게 이런 사명을 주시는
겁니까! 이런 부름은 제 성정에 도저히 맞지 않는 일입니다.
선지자로 사느니 차라리 니느웨에서 죽는 편이 낫겠습니다.
지금 제 생명을 취하십시오.

제가 너무 솔직하게 번역한 걸까요? 그런데 정말 이런
내용입니다. 지금 여러분이 제게 이런 질문을 하실 것
같습니다. "이런, 이런, 거룩하신 하나님께 감히 선지자가
이런 기도를 드릴 수 있어!", "이렇게 기도를 드려도 하늘에
계신 하나님께서 받으실까?"라고 말입니다. 아…. 그건…

제가 어떻게 대답을 드릴 수 있을지 잘 모르겠습니다. 하나님
대신 제가 답할 수 있는 부분이 아니기 때문입니다. 그래도
굳이 대답을 드리자면, 저는 이런 기도마저도 하나님께 드릴
수 있다고 믿습니다. 이렇게 불만 어린 기도도 받아주실
하나님이심을 신뢰하기 때문입니다. 요나의 기도문을 보고
놀라셨다면, 성경에 기록된 더 놀라운 기도문을 소개해
드리겠습니다. 시편 109편입니다.

"고리대금 하는 자가 그의 소유를 다 빼앗게 하시며
그가 수고한 것을 낯선 사람이 탈취하게 하시며… 그의
자손이 끊어지게 하시며…" 시편 기자가 쏟아낸 직설적인
표현들이 무척 놀랍습니다. 그리고 이런 표현이 성경에
살아 있다는 것이 믿기지 않을 정도입니다. 성경학자들은
이런 시편을 따로 분리하여 '저주 시편'Imprecatory Psalms이라고
일컬었습니다. 그런데 저주 시편의 내용이 이런 기도까지도
하나님이 들어주신다는 것만 시사하지는 않습니다. 성경에
이런 기도가 있는 것은 화가 날 때 그 화를 향해 달려가지
말라는 경고이기도 합니다. 왜냐하면 이 기도문은 적에게
직접 하는 말이 아니라 하나님께 올려 드리는 엄연한
기도이기 때문입니다. 아픈 상처를 딛고 하나님께 달려가는

기도입니다. 그래서 이런 시편을 남용하거나 악용하면
절대로 안 됩니다.

요나도 이런 의미에서 기도드렸다고 믿습니다. 그는 화가
난다고 해서 니느웨 성읍을 향해 달려가지 않았습니다.
성읍에 불을 질러 하나님 대신 재앙을 내리지도 않았지요.
그는 단지 그의 마음을 하나님께 여과 없이 쏟았습니다. 어찌
보면 요나의 기도는 진실 어린 투정입니다. 이것이 위선으로
가장한 의의 기도보다 훨씬 숭고합니다. 그의 어그러진
마음까지도 수용하실 하나님을 신뢰했으니 말입니다.

그래서 그는 차라리 "죽고 싶다"라고 말했습니다. 성경에는
기록되지 않았지만 저는 이 장면에서 선지자의 눈물이 뺨에
주르륵 흘렀으리라 생각합니다. 자기의 한계 때문에 지치고,
혼란스러운 상황 때문에 지치고, 선지자의 사명에 지쳐서
떨어지는 안타까운 눈물입니다.

하나님은 요나의 기도에 어떻게 응답하실까요? 그건 내일
알아보겠습니다. 혹시 오늘 묵상이 조금 울적하신지요.
요나의 모습을 바라보자니 저도 마음이 무겁습니다.
방울방울 떨어지는 요나의 눈물을 닦아 줄 수는 없지만
우리는 알고 있습니다. 주님이 요나의 유리함을 계수하시고

그의 눈물을 그분의 병에 담아 주실 것을요(시 56:8). 하나님은
여러분의 눈물도 그렇게 담아 주십니다. 하나님의 주머니
속에 여러분의 눈물을 담는 유리병이 있습니다.
선지자 요나의 손을 계속해서 꼬옥 잡아 주십시오. 내일 다시
여러분을 뵙겠습니다.

죽음을 구하나

여호와여 원하건대 이제 내 생명을 거두어 가소서 사는 것보다 죽는 것이 내게
나음이니이다 하니(욘 4:3)

다시 니느웨 성읍의 아침입니다. 어제는 요나의 기도를
들어 보셨지요. 그 장면부터 다시 진행하겠습니다. 요나는
기도를 마치고 "이제 내 생명을 거두어 가소서 사는 것보다
죽는 것이 내게 나음이니이다"(욘 4:3)라고 말합니다.
요나의 생명을 주관하시는 하나님께 대범하게 죽음을
구한 것입니다. 택함받은 선지자가 죽게 해달라니 좀
놀라셨는지요. 그런데 사실 선지자 중에 죽음을 구한 건

Day 25

요나가 처음이 아닙니다. 먼 옛날, 엘리야 선지자도 그와
비슷한 기도를 드렸습니다. "여호와여 넉넉하오니 지금
내 생명을 거두시옵소서"(왕상 19:4). 왕후 이세벨이 생명을
위협할 때 엘리야가 도망하여 로뎀 나무 밑에서 하나님께
드린 기도입니다.

처음에 그가 도망간 이유는 죽음이 아니라 생명
때문이었습니다. "자기의 생명을 위해 도망하여"(왕상
19:3)라고 기록되어 있기 때문입니다. 그런데 브엘세바에
도착해서 사환을 그곳에 머물게 하고 광야로 깊숙이 걸어간
하루 동안, 엘리야는 생명이 아닌 죽음을 갈망합니다.

로뎀 나무 아래에서 쉬던 엘리야는 선지자로서의 사역도
이쯤에서 쉬어야겠다고 생각한 것입니다. 그는 아합 왕과
바알을 따르는 선지자들 앞에서 이룬 영적 승리를 모조리
잊어버렸습니다(왕상 18). 그리고 두려웠습니다. 그의 삶의
목표는 선지자로서의 사명을 완수하는 것이었나 봅니다.
엘리야는 이미 나름대로 사명을 완수했고, 그 대가로 무리의
위협을 받고 있었습니다. 더 이상 목표를 유지할 수 없다면
차라리 영원한 쉼, 죽음을 택해야 옳았습니다. 그래서
엘리야는 절망 가운데 잠을 자려고 누워 버린 것입니다.

그러나 하나님이 엘리야에게 허락하신 것은 죽음이
아니라 '회복'이었습니다. 로템나무 아래서 회복과 변화의
진정한 쉼이 일어났던 것입니다. 하나님이 우리의 기도에
응답하시되 오직 선하게만 응답하신다는 것의 좋은
예입니다. 우리가 구하는 것을 곧이곧대로 다 들어주신다면,
우리는 헤어 나올 수 없는 구렁텅이에 빠져 허덕일 것입니다.
우리의 뜻대로 응답되지 않는 기도에는 그리하여 하나님의
분별하시는 사랑과 선함이 있습니다.

오늘 요나도 마찬가지입니다. 요나의 기도 응답은 절대
죽음이 아닐 것입니다. 둘째 주 묵상 여정에서도 우리는
요나의 기도를 들은 적이 있습니다(욘 2장). 그때 요나는
스올의 바닥에 있었지요. 그의 기도는 생명의 갈망으로
가득 차 있었습니다. 사방이 깜깜한 죽음의 장소에서
간구했었지요. 그의 눈은 살아 있는 영혼이 예배드리는
성전을 향해 있었습니다. 왜 그랬을까요? 선지자로서
하나님의 말씀을 전해야 할 목표가 있었던 겁니다. 그
목표는 그에게 소망을 주었습니다. 그리고 구원의 땅에
이르렀습니다. 그러나 오늘은 사방이 트인 니느웨 성읍에서,
선지자의 사명을 다하기 위해 메시지를 전달한 뒤 죽음을

떠올립니다. 말씀을 전하는 목표는 달성했으나 니느웨
사람들의 반응에 요나는 허탈해져 버렸습니다. 그들은
구원을 받았는데 선지자 요나가 오히려 자기연민에 빠져
죽음을 구하고 있다니 안타깝습니다.
하나님이 요나에게 어떻게 응답해 주실지는 차차
알아보기로 하고, 잠시 여러분께 이런 질문을 드리고
싶습니다. 여러분도 차라리 죽고 싶은 심정이었던 적이
있는지요. 아니, 혹시 지금 그런 혹독한 심정이 여러분을
괴롭히고 있습니까. 제게 꼭 대답하지 않으셔도 됩니다. 그냥
여러분의 마음을 정직하게 들여다보시면 됩니다. 사실 아닌
척하고 말하지 않을 뿐 우리 모두는 가끔 모든 걸 포기하고
싶은 유혹에 빠집니다. 죽음처럼 짙은 유혹은 없는 것
같습니다. 사탄이 주는 집요한 유혹입니다.
영국 신경제재단(NEF)이 도입한 '지구촌 행복 지수'라는 것이
있습니다. 각 나라의 행복을 수치로 표현해 보는 것이지요.
행복 지표, 기대 지수, 환경, 자살률이 기준이 된다고
들었습니다. 슬프게도 우리나라의 지구촌 행복 지수는 높은
편이 아닙니다. 세계적으로 선진국에 속한다는 나라는 행복
지수가 비례적으로 높을 것 같은데 꼭 그렇지 않습니다.

흥미롭게도 중국의 경우 경제 개발이 이루어지기 전에는
지수가 높은 편이었는데, 시장경제와 경쟁이 자율화되면서
급격하게 떨어졌습니다. 국가 경제 수준이 높아지고 교육의
기회도 풍부해졌건만 죽고 싶을 만큼 괴로운 사람들이 늘어
간다는 이야기입니다.

대체적으로 지구촌 행복 지수가 높은 나라는 대부분
중남미에 위치한 국가들입니다. 그들은 소위 '잘사는' 나라에
들지 못합니다. 그러나 그들의 낙천적이고 여유로운 성품이
행복을 창출하고 있는 것입니다. 중남미 사람들은 성공을
인생의 최고 목표로 두지 않습니다. 상대를 짓밟아 가면서
이득을 얻겠다는 살인적인 경쟁심보다 가족 중심의 이웃
공동체를 일구면서 더불어 살아가려는 마음이 큽니다.
그들에게는 이야기가 있고 웃음이 있습니다.

사람들은 수많은 이유로 죽기를 결심합니다. 목표를
잃어버리고 행복하지 않기 때문에 죽고 싶은 것입니다.
그들에게는 타인이 함께해 주지 못하는 깊은 고민과 갈등
그리고 형용하지 못할 괴로움이 있습니다. 그러므로 어떤
이유로 죽음을 결심했든, 그들에게는 긍휼과 위로를 받아야
할 자격이 주어집니다. 그리하여 진정으로 우리가 해야 할

일은, 성공을 위해 목표를 세우고 돌진하는 것이 아니라 우리 곁에 있는 사람들과 더불어 어떻게 사랑을 나누어야 할지를 세심하게 살펴보는 것이라고 생각합니다. 어쩌면 담 쌓고 피상적으로만 관계 맺는 이 시대에 가장 필요한 사명이 바로 사랑이 아닌가 싶습니다. 마음을 나누며 사랑하는 것. 더불어 살아가며 서로의 연약함을 이해하는 것. 동일하게 존재하는 죄성을 서로 용서해 주는 것. 그에게 없는 것을 나누어 주는 것. 그렇게 살면서 서로가 서로를 불쌍히 여기며 도와주는 것 말입니다.

오늘 요나도 죽음을 구하고 있습니다. 생명의 주관자 되시는 하나님은 어떻게 반응하실까 생각해 봅니다. 아버지의 마음이시기에 갈기갈기 찢어질 것이라 여겨집니다. "내가 사랑하여 네게 생명을 주고 사명을 주었건만 어찌하여 때가 이르지도 않았는데 죽음을 구한단 말인가" 하실 것 같습니다. 저는 조심스럽게 말씀드립니다. 우리 삶의 목표가 생명의 원천 되신 하나님께 있지 않고 조금이라도 다른 곳에 맞추어 있다면, 사실 죽어야 할 이유는 세상에 얼마든지 많다는 것을요. 엄밀히 말해서 살아갈 이유가 없을 때가 더 많습니다. 우리가 비참해질 만한 이유를 사탄은 끊임없이

공급합니다. "넌 고립되어 있어. 아무도 널 이해하지 않아. 다
너를 비난하고 있고 네가 무너지는 것을 고소해 하고 있어.
아무도 널 받아주지 않는데 살 이유가 있어?"라고 말입니다.
그러나 절대 그렇지 않습니다. 사탄의 목적은 한 가지입니다.
"도둑질하고 죽이고 멸망시키려는 것" 외에는 아무것도
없습니다(요 10:10). 사탄이 죽음으로 유인할 때, 분연히
떨치고 일어나 진리의 음성을 들어야 합니다. 비난과 공격이
빗발칠 때마다 하나님은 그분의 날개 속으로 우리를 감추어
주십니다. 죽음의 재앙이 지나기까지 말입니다.

시편 기자는 이렇게 기록합니다. "주께 피하는 자들을 그
일어나 치는 자들에게서 오른손으로 구원하시는 주여 주의
기이한 사랑을 나타내소서 나를 눈동자같이 지키시고 주의
날개 그늘 아래에 감추사"(시 17:7-8). 눈동자같이 지키신다는
것은 문자 그대로 하나님의 눈이 움직이는 곳에 우리가
머문다는 것입니다. 그분의 눈동자 안에 우리가 머물면서
우리를 위하시는데 누가 우리를 대적하겠습니까!(롬 8:31)
우리를 찌르는 아픔은 주님의 눈을 찌르는 아픔과
동일합니다. 그리하여 우리의 목표는 우리에게 생명을
아낌없이 주신 그리스도 한 분이어야 합니다. 우리의 목표가

주님께만 존재한다면 죽지 말아야 할 이유가 명징해집니다.
오늘 하나님을 부둥켜안아 보십시오. 이내 그분이 먼저
당신을 부둥켜안으셨음을 깨닫게 될 겁니다. 그곳에 자비가
기다리고 있습니다. 죽고 싶은 순간이 우리가 가장 살아야 할
때라는 것을 말씀드리고 싶습니다. 주님을 위해 우리는 각각
걸어가야 할 삶의 길이 있습니다. 일어나 걸어가야 합니다.
주님의 명령을 들으십시오. "쿰 레이크!"

화내는 것이 옳은가

여호와께서 이르시되 네가 성내는 것이 옳으냐 하시니라(욘 4:4)

다시 니느웨의 아침입니다. 요나의 기분이 좀 나아졌는지
궁금하시지요? 한번 그의 얼굴을 찬찬히 바라봅시다. 아,
그는 아직도 화가 많이 나있는 것 같습니다. "내 생명을
거두소서" 했던 요나에게 하나님은 어떻게 응답하실지
궁금합니다. 하나님은 요나에게 대답하시는 대신 조용히
질문을 던지십니다. "네가 성내는 것이 옳으냐"(욘 4:4).
그런데 "옳은가"라고 번역된 이 말은 사실 히브리어로

Day 26

'좋은가'로도 번역할 수 있습니다. 히브리어로 '토브(ṭôb)'는
'좋은'이라는 뜻이 있습니다 그래서 '보케르 토브!(bōqer ṭôb)'
는 히브리어로 '좋은 아침!'이라는 뜻이지요. 그런데 이것이
동사 '야타브(yāṭab)'가 되면 '형통하다, 막힘이 없다, 선하다'
라는 의미를 지니게 됩니다. 하나님의 질문 "옳은가"에
쓰인 단어가 바로 이 야타브입니다. 그래서 문자 그대로
번역하자면 이렇게 될 수 있습니다. "네가 지금 성내는 것이
선하고 형통한 것이 되겠는가(야타브)?" 요나가 화내는 것이
과연 불의를 보고 참지 못하는 의로운 화인지 점검해 주시는
것입니다.
우리도 가끔 화를 냅니다. 화를 내보지 않은 사람은
아무도 없을 것입니다. 화는 육신의 감정 중 하나입니다.
기쁨이 솟으면 웃음이 나오는 것처럼 기분이 상하면 화가
치솟습니다. 그런데 화를 잘못 다스리면 죄로 연결되는
경우가 참 많습니다. 충동적으로 감정을 억제하지 못해
폭발해 버리면 몸뿐 아니라 관계의 상함마저 가져오게
됩니다. 화를 낸 후에 찾아오는 후회와 정신적 고통은 말할
것도 없습니다. 노를 드러내는 것이 어리석다고 잠언에서
지적한바 있지요(잠 29:11).

그런데 사실 모든 화가 나쁜 것은 아닙니다. 오히려 차분하게
준비된 상태에서 우러나오는 의로운 화는 거룩한 분노가
되기도 합니다. 그리고 이런 화는 분명히 우리의 삶에
필요합니다. 그러면 성경에 묘사된 의로운 화에는 어떤 것이
있는지 살펴볼까요?

모세의 경우를 보겠습니다. 모세와 이스라엘 백성이
광야에 머무를 때, 모세는 산으로 올라가 야웨 하나님의
계명을 받습니다. 그리고 증거판 둘도 부여받게 됩니다(출
31:18). 하나님과 오랜 시간을 보낸 모세는 거룩한 영으로
충만했습니다. 시내 산에서 하나님이 나누어 주신 계명도
거룩하고 소중한 것이었습니다. 그런데 은혜로운 시간을
보내고 있는 모세에게 문득 하나님은 산을 내려가라고
명하십니다. "너는 내려가라 네가 애굽 땅에서 인도하여 낸
네 백성이 부패하였도다"(출 32:7). 모세는 영문을 몰랐습니다.
하나님께서 "너희를 내 백성으로 삼고 나는 너희의 하나님이
되리니"(출 6:7)라고 모세에게 약속하셨건만 느닷없이
"네가 인도한 네 백성이 부패하였다"라고 말씀하신 까닭은
무엇일까요? 아마도 하나님의 마음이 몹시 상하여 그러셨던

것 같습니다. 이스라엘 백성이 하나님의 마음을 오죽 아프게 했으면 "내 백성"에서 "네 백성"으로 바뀌었을까요. 마치 손주를 금쪽같이 아끼던 외할머니가 "내 손주, 내 손주" 하다가 딸에게 "네 아이"는 왜 이렇게 말을 안 듣냐 하면서 속상한 속내를 친근히 드러내는 것과 비슷합니다.

그런데 하나님이 "네 백성"이라고 표현하신 것은 또 다른 의미가 있습니다. 이스라엘 백성의 불평을 들으시고 모세에게 그 의미를 전달하기 위해 일부러 그 단어를 고르신 것입니다. 출애굽기 32장 1절을 보면, 이스라엘 백성의 원망이 나옵니다. "백성이 모세가 산에서 내려옴이 더딤을 보고 모여 백성이 아론에게 이르러 말하되 일어나라 우리를 위하여 우리를 인도할 신을 만들라 이 모세 곧 우리를 애굽땅에서 인도하여 낸 사람은 어찌 되었는지 알지 못함이니라."

백성은 모세를 "우리를 인도해 낸 사람"으로 지칭합니다. 하나님은 그런 백성의 표현을 모세에게 고스란히 전달하신 것입니다. 그래서 하나님은 이스라엘 백성이 아니라 모세로부터 큰 나라를 이루시겠다는 엄청난 말씀까지 선포하십니다(출 32:10). 하지만 하나님과 친밀했던 모세는

하나님이 그렇게 행하실 분이 아님을 너무나 잘 알았고,
그래서 진심으로 이스라엘 백성을 대표해 간구합니다.
하나님은 결국 뜻을 돌이키십니다(출 32:14).
그러나 안도의 한숨을 쉬며 산에서 내려오는 모세의 마음은
여전히 가볍지 못했을 것입니다. 자신이 자리를 비운 동안
이스라엘 백성에게 어떤 일이 벌어졌는지 이미 들었기
때문입니다(출 32:8). 모세의 손에는 두 증거판이 들려
있었습니다. 이 증거판에는 하나님이 이스라엘 백성에게
보여 주신 법과 언약이 들어 있었습니다. 애굽의 제도 속에서
살던 노예가 아니라, 법과 언약을 준수하며 살아갈 어엿한
하나님의 백성이 되었다는 증거였습니다. 그 증거판은
모세의 손에 제법 묵직하게 들려 있었습니다.
그런데 백성의 마음이 부패되어 하나님으로부터
멀어졌으니 이를 어쩐단 말입니까. 이스라엘 진영에
가까이 와보니 참담한 광경이 벌어지고 있었습니다. 그들은
금송아지를 만들고 숭상했으며 노래와 춤까지 추고 있었던
것입니다(출 32:6). 부패가 맞습니다. 그들이 거룩을 깨뜨리고
부패해 버렸습니다. 모세는 아마도 그 순간 하나님의 슬프고
답답한 심정을 공감했을 것입니다. 모세는 크게 분노합니다.

이내 증거판들을 산 아래로 던져 깨뜨려 버립니다(출 32:19).
모세의 분노는 무엇입니까? 여러분은 모세의 분노를 어떻게
해석하시는지요. 충동적인 화였을까요? 자신의 감정을
억제하지 못해 하나님이 친히 적어 주신 증거판을 산 아래로
떨어뜨린 것일까요?

혹자는 모세가 순간 분노를 다스리지 못해 이런 돌이킬 수
없는 실수를 저질렀다고 봅니다. 그러나 저는 그렇게 보지
않습니다. 모세의 분노는 즉흥적인 화와 거리가 멀었습니다.
오히려 산에서 내려오는 동안 차분하게 준비된 의로운
분노였습니다. 모세가 증거판을 깨뜨린 것에 중대한 의미가
숨 쉬고 있습니다. 이스라엘 백성이 야웨 하나님 대신
금송아지를 숭상하고 경배할 때 하나님의 언약은 이미
산산조각 났던 것입니다. 중보자 모세는 그의 손에 있던
묵직한 두 증거판이 깨지는 아픔을 가눌 수 없었습니다.
'깨어지다, 끊어지다'라는 상징은 언약을 파기하고 법을
어기는 이스라엘 백성의 상태를 의미합니다.[45]

게다가 모세가 두 증거판을 깨뜨린 장소 역시 의미가
깊습니다. 그는 "산 아래"로 증거판을 던졌다고 했습니다.
그런데 그 산은 어떤 산입니까? 그들이 예배드리는 거룩한

장소였습니다. 아무나 그 장소를 침범하거나 드나들 수
없었습니다(출 19:12). 하나님을 맞이하는 장소이자(출 19:17)
제단을 쌓을 수 있었던 장소(출 24:4)였습니다. 하나님의
음성을 들을 수 있는 특별한 곳(신 4:11-12)이기도 했던 바로
그 장소에서, 모세는 일부러 두 증거판을 깨뜨립니다. 온
이스라엘 백성이 그들이 어떤 죄악을 범했는지 두 눈으로
똑똑히 보아야 했기 때문입니다. 모세의 분노는 하나님의
분노를 드러낸 것이라 생각합니다. 이후에도 모세는
이스라엘 백성과 하나님 사이에서 끊임없이 중재하는
역할을 합니다. 그가 무작정 화를 내는 사람이었다면
목자의 역할을 감당할 수도 없었겠지요. 모세는 지면의
모든 사람보다 온유한 사람이었습니다(민 12:3). 결국 그날의
의로운 분노는 이스라엘과 하나님의 관계를 회복시키는
길로 쓰임받았습니다(참조. 출 32:25-33:14).

예수님도 거룩한 분노를 드러내신 적이 있습니다. 하나님을
섬기는 거룩한 성전에서 재물의 이익을 도모하기 위해
장사를 벌이는 유대인들을 보고 크게 분을 내신 것입니다
(요 2:13-16). 하나님의 성전은 만민이 기도하는 집인데

(사 56:7), 타락한 제사장들이 하나님의 성전에서 부정한
이윤을 탐하며 백성을 착취하고 있었던 것입니다. 백성들은
선택의 여지가 없었습니다. 번제에 바칠 양이나 소,
비둘기 등은 모두 제사장의 승인이 떨어져야 흠이 없다고
판단되기 때문에 제사장의 이권이 개입된 가축 시장을
이용해야 했습니다. 또한 제사드리기 위해 먼 길을 찾아온
유대인들에게는 그들이 가지고 온 외화를 비싼 수수료를
매기면서 성전 화폐로 바꾸어 주었습니다. 이 모든 일이
성전 뜰, 즉 이방인의 뜰에서 이루어졌습니다. 이방인의
뜰은 유일신이자 참 신이신 하나님을 알아가기 위해 성전에
나온 거룩한 이방인들을 위한 장소였습니다. 그런 장소에서
유대인들이 이런 정결하지 못한 행동을 하고 있었으니
찾아 온 이방인들이 얼마나 실족했을까요. 그래서 물질을
주인으로 섬기는 유대인들에게 예수님은 의로운 분노를
터뜨려야 했습니다. 예수님의 거룩한 분노는 하나님의
거룩한 성전을 정결하게 재정비하려는 의로운 화였음을
부인할 수 없습니다.

오늘날 우리 삶에도 거룩한 분노가 필요합니다. 특히 도덕적
경계가 무너지고 영성이 세워지지 않는 이 시대에는 더욱

그렇습니다. 그러나 사실 우리의 현주소는 부끄럽습니다.
솔직히 우리가 화를 내는 대부분의 이유는 거룩한 이유와
거리가 멀기 때문입니다. 우리는 자기중심성, 즉 이기심을
이기지 못해 분을 터뜨립니다. 물론 화내는 것 자체가 죄는
아닙니다. 그러나 화를 내도 죄는 짓지 말아야 합니다.
필요 이상으로 화를 품어서도 안 됩니다(엡 4:26). 왜냐하면
해결되지 않은 화는 사탄에게 틈을 주기 때문입니다(엡 4:27).
또한 부정적이고 불친절한 언사는 우리 안에 계시는
성령님을 근심케 만듭니다(엡 4:29-30). 성령님은 항상 세밀한
음성으로 우리를 인도하시기 때문에, 우리의 목소리가 더
커지면 그분을 훅 하고 꺼뜨리는 결과를 낳습니다. 아무리
화가 나더라도 성령님의 세밀한 지시를 따름으로써 육체의
소욕을 이기고 성령의 열매 맺기를 힘써야 합니다(갈 5:16-26).
오늘 본문에서 하나님은 요나에게 "네가 성내는 것이
옳으냐" 물으셨습니다. 요나의 분노가 거룩한 분노인지
물어보신 것입니다. 요나는 자신의 분노가 적어도 이유가
있는 정당한 분노라고 생각했습니다. 만약 하나님이
"정당한가?"라고 물으셨다면 할 대답이 있었겠으나,
"옳은가, 선한가?"라고 물으시니 대답할 말이 없었습니다.

요나는 화가 나서 영혼의 깊은 뿌리까지 상해 버렸습니다.
그렇습니다. 화를 내면 그 당사자가 가장 먼저 큰 상흔을
입습니다. 화가 불처럼 화내는 당사자를 살라 버리고, 그
옆에 있는 사람까지 삼켜 버립니다. 그래서 화가 지나간
자리에는 언제나 화상火傷이 남습니다. 그렇게 상해 가는
요나를 보시고 하나님은 안타까워하셨습니다. 그래서
요나에게 물으신 것입니다. "네가 화내는 것이 네 영혼에
이로운 일인가?"라고요.
이 질문. 이 날카로운 질문을 오늘 우리도 받아야 할 것
같습니다. 이 질문을 되새기면서 오늘 묵상을 마치겠습니다.
오늘은 우리의 화가 얼마나 의로운 화인지, 그리고 우리가
내는 화가 얼마나 형통하고 선한 것인지 점검하는 하루를
보내도록 합시다. 저는 오늘 에베소서 4장 26-27절을
여러분과 함께 외우려고 하는데요. 외우기 어려운 분들은
여러 번 읽으면서 마음에 새기셔도 동일한 효과가 있습니다.
"분을 내어도 죄를 짓지 말며 해가 지도록 분을 품지 말고
마귀에게 틈을 주지 말라."

악함에서 구원 얻을 때

요나가 성읍에서 나가서 그 성읍 동쪽에 앉아 거기서 자기를 위하여 초막을 짓고 그
성읍에 무슨 일이 일어나는가를 보려고 그 그늘 아래에 앉았더라 하나님 여호와께서
박넝쿨을 예비하사 요나를 가리게 하셨으니 이는 그의 머리를 위하여 그늘이 지게
하며 그의 괴로움을 면하게 하려 하심이었더라 요나가 박넝쿨로 말미암아 크게
기뻐하였더니(욘 4:5-6)

아침부터 더위가 굉장합니다. 그럼에도 성읍에서 동쪽으로
떨어진 이 언덕까지 올라와 주셔서 감사합니다. 이렇게
폭발적으로 햇볕이 내리쬘 때는 조그마한 그늘이라도
아쉬워지는 법입니다. 그런데 이런 뙤약볕 밑에서 지금
요나는 무엇을 하고 있는지 살펴봅시다. 그는 부지런히
오갑니다. 무엇을 하고 있는 걸까요? 으음, 열심히
나뭇가지를 모으고 있군요. 뭘 만들고 싶어 하는 눈치인데

Day 27

아직은 알 수가 없습니다. 땀이 비 오듯 하지만 우리도
그를 도와 함께 나뭇가지를 주워 줍시다. 나뭇가지를 다
모으니 요나가 무엇을 짓기 시작합니다. 아하! 이제야
알 것 같습니다. 그는 열심히 모은 나뭇가지로 초막을
짓고 있었던 겁니다. 요나 실력이 대단하지요? 이렇게
초막을 잘 짓는 것을 보면 역시 그는 유대인 남자입니다.
초막절을 지내는 그들에게 초막 짓는 일은 그리 어려운
일도 아니니까요. 만약 널따란 잎을 덮을 수 있다면 시원한
그늘까지 생겨 최상의 장소가 되겠지만, 요나는 아직 널따란
잎을 덮지는 못했습니다. 초막 나뭇가지에 붙은 나뭇잎들은
빈약하니까요. 곧 정오의 해가 내리쬐면 그나마 있던
나뭇잎마저 말라 버릴 것입니다. 그래도 이런 초막이라도
있는 게 불볕을 막는 데 큰 도움이 됩니다.
그늘이 아쉬운 우리는 요나가 지은 초막에 좀 들어가
앉을까요. 역시 밖에 있는 것보다는 훨씬 낫습니다. 그런데
초막집 주인 요나는 지금 무엇을 하고 있습니까? 그는
초막에 앉아 뚫어져라 니느웨 성읍 쪽을 바라보고 있습니다.
그리고 계속해서 깊은 한숨을 쉽니다. 아무 일도 일어나지
않는 니느웨 성읍을 보며 요나의 마음은 절망스러웠나

봅니다. 홍수도 일어나지 않고, 지진도 일어나지 않고,
불덩이가 하늘에서 떨어지지도 않습니다. 재앙은커녕 '샬롬'
입니다. 니느웨에서 샬롬이 없는 사람은 요나밖에 없습니다.
그는 아직도 하나님께 성을 내고 있는 중이니까요. 지금
자신의 마음도 점검하지도 못하면서 요나는 니느웨 성읍을
바라보기에 여념이 없습니다.

요나는 현재 이 조그만 초막의 집주인이자 니느웨 성읍의
관망자입니다. 얼마 전 하나님께서도 니느웨 성읍을
관망하신 적이 있습니다. 성읍 사람들이 악한 길에서 돌이켜
떠난 것을 보시고 긍휼의 눈으로 그들을 바라보아 주셨지요
(욘3:10). 요나도 회개하고 돌아오는 니느웨를 보았지만
하나님처럼 긍휼의 눈은 아니었습니다. 그런 요나를
하나님도 조용히 관망하고 계십니다. 여러분은 어떤가요?
혹시 초막에 거하면서 세상에 있는 타인을 열심히 관망하고
있지 않은지요. 긍휼의 눈이 아니라 한번 두고 보려는
심산으로 보고 있지는 않습니까? 우리 자신을 점검하지
못한 채 과연 누구의 마음을 점검할 수 있겠습니까. 타인을
바라보며 속상해할 때가 사실은 우리 자신의 마음을 잘
지켜내야 할 때인 것 같습니다. "한번 너를 지켜보겠어.

어떻게 되는지!"라고 중얼거리는 우리가 되지 말고,
관망자의 자세를 뛰어넘어 하나님의 관점으로 사람들을
바라보는 우리가 되길 원합니다.

그나저나 초막은 참 조용합니다. 하나님이 "네가 성내는
것이 옳으냐" 물으셨지만 요나는 그 질문에 그저 침묵하고
있습니다. 하나님도 요나에게 재차 묻지는 않으십니다.
요나와 하나님 사이에는 깊은 침묵이 흐릅니다. 하지만
하나님께서 영원히 관망자로 계시지는 않을 것입니다.
계속해서 사랑하는 요나의 삶에 개입하실 것입니다.
폭풍우로 요나를 잠에서 깨우셨듯, 물고기 배 속에서 육지로
인도하셨듯 말입니다. 하나님의 손은 선지자에게서 떠나지
않을 것입니다.
요나가 며칠을 그렇게 지냈는지 우리는 모릅니다. 그렇지만
초막을 지은 것으로 보아 그곳에 얼마간 정착했던 것만큼은
분명합니다. 그런데 그때였습니다. 이게 웬 고마운
일인지요! 초막 옆에서 박넝쿨이 자라기 시작합니다. 어떤
종류의 박넝쿨일지 궁금하실 것 같습니다. 이 박넝쿨은
히브리어로는 '키카욘(qîqāyôn)'이라고 합니다. 키카욘은

중동지역에서 자주 자라는 넝쿨 종류의 관목인데 자라는
속도가 무척 빠르기로 유명합니다. 하룻밤 사이에
30센티미터씩 자라기 때문에 며칠만 지나면 무성해지지요.
그런데 이렇게 급성장하는 박넝쿨은 세찬 바람이 불거나
벌레가 갉아먹으면 금방 시든다는 특징도 있습니다.[46] 여하간
이 박넝쿨이 잘 자라 주어 요나의 초막을 시원히 덮어 주고
있습니다. 바람까지 살랑살랑 불어서 상쾌함이 더합니다.
니느웨 성읍에서 이런 그늘을 얻을 수 있다는 것이 꿈만
같습니다.
지금 요나를 좀 보십시오. 시원한 그늘을 즐기며 기분 좋다는
듯 눈을 지그시 감고 있습니다. 요나서 묵상을 시작한 후
처음으로 기분이 좋아 보이네요. 그런데 오늘 본문 6절을
보면 하나님이 요나의 괴로움을 면하게 하려고 그의 머리
위에 박넝쿨 그늘을 마련하셨다고 나와 있습니다. 여기서
표현된 요나의 괴로움은 히브리어로 '라아'입니다. 이제 이
단어는 익숙하지요? Day 15에서 살펴본 단어입니다.
6절에서 쓰인 요나의 '라아'는 그의 괴로움과 선하지 않은
마음 상태를 드러냅니다. 하나님은 이런 요나의 '라아'를
면하게 하시려고 그늘을 마련하셨습니다. 구체적으로 어떤

'라아'였을까요? 폭염 때문에 오는 고충을 말하는 것일까요?
아니면 니느웨 성읍이 멸망하지 않고 보존된 것을 지켜보는
분노의 고충일까요? 아니면 이 모든 의미가 상징처럼 이 한
구절에 녹아 있는 것일까요? 여러분의 해석은 어떤 것일지
궁금합니다.

그런데 여기에 쓰인 동사를 살펴보면 해석에 큰 도움이
된답니다. 6절에 쓰인 '면하다'는 사실 단순히 괴로움을 덜어
주려는 의미가 아닙니다. 이때 쓰인 히브리 동사는
'구하다, 구원하다, 건져내다'의 의미를 지닌 '나짤(nâṣal)'
입니다. 이 동사가 쓰인 대표적인 예로 창세기 32장 30절을
들 수 있습니다. 야곱이 에서와 재회하기 직전의 일입니다.
야곱은 얍복 나루에서 가족들과 소유를 먼저 건너가게 한
뒤 홀로 남아 밤을 지내고 있었습니다. 야곱은 형 에서를
만나는 것이 무척 두려웠지요. 그때 하나님의 사람이 찾아와
날이 새도록 야곱과 씨름을 합니다. 들에서 양을 지키던
야곱은 힘이 무척 셌습니다. 그래서 그 하나님의 사람에게
완강하게 저항했습니다. 하나님의 사람은 그가 야곱을 이길
수 없다는 것을 알고 야곱의 허벅지 관절을 쳐서 다리를 절게
만듭니다. 그때 야곱은 떠나려는 하나님의 사람을 붙들고

축복을 구합니다. 그러나 하나님의 사람은 축복하기 전에
그의 이름을 묻습니다. 야곱이 얼마나 정직하게 자신의
현주소를 인정하는가를 묻는 의도였습니다. 그 순간 야곱은
고백합니다. 자신은 '야곱'일 뿐이라고. 발꿈치를 잡은 자,
야곱일 뿐이라고 말입니다. 그의 인생은 자신의 힘으로만
승부를 걸어야 했던 상처 입은 도망자에 불과했던 것입니다.
그때 하나님의 사람은 야곱에게 새 이름을 주십니다.
'이스라엘'입니다. 이스라엘은 '하나님과 겨루어 이기다'
라는 뜻입니다. 그렇지만 누가 하나님과 겨룬다 하여
이길 수 있겠습니까. 자기를 지탱해 주던 상징, 즉 허벅지
관절이 위골된 상태에서 드디어 야곱은 하나님의 힘을
의지할 수밖에 없는 이스라엘이 됩니다. 이스라엘이 된
야곱은 그곳을 '브니엘'(하나님의 얼굴)이라 이름 짓고 이렇게
말합니다. "내가 하나님과 대면하여 보았으나 내 생명이
보전되었도다"(창 32:30). "보전되었도다"라고 표현된 바로
이 부분에서 동사 '나짤'이 쓰였습니다. 즉, 야곱은 이렇게
말한 것입니다. "내가 하나님의 얼굴을 보았으나 내가 죽지
않고 구원(나짤)받았도다." 공포와 죽음으로 치달을 것 같은
순간에 보존되고 건져지는 것이 '나짤'입니다. 이를 염두에

두면서 다시 요나 본문으로 돌아오겠습니다.

그렇다면 이 그늘을 통해 요나를 보존하고 건져
주시려는 구원의 의도가 하나님께 있었음을 알게 됩니다.
무엇으로부터의 구원이지요? 요나의 '라아'로부터! 요나의
마음이 재앙이 내린 듯 고통스러웠기 때문입니다. 그런데
박넝쿨이 만들어 준 그늘 밑에서 시원함을 즐기는 요나를
좀 보십시오. 아까 잔뜩 성을 내면서 잡힌 미간의 주름이
벌써 펴져 있습니다. 앗수르의 태양은 핍박하듯 무섭게
내리쬐는데, 이 박넝쿨이 요나에게 구원의 은신처가 되어 준
것입니다.
박넝쿨은 단지 요나에게 그늘을 마련해 주려고 그날 그렇게
잘 자란 것일까요? 아닙니다. 선하신 하나님이 재앙 같은
고통에서 요나를 구원해 주려고 친히 예비하신 것입니다(욘
4:6). '준비하다'는 히브리어로 '마나'입니다. 이 단어 역시
Day 9에서 살펴본 단어입니다. 저는 그때 하나님의
'예비하심'이 이 짧은 요나서에 네 번(2:1; 4:6,7,8)이나
등장한다고 말씀드렸습니다. 이 단어가 나올 때마다 만물을
통치하시는 하나님이 드러난다고 암시를 드렸지요. 또한

히브리어 동사 마나는 '특별히 선택하다, 지명하다'로 번역될
수 있다고도 설명했습니다.

오늘 본문의 박넝쿨도 마찬가지입니다. 박넝쿨은 바로
이 상황에서 하나님의 뜻을 이루기 위해 선택받은
식물이었습니다. 부름을 받고 요나의 초막에 그늘을 공급한
것입니다. 하나님은 큰 물고기를 예비하셨듯 오늘 박넝쿨도
그렇게 예비하셨습니다. 니느웨의 폭염을 뚫고 자란
박넝쿨은 요나를 증오와 분노로부터 건져 내어, 부름받은
사명의 땅으로 닿게 하는 도구가 될 것입니다. 박넝쿨이 자란
것은 하나님이 "네가 성내는 것이 옳으냐"라고 질문하신
후였다는 것을 잊으시면 안 됩니다. 지금 요나는 초막에서
침묵하고 있는 중입니다. 하나님은 그런 요나의 심정을 이미
잘 알고 계셨지요. 그래서 요나에게 박넝쿨 편지를 보낸
것입니다. 편지 내용은 바로 이런 것입니다.

〈요나에게 보내는 박넝쿨 편지〉

네가 화내는 것이 과연 옳을까? 내가 네게 예비한 박넝쿨을
좀 보려무나. 이 넝쿨로 초막에 시원한 그늘을 얻게 되니 너는

크게 기뻐하고 있구나! 박넝쿨이 괴로움(라아)으로부터 너를
건져 주어 네가 행복하듯이, 죄악 때문에 괴로워하는(라아)
니느웨 성읍이 박넝쿨처럼 예비된 선지자 너 요나를 통해
구원받았을 때 나도 크게 기뻤단다. 내가 박넝쿨을 예비하듯
너를 니느웨 성읍에 예비한 것인데 어찌하여 너는 성을 내는
것이냐. 그게 그토록 싫어하고 분노할 일인지 다시 한 번
생각해 보기를 바란다.

　　　　　　　　- 너를 사랑하는 야웨 하나님으로부터

요나에게 이 박넝쿨 편지가 오늘 도착했습니다. 자, 요나는
하나님께 어떤 답장을 드리게 될까요? 요나의 답장은 내일
알아보기로 하고, 저는 여러분께 한 가지 질문을 드리고
싶습니다. 만일 여러분이 박넝쿨처럼 누군가의 삶에 예비된
존재라면 어떨 것 같나요? 적극적으로 하나님의 사랑과
구원을 전할 수 있다면 우리는 하나님을 기쁘게 해드리는
존재가 될 것 입니다.
여러분과 박넝쿨이 덮인 초막에서 시원한 하루를 보내니 참
좋습니다. 모처럼 시원한 하루였습니다. 그런데 초막에서

쉬는 동안 제가 음료수 한 잔도 대접하지 못했습니다. 그러나
말씀의 생수가 우리 곁에 있습니다. "나를 믿는 자는 그
배에서 생수의 강이 흘러나오리라" 하신 예수님의 말씀을
기억합니다(요 7:38). 생수의 강. 음료수와 비견할 수 없지요.
마르지 않는 말씀의 생수를 날마다 들이킵시다.
니느웨의 초막. 다음 약속 장소로도 괜찮을 것 같습니다.
내일, 넷째 주 마지막 날의 여정을 여기서 여러분과
함께하겠습니다. 꼭 나와 주십시오.

초막이 그의 영구한 집이 아니건만

하나님이 벌레를 예비하사 이튿날 새벽에 그 박넝쿨을 갉아 먹게 하시매 시드니라
해가 뜰 때에 하나님이 뜨거운 동풍을 예비하셨고 해는 요나의 머리에 쪼이매 요나가
혼미하여 스스로 죽기를 구하여 이르되 사는 것보다 죽는 것이 내게 나으니이다
하니라(욘 4:7-8)

오늘은 넷째 주 마지막 여정이랍니다. 여기는 다시 박넝쿨
덮인 초막입니다. 여전히 시원하지요? 니느웨에서 정말 이
장소만큼 매력적인 곳도 드물다고 생각합니다. 그런데 이
장소에 나와 달라고 어제 부탁드려 놓고 저는 오늘 여러분께
죄송스러운 마음뿐입니다. 오늘은 초막을 시원하게 덮어
준 박넝쿨과 작별해야 하는 날이기 때문입니다. 사랑스러운
박넝쿨과 벌써 헤어져야 한다니 좀 아쉽습니다. 그렇지만

Day 28

우리는 여기서 박넝쿨과 같은 축복이 영원히 지속되지는
않는다는 것을 배웁니다. 박넝쿨처럼 귀하게 예비된 사람이
곁에 영원히 존재할 수 없다는 것도요. 아무리 귀한 삶을
살아간다고 해도 우리는 유한한 존재이니까요. 우리는
오늘 피었다 내일 지는 들꽃 같은 존재입니다. 하나님 한 분
외에는 의지할 대상이 아무도 없답니다.

자, 보십시오. 박넝쿨이 죽죽 뻗어 나가며 자랐지만
오늘은 다 사라져 버렸습니다. 박넝쿨이 가져다준 그늘도
사라졌습니다. 우리는 다시 난폭한 햇볕 아래에 서 있어야
합니다. 무성했던 박넝쿨은 어떻게 그리 갑작스럽게 사라져
버렸을까요? 조그만 벌레 탓이랍니다. 느닷없이 벌레가
나타나 박넝쿨의 잎을 야금야금 다 갉아 먹어 버렸지요.
괘씸한 벌레! 그런데 알고 보면 그렇지 않습니다. 조그만
벌레 역시 하나님이 예비하신 것이기에 그렇습니다.
이번에도 요나서 기자는 분명 '예비하다'라는 뜻의 히브리어
동사 '마나'를 사용했습니다. 작은 벌레 하나까지도 하나님이
그분의 섭리 안에서 선하게 다스리신다는 의미입니다.
따라서 벌레는 요나의 초막을 덮은 박넝쿨을 그분의 뜻에
따라 충실히 갉아 먹은 것뿐입니다. 그러니 그 조그만 벌레가

비난을 받을 이유는 전혀 없지요.

이 곤충은 아마도 뿌리를 잘라 먹는 야도충류로 추측됩니다. 식성이 아주 좋은 벌레이지요. 그런데 '갉아 먹다'라고 오늘 본문 7절에 나온 이 동사는 단순히 오물오물 먹었다는 의미가 아닙니다. 이 동사는 히브리어로 '나카(nākâ)'인데 '치다, 일격을 가하다'라는 공격의 뜻이 있습니다. 한번 소리 내어 재빨리 "나카, 나카!" 해보십시오. 마치 힘 좋은 권투 선수가 상대에게 날쌔게 어퍼컷을 날리는 이미지가 그려집니다. 벌레는 그렇게 박넝쿨에 일격을 가하듯 달려든 것입니다. 작은 벌레 군대의 습격으로 보셔도 틀리지 않습니다.

이 작은 벌레의 출현으로 요나의 즐거움 역시 와장창 무너지고 맙니다. 박넝쿨이 시들자 시원한 그늘이 사라지고 앙상한 초막만 남았습니다. 아직은 새벽이지만(욘 4:7) 곧 해가 떠오를 것입니다. 저 폭군 같은 앗수르의 햇살을 어떻게 견뎌 낼지 겁이 날 정도입니다. 조그만 벌레의 존재가 요나의 기쁨과 유일한 보호막을 흔들 줄이야….

멸망했어야 할 니느웨 성읍은 여전히 건재했지만, 요나는 그렇지 않았습니다. 아니나 다를까, 야속하게도 해가 곧

중천에 떠올랐습니다. 큰일입니다. 설상가상으로 온몸을
바짝 말리는 동풍까지 불어오고 있습니다. 이를 어쩌지요?
공격에 공격입니다. 요나는 아무런 방어막 없이 열풍의
공격을 맞으며 그곳에 서있습니다. 이 동풍은 아주 무서운
바람입니다. 마치 직통으로 열을 받는 것처럼 뜨겁기 때문에
정신까지 혼미해진다고 합니다. 실제로 실신하거나 죽는
사람이 허다하다고 하지요. 그런데 8절 "해는 요나의 머리에
쪼이매"에서 '쪼이다'라는 동사 역시 작은 벌레가 박넝쿨을
'갉아 먹다'에 사용된 '나카' 동사가 쓰입니다. 요나는 공격을
당하다 못해 곧 쓰러질 것 같습니다. 마치 적에게 사방으로
포위되어 있는 느낌입니다. 요나가 의지하고 있는 것은
앙상한 초막밖에 없습니다.

여러분은 어쩌면 배낭에 간직해 둔 '바이블 랜드 프리 라이드
티켓'으로 여기를 빠져 나가고 싶으실지 모르겠습니다. 어디
시원한 곳으로 말입니다. 그러나 시원한 곳으로 간다 해도 이
티켓은 '왕복 티켓'이므로 다시 뜨거운 열풍이 부는 이곳으로
돌아와야 합니다. 그러니 힘들어도 조금만 참아 주십시오.
'나감과 들어옴'의 상징과 더불어 언젠가 이 티켓을 사용할
날이 온답니다. 아직은 배낭 안에 꼭꼭 간직해 주십시오.

괴로움 가운데 있는 요나와 계속 함께하기로 합시다.
요나는 이 고통에 어떻게 대처할까요? 8절 후반부입니다.
"사는 것보다 죽는 것이 내게 나으니이다." 실망스럽게도
이것이 요나서에 기록된 선지자의 마지막 기도입니다.
스올의 뱃속에서 담대히 기도한 그의 영성은 어디로
가버린 것일까요? 지금 요나는 구원받은 니느웨 성읍에서
차라리 죽음을 택하겠다고 기도합니다. 요나의 기도는
이런 뜻입니다. "하나님, 도대체 왜 이러십니까? 왜 저를
향하여 '나카, 나카' 하십니까! 저는 항복 못합니다….
차라리 죽이십시오!" 선지자가 선택한 결론은 삶이 아니라
죽음이었습니다. 순응과 받아들임이 아니라 거부와
분노였습니다.
이런 선지자의 모습에서 우리는 묘한 대조를 발견합니다.
그동안 하나님께서 예비하신 물고기와 박넝쿨과 벌레와
동풍은 그 크기와 종류에 상관없이 철저하게 하나님의 뜻에
순종했습니다. 그들은 모두 주님의 뜻에 항복했습니다. 그뿐
아닙니다. 1장에 나오는 이방인 선원들이나 메시지를 받고
회개한 이방 니느웨 성읍 역시 하나님께 주저 없는 순종을
드러냈습니다. 그런데 딱 한 사람, 요나만 하나님께 온전히

쓰임받기를 저항하고 있는 것입니다. 선택받은 유대인
선지자 요나만 갈등하고 있다는 사실이 대조적입니다.
요나를 스쳐간 것들은 모두 적극적으로 하나님을
붙들었는데, 요나 당사자만 지금 하나님 앞에 가장 수동적인
사람으로 남아 있습니다.

사실 지금 죽음을 구하는 요나의 모습이 낯설지 않습니다.
그는 이미 제비에 뽑혀 죽음의 운명에 놓인 적이 있었고
(욘 1장), 실제 스올에 내려간 죽음을 경험했으며(욘2장), 이미
한 번 하나님께 죽기를 구한 적이 있기 때문입니다(욘 4:3).
요나는 능동적인 삶을 갈망하는 선지자가 아니라, 늘
수동적으로 죽음을 택하는 우울한 선지자처럼 보입니다.
그런데 저는 조금 의아합니다. 지금이라도 고향으로 돌아가
버리면 그만인데, 왜 요나는 니느웨 언덕 초막집을 떠나지
않고 죽겠다고 하는지 말입니다. 니느웨에서의 임무는
이미 끝난 상태입니다. 메시지를 다 전달했고 어떤 결과가
벌어졌는지도 똑똑히 보았습니다. 어떻게 보면 그는 이미
고향으로 돌아갈 자격이 충분히 있었습니다. 그저 하나님께
"돌아가게 해주십시오" 하면 되었습니다. 그럼에도 요나는
끝끝내 그의 초막을 떠나지 못합니다. 여러분도 어떤 내막이

있는지 궁금하지 않으십니까? 이 궁금증은 마지막 다섯째 주 여정에서 함께 풀어 보려고 합니다. 앞으로 3일만 저와 만나면 작별을 해야 합니다. 작별. 이 단어를 그동안 아껴 왔는데, 막상 말하고 나니 뜨거운 동풍이 부는 이 언덕에서 몹시 섭섭함을 느낍니다. 이 언덕에 서있는 요나와 저를 다음 주에도 다시 만나러 와주십시오.

다섯째 주 여정

새 처 럼 !

비둘기 요나

하나님이 요나에게 이르시되 네가 이 박넝쿨로 말미암아 성내는 것이 어찌 옳으냐
하시니 그가 대답하되 내가 성내어 죽기까지 할지라도 옳으니이다 하니라(욘 4:9)

안녕하세요! 마지막 주에 접어들었습니다. 니느웨
언덕에서의 뜨거운, 그렇지만 여전히 좋은 아침입니다.
오늘은 비둘기 요나 이야기로 묵상을 시작하려고 합니다.
비둘기라…. 왠지 느닷없다는 생각이 드시지요. 그렇지만
저는 이미 Day 8에서 요나가 선원들의 손에 바다에 던져질
때 이런 설명을 드린 적이 있습니다. "그대가 새라면 바다에
빠지지 않고 날아갈 텐데…" 선장이 마음속으로 이렇게

Day 29

되뇌었을지도 모른다고 했습니다. "내가 정말 새라면!"
요나도 이렇게 생각했을 것 같다고 상상해 보았고요. 그때
새의 이미지를 떠올린 이유가 있습니다.

히브리어로 '요나(yônā(h))'는 '비둘기'라는 뜻입니다. 네,
그렇습니다. 요나는 비둘기랍니다. 히브리어로 '아나
('nh)'라고 하면 '낮추다, (고생시키며) 겸비케 하다'라는
뜻이 있는데, 이 단어는 참고로 신명기 8장 16절에 쓰인
단어입니다. "네 조상들도 알지 못하던 만나를 광야에서 네게
먹이셨나니 이는 다 너를 낮추시며 너를 시험하사 마침내
네게 복을 주려 하심이었느니라." 여기에서 "낮추시며"에
쓰인 단어가 '아나'입니다. 그래서 혹자는 '아나'에서 '요나'
라는 단어가 파생되지 않았을까 추측하기도 합니다. 어느
정도 수긍이 되는 이유는 '겸비케 되고 낮아지게(아나)' 되는
것이 비둘기라는 새가 성경에서 묘사되는 맥락과 비슷하기
때문입니다(겔 7:16; 나 2:7).

여하간 비둘기와 요나는 무척 닮아 있습니다. 비둘기는
시속 90킬로미터로 쉬지 않고 800-1,000킬로미터까지 날 수
있는 장거리 비행에 뛰어난 새입니다. 하지만 이런 비행에
뛰어나기에 '도망'에도 능한 것이 비둘기입니다. 비둘기는

맹금류의 공격이나 위험한 사태가 벌어지면 재빨리
달아나거나 숨는 특징이 있습니다. 그래서 그런 이미지로
비둘기가 성경에서도 자주 사용되었지요(시 55:5-7). 요나서
1장에 요나가 하나님의 얼굴을 피해 다시스로 도망간 모습은
그야말로 멀리멀리 날아가 광야에 숨는 비둘기 같았습니다.
하나님의 개입이 없었다면 아마 비둘기 요나는 장거리
비행을 계속해서 다시스에 도착하고도 남았을 것입니다.
그런데 비둘기는 겁이 많아서 두려움에 잘 떠는 새이기도
합니다(호 11:11). 두려움이 많아서 수동적이고 소극적입니다.
요나 비둘기도 다시스로 향하는 배에서 자신의 운명을
제비에 맡겨 버린 수동적인 인물입니다. 정말 비둘기와
비슷하지요. 지금 우리가 함께 묵상하고 있는 4장에서도
마찬가지입니다. 요나는 "성이 나 있다"라고 간접적으로만
묘사하고 직접적으로 하나님께 대놓고 자기의 마음을
표현하지 않습니다. 입만 뾰로통해서 침묵하고 한탄하는
것이 비둘기입니다. 그러다 보니 비둘기가 온유와 평화의
상징이 된 것이기도 하지요.
실제로 비둘기 요나는 고국에 있을 때 이스라엘이 영토를
회복할 것이라는 평강의 소식을 왕에게 전한바 있습니다

(열하 14:25). 그것은 이스라엘의 고난이 깊은 것을 보시고
하나님이 긍휼히 여기신 까닭이었다고(열하 14:26) 여러분께
나누었습니다. 그런 좋은 소식만 고국에 전하고 싶었던
비둘기 요나였기에, 니느웨 성읍에 가서 "무너진다!"라고
외치기 꺼려했음도 이제야 이해가 됩니다. 그러면 비둘기
요나를 더 잘 알아 가기 위해 성경에서 비둘기가 처음으로
등장하는 장면으로 가보겠습니다.

노아의 일화입니다. 창세기 8장에 나오는 노아의 일화와
선지자 요나의 이야기가 무슨 관련이 있겠나 싶으시겠만
그렇지 않습니다. 노아의 이야기를 잘 읽으면 요나를
이해하는 데 상당히 도움이 됩니다. 노아가 방주에서 홍수가
그쳤는지 알아보기 위해 가장 먼저 까마귀를 보낸 것을
기억하시지요. 까마귀를 보냈더니 "날아 왕래하였더라"
라고 기록되어 있습니다(창 8:7). 그러면 물이 아직 빠지지
않았다는 것인데 노아는 무슨 연유인지 곧바로 비둘기를
다시 내보냅니다(창 8:8).

그런데 보십시오. 노아의 방주는 아라랏 산에 머물렀다고
했습니다(창 8:4). 노아가 창문을 열고 지면에 물이 말랐는지
충분히 확인해 볼 수 있었다는 이야기입니다. 그럼에도

노아가 까마귀를 처음으로 내보낸 데는 어떤 이유가 있지 않았을까요? 맞습니다. 이유가 있었습니다. 실질적인 이유가 있고, 하나님의 계획을 가늠해 볼 수 있는 숨은 이유도 있습니다. 그러나 오늘 묵상에서는 실질적인 이유만 먼저 말씀드리려고 합니다. 숨은 이유도 다음에 꼭 말씀드리겠습니다.

실질적인 이유는 이렇습니다. 까마귀가 잡식성 새였기 때문입니다. 잡식성인 데다가 소화력까지 좋아서 아무리 커다란 동물 사체라도 여러 까마귀가 달려들면 감쪽같이 먹어 치웁니다. 그렇다면 노아가 까마귀를 먼저 내보낸 이유는 자명해집니다. 그는 물이 마른 정도뿐 아니라 지면의 상태가 어떤지 알고 싶었던 것입니다. 창문으로 내다보아서는 그런 자세한 상황까지 알기 힘들었습니다. 지면에 동물 사체들이 있다면 까마귀는 먹이를 찾아 떠날 것입니다. 그러나 까마귀가 물이 마르기까지 날아 왕래만 했다고 기록된 것으로 보아(창 8:7), 아직 방주에서 나올 만큼 물이 마르지는 않았다는 뜻입니다.

그런데 노아는 이번에 비둘기를 내놓습니다. 까마귀와 달리 비둘기는 장거리 비행 능력이 있습니다. 그러나 그것 때문에

비둘기를 내보낸 것은 아니었습니다. 비둘기는 무작정
날아다니는 새가 아닙니다. 비둘기는 반드시 목적지를 향해
날아갑니다. 그리고 그 목적지에 도달하고 나면 반드시
집으로 돌아옵니다. 비둘기 눈에는 자성을 띤 물질이 있어서
방향감각이 무척 뛰어납니다. 그래서 어느 장소, 어느
환경에서도 집을 찾아 회귀하는 놀라운 능력을 보유하고
있지요. 이를테면 비둘기 몸은 태어날 때부터 네비게이션이
장착된 셈입니다.

노아가 처음 내놓은 비둘기는 오랫동안 날아다니다가 그냥
노아의 방주로 돌아왔다고 기록되어 있습니다(창 8:9). '방주'
로 돌아왔다는 것에 의미가 있습니다. 7일을 기다려 다시
비둘기를 내놓았을 때 비둘기는 감람나무 새 잎사귀를 물고
방주로 다시 돌아왔다고 했습니다(창 8:11). 여기서 감람나무
새 잎사귀를 물고 온 것도 역시 연유가 있습니다. 실질적인
이유가 있고 하나님의 계획을 깨달을 수 있는 숨은 이유가
양면에 맞물려 있습니다. 오늘은 아까와 마찬가지로 실질적
이유만 말씀드리려고 합니다.

비둘기는 어디에 머물든지(바위 협곡이나 절벽에 거할
수밖에 없는 상황이라고 해도) 반드시 보금자리, 즉 둥지를

트는 습성이 있습니다(참조. 렘 48:28; 아 2:14). 다시 내보낸
비둘기가 감람나무 새 잎을 물고 온 것은 그 비둘기가 방주에
둥지를 트고자 했다는 증거입니다. 다시 7일을 기다려
노아가 세 번째로 비둘기를 내놓았습니다. 그런데 이번에는
비둘기가 돌아오지 않았다고 기록되어 있습니다(창 8:12).
아니, 반드시 돌아와야 할 비둘기가 왜 오지 않았을까요?
더 의아한 것은 비둘기가 돌아오지 않자 노아가 드디어
안심하고 방주 문을 열었다는 사실입니다(창 8:13). 그는
무엇을 확신했기에 방주에서 용감하게 나왔을까요? 이유는
이렇습니다. 세 번째 방주에서 내보냈을 때 비둘기는 드디어
집을 찾아 회귀한 것입니다. 일시적 거처인 방주가 아니라
본래 집으로 돌아간 것입니다. 비둘기의 회귀 본능입니다.
그래서 노아는 안심하고 나올 수 있었던 것입니다. 노아도
이제 고향집으로 돌아갈 수 있었습니다.

자, 이제 비둘기 요나와 다시 만납시다. 요나도
마찬가지입니다. '초막'은 히브리어로 '숙카(sŭkkā)'입니다.
이름의 유래는 야곱이 에서와 재회한 후 자신의 가축을
위해 '우릿간(숙곳)'을 지은 데서 기인합니다(창 33:17).

그래서 유대인의 초막절을 '숙곳'이라 부르기도 하지요.
그런데 '숙카'는 '보금자리' 혹은 '새 둥지'라는 뜻도
있답니다. 요나는 니느웨 성읍에서 빠져나와 언덕에 올라가
임시적으로 거할 초막을 지었습니다. 그 '숙카(둥지)'를 짓고
비둘기 요나는 탄식하며 애통해했습니다. 마치 비둘기가
둥지에서 울듯 말입니다. 그런데 비둘기 요나는 그곳에서
한탄하면서도 다시 고향집으로 돌아가지 않습니다. 회귀
본능의 억제입니다. 그는 오히려 죽음을 선택합니다. 차라리
그곳에서 가여운 비둘기처럼 죽겠다고 선언합니다.
이유가 있습니다. 비둘기는 자기가 안전하다고 생각하지
않으면 아무리 임시적인 거처라도 떠나는 법이 없기
때문입니다.[47] 차라리 그곳에서 죽기를 선택합니다. 비둘기
요나는 자신이 지은 초막을 그래서 떠날 수 없었습니다.
불안했기 때문입니다. 그때 하나님은 다시 비둘기 요나에게
질문을 던지십니다. 오늘 본문 9절입니다. "네가 이 박넝쿨로
말미암아 성내는 것이 어찌 옳으냐." 이 질문, 우리 귀에
익숙하지 않습니까? "네가 성내는 것이 옳으냐"의 좀더
구체적인 질문입니다. 요나는 그동안 일관했던 분노의
침묵을 깨고 이렇게 반응합니다.

"내가 성내어 죽기까지 할지라도 옳으니이다."

드디어 비둘기 요나가 수동적이고 소극적인 태도를 깨고
하나님 앞에서 직설적으로 자신의 감정을 드러냅니다.
그런데 이것도 비둘기의 특성이랍니다. 비둘기는 줄곧
날다가도 외부 요인이 위협을 가한다고 느끼면 갑자기
역비행하여 공격적으로 날아가는 특징이 있습니다.[48] 비둘기
요나도 박넝쿨과 벌레와 뜨거운 동풍으로부터 위협을
받고 있는 상황이었습니다. 그래서 갑자기 역비행하여
소극적이었던 태도를 떨구고 하나님 앞에 직설적인 분노를
드러낸 것입니다. 비둘기 요나의 대답입니다. "내가 성내어
죽기까지 할지라도 옳으니이다." 요나의 대답은 간단해
보이지만 그 안에 숨어 있는 요지는 전혀 간단하지 않습니다.
하나님이 "성내는 것이 옳은가(선한가)?"라고 물으셨는데
요나는 "성내는 것이 정당하다"라고 대답했습니다. 둥지에서
죽어 가듯 한탄하는 요나의 대답을 제가 다시 풀어서 적어
보겠습니다.

네, 성이 납니다! 긍휼을 보일 만한 자에게 긍휼을 보이셔야지,
잔인무도한 앗수르 니느웨 백성에게 긍휼을 보이셨다가

나중에 어떻게 될 줄 누가 알겠습니까! 함부로 베푼 자비가
오히려 위험의 가능성을 낳는다는 것을 모르십니까? 지금도
잔인하기로 악명 높은 앗수르인들이 후에 이스라엘을 어떻게
무참히 짓밟을 것인지 모르신단 말입니까? 악이 창일한 니느웨
성읍을 향해 '40일이 지나면 무너진다'고 외치라고 하시고선
그들이 회개하니까 이렇게 마음을 돌이키시니 섭섭하기
짝이 없습니다. 제가 그럴 줄 알아서 처음부터 니느웨에 오지
않으려고 했던 것입니다.

저는 지금 혼란스럽습니다. 니느웨 사람들이 제 동포에게
행할 그 무시무시한 행동을 용서하실 수 있단 말입니까?
하나님께서는 저 니느웨 성읍이 뭐가 그렇게 아까우십니까?
저렇게 무도한 백성은 구원할 가치가 없습니다. 저는 차라리
방금 시들어 버린 박넝쿨이 니느웨 성읍보다 더 아깝습니다.
그래서 지금 제가 성내어 죽는다고 해도 정당하고 또 정당한
것입니다!

바로 이것이 요나의 깊은 속마음이었습니다. 요나는
하나님이 니느웨 성읍에 너무 쉽게 은혜를 베푸시는 것처럼
느껴졌습니다. 그리고 선지자 요나를 향해서는 (마치

박넝쿨이 급작스럽게 사라지듯) 너무 쉽게 은혜를 거두시는 것
같았습니다. 요나가 죽고 싶었던 이유는 하나님의 공의가
아니라 '은혜' 때문이었습니다. 4장 첫머리에서 요나는
하나님이 이방인에게 베푸시는 은혜의 법칙을 관찰하면서
죽고 싶었습니다(욘 4:1-3). 그러나 박넝쿨이 사라지고 동풍이
불어와 뜨거운 해가 무자비하게 내리쬐자, 요나는 은혜없이
사는 것이 얼마나 견딜 수 없는가를 깨닫습니다. 하나님이
은혜를 거두어 가신다면 도저히 살아갈 수 없기 때문입니다.
그래서 그는 또한 죽고 싶었습니다(4:7-8).
여러분은 어떠십니까. '나에게 임해야 할 은혜가 왜 그들에게
임하는가?' 하면서 마음이 상하신 적 없으신지요. 내가
꺼리는 타인에게 값없는 은혜를 베푸시는 하나님을 보며
상처받으신 경험은 없습니까. 미워하는 누군가가 나보다
흡족한 은혜를 누리고 있으면 우리는 은혜의 빈곤을
상대적으로 더 많이 느끼며 괴로워합니다. 내가 닥친 상황만
절실하고 타인이 겪는 어려움은 덜 절실하다고 생각합니다.
내 은혜에만 집중하다 보면 아무리 은혜를 많이 받아도
깨닫지 못하는 사람이 되어 갑니다. 그리고 스스로가
판결자가 되어 '긍휼을 입을 만한 자'와 '긍휼을 입으면 안

되는 자'를 구분합니다. "못된 행동을 하고 다닌 저 사람이
뭐가 불쌍해!" 하면서 등을 돌립니다. 그러나 생각해 보면
정작 우리 자신도 하나님의 은혜 없이는 살아갈 수 없는
연약한 존재입니다. 우리 가운데 예외는 아무도 없습니다.
사랑하는 여러분, 은혜를 망각하지 않는 사람이 은혜
충만한 사람이라는 것을 기억합시다. 지금 당신이 있는 곳은
어디입니까. 혹시 니느웨 성읍에서 북동쪽 떨어진 언덕 같은
곳입니까. 아니면 뜨거운 동풍이 부는 사막 같은 곳입니까.
여러분이 어떤 자리에 있는지 저는 모릅니다. 그러나 그곳에
거할 수 있음마저 하나님의 은혜라는 것을 고백하는 성숙한
분들이 우리 가운데 있음을 믿습니다. 그런 흔들리지 않는
믿음이 은혜 망각을 거부하고 은혜 충만을 보장합니다. 저도
오늘은 제가 있는 자리에서 그런 고백을 하나님께 드리려고
합니다. '여기는 정말 지긋지긋해. 공격에 공격을 당하는
이런 곳은 떠나 버려야 해!' 하는 생각이 들 때, 바로 그곳에서
은혜를 베푸시는 하나님, 바로 그곳에서 영광받으시는
하나님을 바라며 감사를 회복하렵니다. 은혜…. 주님의
은혜는 언제나 족합니다. 모자랐던 적은 한 번도 없습니다.
오늘은 여기까지 묵상하겠습니다. 이 언덕에 올라오는 것도

내일이면 마지막입니다. 내일 이 언덕에서 비둘기 요나에게
회답하시는 하나님의 마지막 음성을 듣겠습니다. 그분의
음성을 듣고 나서 저는 여러분을 특별한 곳으로 데려가려고
합니다. 요나서 묵상 여정이 거의 막바지에 이르렀습니다.
힘겨운 여정을 포기하지 않고 함께 와주신 여러분이 제게는
참 소중합니다. 아쉬운 마음을 다 표현할 수가 없습니다.
내일 뵙겠습니다.

신의 '후쓰'

여호와께서 이르시되 네가 수고도 아니하였고 재배도 아니하였고 하룻밤에 났다가
하룻밤에 말라 버린 이 박넝쿨을 아꼈거든 하물며 이 큰 성읍 니느웨에는 좌우를
분변하지 못하는 자가 십이만여 명이요 가축도 많이 있나니 내가 어찌 아끼지
아니하겠느냐 하시니라(욘 4:10-11)

아침에 언덕을 올라오느라 애 많이 쓰셨습니다. 니느웨에서
이곳만큼 뜨거운 곳도 없을 겁니다. 그러나 말씀드렸다시피
이곳에 올라오는 일은 오늘이 마지막입니다. 오늘은
직접적으로 분노를 표출한 비둘기 요나에게 하나님이
응답을 주시는 날입니다. 함께 들어 보겠습니다. "네가
수고도 아니하였고 재배도 아니하였고 하룻밤에 났다가
하룻밤에 말라 버린 이 박넝쿨도 아꼈거든 하물며 이 큰 성읍

Day 30

니느웨에는 좌우를 분변하지 못하는 자가 십이만여 명이요.
가축도 많이 있나니 내가 어찌 아끼지 아니하겠느냐"(욘 4:
10-11).

수사적 질문입니다. 대답이 필요 없는 질문으로, 하나님이
그들을 아끼신다는 것이 요지입니다. 요나서는 이렇게
열린 결말로 끝나 버립니다. 그럼 우리도 여기서 헤어져야
할까요? 그렇다면 너무 허무할 것 같습니다. 그런데 그렇지
않답니다. 우리의 여정은 아직 끝나지 않았습니다. 열린
결말로 끝나는 책일수록 저자가 독자들에게 더 많은 참여를
기대합니다. 이제 우리가 이 요나서를 마무리해야 할 책임을
부여받은 것입니다. 그래서 지금부터는 여러분의 적극적인
참여가 필요합니다. 끝까지 함께해 주십시오.

본문으로 돌아가겠습니다. 하나님은 요나가 무성히
번졌다가 하룻밤 사이에 말라 버린 박넝쿨을 아꼈다고
말씀하셨습니다(욘 4:10). 이때 사용된 '아끼다' 동사는
히브리어로 '후쓰(ḥûs)'입니다. '후쓰'는 '불쌍히 여기다,
아끼다'라는 뜻입니다. 아끼기 때문에 측은히 여기는
것입니다. 어리고 연약한 아기를 보살피며 측은히 여기는
어미의 심정입니다. 박넝쿨은 요나에게 시원한 그늘을

제공했습니다. 그런데 벌레가 하룻밤 사이에 박넝쿨을 모두
갉아 먹어 말라 버린 것입니다. 요나는 박넝쿨이 측은하고
아까웠습니다. 하나님은 그 박넝쿨에 빗대어 요나에게
"그렇다면 니느웨 성읍은 내게 어떤 존재겠느냐"라고
물으셨던 것입니다.

다시 들어 보겠습니다. "하물며 이 큰 성읍 니느웨에는
좌우를 분변하지 못하는 자가 십이만여 명이요 가축도 많이
있나니 내가 어찌 아끼지 아니하겠느냐"(욘 4:11). 박넝쿨을
땅에 심고 재배한 분은 하나님입니다. 그것이 초막 옆에서
쑥쑥 자라 주어 요나의 보금자리를 시원하게 감싸 준
것이지요. 그런데 박넝쿨이 시들자 요나는 아깝게 여겼고
(후쓰) 그 박넝쿨이 사라지자 성이 났습니다. 그런데 지금
니느웨 성읍을 보십시오. 하나님이 친히 흙으로 빚어 생기를
불어 넣은 12만여 명의 사람이 있습니다. 박넝쿨과 비교도
되지 않는 수많은 사람입니다. 그들을 하나님께서 불쌍히
여기지(후쓰) 않겠냐는 것입니다. 더욱이 그 사람들은
"좌우를 분변하지 못하는" 사람들이라고 했습니다(욘 4:11).
무슨 뜻일까요? 이 부분을 설명하기 위해 잠시 신명기 4장
5-6절을 살펴보겠습니다.

"내가 나의 하나님 여호와께서 명령하신 대로 규례와 법도를
너희에게 가르쳤나니 이는 너희가 들어가서 기업으로
차지할 땅에서 그대로 행하게 하려 함인즉 너희는 지켜
행하라 이것이 여러 민족 앞에서 너희의 지혜요 너희의
지식이라 그들이 이 모든 규례를 듣고 이르기를 이 큰 나라
사람은 과연 지혜와 지식이 있는 백성이로다 하리라."
여기에서 "이것이 여러 민족 앞에서 너희의 지혜요 너희의
지식이라"라는 부분이 '좌우를 분변하는 지혜'입니다. 분변의
지혜는 말씀, 즉 토라를 배우고 듣고 묵상하는 가운데
생깁니다(시 19:7; 119:66). 요나는 이스라엘 선지자이기에
토라에 능했습니다. 그는 좌우를 분변하는 지혜의 백성이란
뜻입니다. 그런데 지혜 있는 백성이 지혜 없는 백성을
불쌍히 여기지(후쓰) 않는다면, 그것은 교만입니다. 그런
지혜는 아무 열매를 맺지 못하는 위선적인 지혜일 뿐입니다.
거짓 지혜에는 감동이 없습니다. 머리에만 있고 마음으로
내려가지 않는 지혜이기 때문입니다.
저는 '후쓰'라는 단어를 조금만 더 묵상해 보려고 합니다.
'불쌍히 여기다, 아깝게 여기다'의 뜻을 갖는 이 동사는
절대로 우리의 '눈'과 분리되어서는 안 되는 단어입니다.[49]

보지 않으면 측은함을 느낄 수 없기 때문입니다. '후쓰'는
신의 진정한 긍휼이 묻어나는 단어입니다. 하나님의
눈에 측은함이 맺히면 그분의 눈에서 고귀한 눈물이
떨어집니다. 눈동자에 맺히는 영상이 너무나 측은해서
눈물을 흘리십니다. 우리도 마찬가지입니다. 눈물에는 지적
능력이나 고도로 훈련된 정신 무장 같은 것이 필요 없습니다.
내 눈에 보이는 존재가 불쌍하게 느껴지면 눈물이 떨어지는
것입니다. 하나님은 회개하며 돌아오는 니느웨 성읍을
보셨고, 그래서 그들을 불쌍히 여기며 눈물 지으셨습니다.
'후쓰' 하셨다는 것입니다. 그래서 인간의 '후쓰'는 하나님의
'후쓰'와 다릅니다. 어제도 말씀드렸지만 우리는 누구를
불쌍히 여길지 스스로 판단하려고 합니다. 그러나 긍휼하신
하나님 앞에서는 모두가 불쌍히 여김을 받을 만한 자입니다.
그나저나 여기는 몹시 덥군요. 숨이 턱턱 막힙니다.
아무래도 여러분을 모시고 특별한 장소로 가야 할 것
같습니다. 이곳과는 달리 선선한 곳입니다. 준비되셨습니까?
옆에 분들의 손을 잡으십시오. 우리는 지금 예수님께서
기도하셨던 장소, 감람산 아래에 있는 겟세마네 동산으로
가려고 합니다. 어떻게 이 니느웨 언덕에서 겟세마네

동산까지 그렇게 빨리 갈 수 있냐고요? 잊지 않으셨으리라
믿습니다. 여러분의 배낭 안에 '바이블 랜드 프리 라이드'
왕복 티켓을요! Day 2에서 스불론 지파의 축복을
받으신 기념으로 제가 드린 선물입니다. 오늘 드디어 그
티켓을 사용하려고 합니다. 티켓을 내고 여기 이 병거에
올라타십시오. 이곳에 올라탄 여러분 가운데 구원에서
열외된 사람은 한 명도 없습니다. 구원 병거입니다. 자, 함께
가겠습니다!

바로 여기입니다. 감람산 아래의 겟세마네 동산. 이곳은
벌써 저녁이 되었군요. 니느웨 언덕과는 달리 정말 선선한
곳입니다. 오길 잘했습니다. 저녁 바람이 살랑살랑 불어
걷기에도 참 좋습니다. 나무가 많아서 이런 시원한 바람이
부나 봅니다. 감람산은 감람나무가 많아서 그렇게 이름
붙여졌습니다. 이곳 주민들은 감람나무 열매를 꾹 눌러서
기름을 짜냅니다. 그래서 '겟세마네'라는 뜻은 '기름을
짜내는 곳'_{oil press}입니다. 그런데 우리는 이곳에서 꼭 만나야 할
사람이 있습니다. 저기 무릎을 꿇고 간절히 기도하고 계시는
분인데요. 맞습니다. 예수님입니다.

예수님은 오늘 몇몇 제자들과 함께 기도하기 위해 이곳에
오셨습니다. 멀지 않는 곳에 베드로와 요한 그리고 야고보도
보입니다. 아유, 그런데 그들은 무척 지쳤는지 잠이
들었습니다. 예수님은 십자가 고난을 앞두고 "힘쓰고 애써
더욱 간절히 기도하시니 땀이 땅에 떨어지는 핏방울같이"(눅
22:44) 되고 있는데 말입니다. 예수님은 온몸의 진액을 짜내듯
겟세마네에 거하고 계십니다.

그런데 저들은 누구지요? 한 무리의 사람들이 씩씩거리며
예수님을 향해 걸어옵니다. 네, 그들은 대제사장과 장로들이
보낸 사람들입니다. 예수님은 아무 저항 없이 잡히십니다.
마치 그들을 기다리신 것처럼 말입니다.

그때 베드로가 예수님을 보호하기 위해 그들을
가로막습니다. 저 혈기 왕성한 베드로를 좀 보십시오. 아무
죄가 없는 예수님이 무리에게 붙잡히시는 것을 참을 수가
없었나 봅니다. 몸이 부들부들 떨릴 정도로 분했던 것이지요.
베드로는 곧 주머니 속에서 무언가를 꺼냅니다. 앗, 저게
뭡니까? 칼입니다, 칼! 베드로는 유월절 기간인데도(명절
기간에는 민간인이 칼을 소지하는 것을 법으로 금했다고 합니다)
위험을 대비하려고 칼을 들고 다녔던 모양입니다(요 18:10).

과연 베드로다운 모습입니다. 그는 칼을 마구 휘두릅니다.
베드로가 칼을 잘 쓰는 명수였는지는 모르겠지만, 그가
예수님을 잡으려고 온 무리를 위협했다는 사실만큼은
분명합니다. 휙, 휙, 휙! 칼 휘두르는 소리가 납니다. 그리고
이윽고 "아아악!" 하는 비명 소리가 들려옵니다. 베드로의
칼이 한 제사장의 종의 귀를 베었습니다(마 26:51). 피가 뚝뚝
떨어집니다. 그 종의 이름은 '말고'였다고 요한은 기록합니다
(요 18:10). 예수님의 제자 요한이 그의 이름을 기억하고
복음서에 정확히 기록했다는 것은, 그가 나중에 예수님의
제자가 되었을 가능성을 시사합니다.

여하간 무리는 웅성웅성하면서 일이 어떻게 되어 가는지
살피느라 여념이 없습니다. 예수님의 눈동자에는
이 '말고'라는 청년이 맺힙니다. 예수님을 잡기 위해
대제사장과 장로들을 따라온 이 청년은 예수님이 누구신지
전혀 알지 못했습니다. 그저 예수님을 잡아가야 한다는
사명을 받고 쫓아온 것입니다. 베드로에게 쉽게 공격당한
것을 미루어 보아, 싸움을 잘 못하는 연약한 청년이 아니었나
싶습니다. 게다가 종의 신분이니 인권도 보장받지 못했을
것이 당연합니다. 그 말고라는 청년이 예수님의 눈에

맺힙니다.

베드로는 말고를 공격해야 할 대상으로 보았지만,
예수님은 귀를 다친 청년을 '불쌍히 그리고 아깝게' 여기며
바라보셨습니다. 성육신하신 하나님의 '후쓰'입니다.
그리하여 자신을 포박하러 온 청년의 귀를 만져 새롭게
해주십니다(눅 22:51). '말고'라는 이름에는 '왕, 왕국'이라는
뜻이 있답니다. 그는 어쩌면 그날 밤 자기 삶을 진정으로
통치하실 왕을 처음으로 대면한 날이 아니었나 싶습니다.
그의 귀는 예수님의 손에 의해 재창조되어 회복되었기
때문입니다. 그는 자신을 긍휼히 여겨 주시는 왕의 손길을
느꼈을 것입니다.

그런데 그때였습니다. 어떤 제자가 무리에게 잡히시는
예수님을 보고 마구 놀라는 모습이 보입니다. "아이구! 큰일
났다. 예수님을 쫓아가다간 내가 죽게 생겼어!" 그는 소리를
지르면서 베 홑이불마저 내동댕이치고 벌거벗은 채로
도망을 갑니다(막 14:52). 예수님만 평생 따를 것 같았던 그
제자가 위기 순간에 이르자 가장 먼저 예수님을 버립니다.
그러나 예수님은 그 제자를 붙들지 않으십니다. 벌거벗은
상태로 도망칠 수밖에 없었던 제자를 묵묵히 바라보아

주십니다. 어쩌면 그때 베드로는 도망치는 제자를 보면서
이렇게 말했을지도 모릅니다. "주님, 저… 저… 괘씸한 자를
좀 보십시오. 지금 주님이 잡히셨다고 저렇게 도망가다니!
저런 자는 앞으로 상종도 말아야 합니다!" 손에 칼을 쥐고
의기양양하게 말했을 법도 합니다. 그러나 예수님은 아무
말씀도 하지 않으시고 도망치는 제자의 뒷모습을 보아
주십니다. 성육신하신 하나님의 '후쓰'입니다.
곧 예수님은 사람들에게 붙들려 겟세마네 동산에서
내려오십니다. 그리고 대제사장 가야바에게 끌려가십니다.
아까 분을 터뜨리며 칼을 놀렸던 베드로는 어디에 있지요?
저기 보입니다. 저쪽 먼발치에서 따라오고 있습니다. 우리도
일단 베드로와 동행하여 봅시다. 제사장의 집 바깥뜰에
이르러 그는 발걸음을 멈춥니다. 이곳으로 예수님이
먼저 들어가셨습니다. 베드로는 지금 불안하고 두려운 게
분명합니다. 눈동자가 떨리고 무엇인가 고민하는 것
같기도 합니다. 예전에 "오늘 밤 닭 울기 전에 네가 세 번
나를 부인하리라"(마 26:34)라고 하신 예수님의 말씀이 머리에
맴돌았기 때문일까요? 지금 예수님은 체포되셨고 상황은
온통 혼란스럽기만 합니다. 곧 풀려나실 것 같았던 예수님은

이상하게도 풀려나지 않으시고, 군중의 적의는 점점 깊어져
가는 것 같습니다.

베드로는 그동안의 추억을 돌이켜 봅니다. 병자를 고치시고,
눈먼 자의 눈을 뜨게 해주시며, 죽은 자를 일으키시고,
어린아이를 사랑스레 안아 주시며, 광주리에 떡이 넘치는
기적을 베풀어 사람들을 먹이셨던 예수님…. 그때 환호했던
사람들은 모두 어디로 간 것인지 베드로는 혼란스럽습니다.
'예수님은 정말 백성에게 존앙을 받고 계셨어…. 이스라엘의
왕으로 곧 등극하실 것만 같았단 말이야…. 그런데 어쩌다
이렇게 되어 버린 거지?' 맞습니다. 지금 예수님은 종교
지도자들의 음모로 민중의 적이 되어 버리셨습니다.

팔레스타인 지역은 일교차가 큰 편입니다. 밤이 깊어지니
제법 쌀쌀하네요. 아니면 뜨거운 니느웨 언덕에 있다가
이곳으로 곧장 건너와 더 춥게 느껴지는 것일까요? 마침
앞쪽에 불을 지펴 놓은 곳이 보입니다. 잘되었습니다. 그곳에
가서 잠시 불을 쪼입시다. 베드로도 추웠는지 슬금슬금
불 가까이 나옵니다. 베드로의 옆모습을 보니 얼굴이
까칠합니다. 그는 몸을 훈훈하게 하려고 불 가까이로 손을
내밉니다. 그의 손끝이 파르르 떨리고 있네요.

그런데 저기 좀 보십시오. 어떤 여종이 아까부터
베드로를 주목하고 있는 듯합니다. 눈에 잔뜩 힘을 주고
바라보는 게 여간 심상치 않습니다. 그 여종은 베드로에게
다가옵니다. 베드로도 여종을 의식하기 시작합니다. 곧
주변이 떠나가도록 여종이 말하는군요. "아까 어둠 속에
있을 때는 긴가민가했는데 이제 불빛에서 보니 확실해요!
이 사람이에요! 이 사람이 분명 저 예수라는 자와 함께
다녔어요. 제가 이 두 눈으로 똑똑히 보았어요. 여기요!
여기들 보세요! 이 사람 맞아요. 제가 장담한다니까요!
이 사람이 저 죄수의 제자예요!" 여종의 손가락이 가리키는
곳을 따라 사람들이 베드로를 봅니다.
불을 쬐다가 정말 불에 댄 듯 놀란 베드로는 얼른
대응합니다. "이 계집종이 제정신이 아닌 게야. 내가 무슨 저
예수와 붙어 다닌 적이 있다고…. 잘못 봐도 한참 잘못 봤어.
나는 저 예수라는 자와 무관한 사람이야. 그냥 불을 쬐려고
여기에 있었던 거라고. 도대체 그게 무슨 소린지, 나 원 참…"
하면서 슬그머니 불가에서 멀어집니다. 베드로의 온몸이
다시 부르르 떨렸습니다. 아까 벌거벗은 몸으로 도망치던
제자처럼 그도 몸을 뒤로 빼며 도망가려는데, 또 다른 사람이

베드로에게 가까이 다가옵니다.

"어딜 도망가려고! 자네 거짓말하지 마. 나도 아까부터
당신을 봤는데 말이야, 당신 예수당에 있었던 사람이지?
저 사람하고 한패 맞지? 내가 보니 당신이 바로 저 예수라는
사람의 제자가 확실해!" 그러자 베드로는 점점 더 당황하여
어둠 속으로 깊숙이 몸을 숨깁니다. "이 사람아, 지금 무슨
소리를 하는 거야! 난 저 예수라는 자를 알지도 못하고
이야기해 보거나 같이 걸어 본 적도 없다고. 제자는 무슨
제자! 내가 그렇게 할 일이 없는 줄 아나? 그냥 추워서 불
좀 쬐려고 이곳에 온 것인데, 이 사람들 애매한 사람을 놓고
오해하고 있으니 참 어이가 없어, 어이가 없다고!"

그러나 사람들은 집요했습니다. 베드로는 도망가고 싶었으나
그러지 못했습니다. 의심을 잔뜩 받는 상황이니 행동을
조심해야 했습니다. 사람들은 계속 베드로에게 시선을 떼지
못합니다. 그리고 이야기합니다. "자꾸 발뺌하지만 당신은
예수와 같이 다녔던 사람이 맞아. 자네 그 갈리리 억양이
증거라니까." "그래, 맞아. 나도 당신이 예수하고 다니는 걸
본 것 같아. 자네 예수 추종자 맞지? 왜 자꾸 부인하는 거야?
모든 사람이 다 아는 사실을!" 베드로는 주변 사람들 모두가

자신을 바라보고 있다는 것을 느꼈습니다. 그 누구도 베드로
말을 들어줄 생각은 없어 보입니다.

베드로는 예수님이 어떻게 되실지 궁금해서 따라
들어왔지만, 지금은 그저 후회스럽습니다. 궁지에
몰린 베드로가 슬그머니 도망가려는데 마침 저쪽에서
한 대제사장의 종이 베드로의 어깨를 탁 잡으면서
이야기합니다. "너, 그래 너야. 내 친척이 너에게 귀를
잘렸어. 네가 칼을 휘둘렀잖아! 내가 너를 기억 못할 것
같아? 그 동산에서 내가 너를 봤다고!"(요 18:26). 그 말을
들은 베드로는 정신이 혼미해집니다. 그는 이제 저주하고
맹세하면서 예수님을 모른다고 부인합니다. "몰라,
모른다니까! 난 저 예수라는 죄인하고는 아무 상관없는
사람이야. 내 갈릴리 억양 때문에 되지도 않는 상상을 하는
것 같은데, 나는 아냐. 아니라니깐! 물러들 가라고! 나는
예수를 몰라! 모른다고 했잖아! 맹세하는데, 난 저 죄수인
예수를 위해 칼을 휘두른 적이 없어. 저자를 몰라! 예수를
모른다고!" 절규하듯 소리를 마구 지르며 베드로는 그
자리에서 겨우 빠져 나옵니다. 등에는 식은 땀이 줄줄 흐르고
있습니다. 숨도 찹니다.

그때입니다. 무슨 소리가 들리지 않으십니까? 닭 우는
소리. 네, 닭 우는 소리가 맞습니다. 닭이 기다렸다는 듯
때마침 웁니다(눅 22:60). 베드로는 그 소리를 듣고 갑자기
자리에서 고꾸라집니다. "그래… 주님이 맞았어. 나, 이
못난이 베드로… 나만은 예수님을 배반하지 않으리라고
자신했는데…. 옥에도 죽음이 있는 곳에도 따라가겠노라고
장담했는데…. 나는 닭이 울기 전에 무려 세 번이나 그분을
부인했어…. 예수님을 모른다고 저주하고 맹세하기까지
했어…. 아…." 그는 비통에 잠겨 통곡을 합니다.
그렇게 주님을 배반한 베드로를 예수님은 멀리서 보고
계십니다. 믿음이 연약하여 주님을 배반할 수밖에 없었던
베드로가 주님의 눈동자에 맺힙니다. 예수님은 '배신자'
베드로를 보신 것이 아니라 '사랑과 긍휼이 필요한' 베드로를
보셨습니다. 그를 불쌍히 여기며 보아 주십니다. 성육신하신
하나님의 '후쓰'입니다.
대제장들과 서기관과 장로들의 고문과 희롱은 너무나
잔혹합니다. 보십시오. 예수님의 눈을 가리고 돌아가면서
예수님을 때리고 있지 않습니까. "선지자 역할을 해봐라.
방금 너를 친 자는 누구냐? 하나님의 아들이라면 알아맞혀

보아라." 그들은 그렇게 예수님의 거룩한 몸에 가혹한
상흔을 남깁니다. 쇠가 박힌 채찍으로 때리고 쓰러뜨리고
짓밟습니다. "제발… 그만들 해요. 제발…." 우리는 말합니다.
그런데 예수님은 쓰러져 가시면서도 당신을 모독하고
고문하는 무리를 조용히 보십니다. 원통하여 보시는 게
아니라 그들을 불쌍히 여기며 보아 주십니다. 예수님의
눈동자에 그 사악한 무리도 맺힙니다. 성육신하신 하나님의
'후쓰'입니다.
이제 예수님은 십자가를 지고 골고다 언덕으로
올라가십니다. 자, 그 골고다 언덕에 지금 우리도 함께
올라가겠습니다. 당신도 당신만의 십자가를 지십시오.
그리고 숨을 고르십시오. 예수님과 함께 이 언덕에
올라가는 일은 결코 쉽지 않습니다. 지금 분노의 아우성이
들리시는지요. 그 수욕을 참으며 위를 향해 올라가겠습니다.
사람들의 분노는 언덕이 높아질수록 점점 거세집니다. 성난
불길 같습니다.
"하나님의 아들이라고 말하던 사기꾼이 지나간다!"
"자기가 신이라고 말하는 저 방자한 인간은 백 번 죽어도
마땅해."

"당장 죽어 버려라, 당장!"

"자기가 이스라엘의 구원자라고? 너나 구원해라! 캬악, 퉤!"

군중은 예수님께 침을 뱉습니다. 더러운 가래침이 거룩하고 순결한 예수님의 상처 난 얼굴에 묻습니다. 그렇게 침을 뱉고 욕하는 사람들을 예수님은 멍이 깊이 배인 눈으로 바라보십니다. 그 어리석은 군중도 예수님의 눈동자에 맺힙니다. 화가 나서 보시는 게 아니라 불쌍히 여기며 보아 주십니다. 성육신하신 하나님의 '후쓰'입니다.

예수님은 이내 힘겨워 쓰러지시고 맙니다. 그럴 때마다 로마 병정들은 채찍질을 합니다. 발로 짓밟고 창 뒤끝으로 찌르며 재촉합니다. "일어나! 당장 일어나! 이 더러운 죄인! 일어나서 똑바로 십자가를 지고 걸어가란 말이야!" 윽박지릅니다. 예수님은 그렇게 채찍질하며 폭력을 일삼는 로마 병정마저 바라보아 주십니다. 예수님을 향하여 채찍을 거두지 않는 로마 병정들도 예수님의 눈동자에 맺힙니다. 고통스러워서 보시는 게 아니라 불쌍히 여기며 보아 주십니다. 성육신하신 하나님의 '후쓰'입니다.

무리 중에는 예수님 앞에서 가슴을 치며 슬피 우는 여인들도 있었습니다. "예수님… 예수님… 어찌하여 예수님께서

십자가를 지십니까···." 엉엉 우는 여인들은 예수님을
따라갑니다. 여인들이 예수님께 가까이 다가가려고 하자
로마 군사들은 몽둥이로 저지하며 접근을 막습니다.
예수님은 당신을 안타깝게 바라보는 여인들에게
말씀하십니다. 너무나 목이 말라 목소리도 나오지 않지만 그
여인들을 위로하기 위해 말씀을 건네십니다. "나를 위하여
울지 말고 너희와 너희 자녀를 위하여 울라"(눅 23:28).
예수님은 그분의 손에 못을 박는 로마 군사들도 보십니다.
증오 때문에 보시는 게 아니라 지극히 불쌍히 여기시며
그들을 보십니다. 성육신하신 하나님의 '후쓰'입니다.
예수님은 찢어지는 고통 속에서 십자가에 매달리십니다.
이글거리는 태양이 위에서 내리쪼이고 숨조차 쉴 수 없는데
십자가 밑에서 조롱하는 소리는 여전히 그치질 않습니다.
"하나님을 믿는다면서? 하나님이 원한다면 너를
구원하시겠지. 자기가 하나님의 아들이라고?"(눅 23:37)
"남은 구원하면서 자기는 구원을 못해? 저런 바보 같은
유대인 왕이 어디 있어? 네가 진짜 하나님의 아들이고
유대인의 왕이면 지금 십자가에서 내려와 봐라!"(마 27:42)
"성전을 헐고 사흘에 짓는다고 했겠다? 저런 거짓말쟁이.

너부터 구원해 보시지 그래!"(마 27:40)

그 조롱 소리를 들으시면서도 예수님은 그들을 불쌍히 또 아깝게 여기며 내려다보십니다. 죽어 가는 순간에도 그분의 눈동자에는 그들의 모습이 맺힙니다. 성육신하신 하나님의 '후쓰'입니다.

십자가 좌편과 우편에는 강도 두 명이 있습니다. 매달린 강도 한 사람이 예수님을 조롱합니다. "당신이 그리스도라고? 그럼 한번 우리를 구원해 보시지." 십자가 처형을 받는 순간에도 마음이 패려한 사람의 고백입니다. 그러나 다른 강도는 그 말을 얼른 꾸짖습니다. "그만둬. 우리가 받는 십자가 처형은 당연한 것이지만 이분은 그럴 만한 분이 아니야. 온 천하가 다 알아. 의로운 일을 하시다가 십자가를 지신 것을. 하나님이 두렵지도 않은가. 그런 말을 이분 앞에서 함부로 하다니…." 그러고 나서 그는 예수님께 아룁니다. "예수님…. 언젠가 당신의 나라가 임하실 때 저 같은… 저 같은 구제불능 죄인까지도 기억해 주실런지요." 강도는 흐느끼며 머리를 조아렸습니다. 예수님은 그를 향해 고개를 끄덕이십니다. 그리고 그분의 눈동자에 그 강도의 모습이 맺힙니다. 아끼시며 그를 보십니다. 성육신하신 하나님의 '후쓰'입니다.

예수님은 "오늘 네가 나와 함께 낙원에 있으리라"(눅 23:43)
하시면서 그를 조용히 위로하십니다. 그리고 혼이 몸에서
떠나가기 전에 그분을 핍박하고 조롱하고 십자가에 못
박은 모두를 위해 기도하십니다. **"아버지 저들을 사하여
주옵소서! 자기들이 하는 것을 알지 못함이니이다"**(눅 23:34).
그러고는 '후쓰' 하셨던 그분의 눈에서 뜨거운 눈물이
흘러내립니다. 그분의 눈이 오늘 이 언덕에 있는 우리도 보아
주십니다. 아끼시며, 긍휼히 여기시며 우리를 보아 주십니다.
그리고 십자가에서 돌아가십니다.

이 과정을 지켜본 로마 백부장은 십자가 밑에 쓰러지듯
엎드립니다. 그리고 십자가를 올려다봅니다. 한 사람도
원망하지 않으시고, 한 사람에게도 분을 터뜨리지 않으시고,
한 사람도 비난하지 않으시고, 한 사람에게도 스스로를
변호하지 않으신 예수님. 모든 사람을 긍휼로 보아 주시고
용서하며 사랑하시다가 그들의 죄를 위해 십자가에서
돌아가신 그리스도를 백부장은 우러러봅니다. 그는 머리에
쓰고 있던 투구를 벗습니다. 그리고 십자가 밑에 엎드려 엉엉
웁니다. 몸을 가누지 못하고 통곡합니다. 그리고 고백합니다.

**"정녕 이 사람은 진실로 하나님의 아들이었도다 그는
하나님의 아들이었도다"**(막 15:39).

여러분, 마음을 추스르십시오. 아직 묵상이 끝나지
않았습니다. 이제 요나서 마지막 구절에 나오는 하나님의
수사적 질문을 다시 보겠습니다. 요나서는 이 질문을 끝으로
열린 결말로 마무리되었지요. 다시 천천히 보십시오.
"이 큰 성읍 니느웨에는 좌우를 분변하지 못하는 자가 십이
만여 명이요. 가축도 많이 있나니 내가 어찌 아끼지(후쓰)
아니하겠느냐!"
이 구절은 골고다 언덕의 '십자가'를 가리킵니다. 신의
'후쓰'의 가장 고결한 표현인 십자가를 암시하고 있습니다.
우리를 아끼고 불쌍히 여겨 주심으로 마련하신 구원의
통로, 십자가를 가리킵니다. 결국 요나서의 귀결은 십자가
사랑이었던 것입니다. 신의 '후쓰'는 이스라엘 민족뿐 아니라
모든 사람에게 해당되는 것입니다. 우리 중 누구도 (그것이
미움과 증오의 대상, 니느웨라 할지라도!) 제외될 수 없다는 것을
말해 주는 구절이기 때문입니다. 좋은 소식인 복음은 특별한
사람에게만 주어지는 것이 아닙니다. 죄인 된 우리 모두에게

주어지는 것입니다. 그리하여 하나님의 말씀을 담은 복음은
'나감와 들어옴'의 탄성을 지니고 펴져야 하는 것입니다.
여러분, 십자가의 사랑과 하나님의 용서를 받으셨습니까?
신의 '후쓰'를 여러분이 아직 니느웨 같은 상태에 있을 때
입으셨습니까? 그렇다면 하나님께 사랑과 용서를 받았다는
가장 큰 증거는 우리도 남을 그와 같이 사랑하고 용서하는
것입니다(마 6:14-15). 이것이 사랑을 받았다는 증거입니다.
오늘 당신의 니느웨를 용서하고 끌어안으시기를 바랍니다.
요나서의 귀결은 하나님의 사랑과 긍휼인 '후쓰'입니다.
궁극적으로 십자가 사랑의 암시입니다.
오늘은 여기까지입니다. 내일이면 여정이 끝납니다.
여러분은 어떠신지 몰라도 제 마음은 잔잔하게 아려 옵니다.
여러분과 순례 나날 동안 정이 깊이 들었나 봅니다. 오늘은
골고다 언덕에 잠시 더 머물러 계셔도 좋겠습니다. 그러나
내일은 요나가 머문 니느웨의 언덕에서 여러분을 다시
만나겠습니다. 니느웨 언덕으로 돌아갈 때 '바이블 랜드 프리
라이드' 티켓을 다시 사용하시면 됩니다. 왕복 티켓이니까요.
그러나 돌아올 때 그냥 오시면 안 됩니다. 구원의 병거에
오를 때 하나님의 '후쓰'를 꼭 입고 오십시오!

새처럼!

다시 니느웨의 아침입니다. 하나님의 '후쓰'를 입고
오셨지요? 요나서 본문은 모두 끝났지만 요나는 아직 우리
곁에 있습니다. 하나님의 '후쓰'를 느낀 요나는 침묵하며 그
자리에 한참이나 가만히 있습니다. 뜨거운 동풍도 서서히
지나갔습니다. 지금은 해가 뉘엿뉘엿 져갑니다. 어디선가
선선한 바람이 불어와 요나의 등을 위로하듯 부드럽게
어루만집니다. 요나는 머리를 숙입니다. 그리고 조용히

Day 31

자리에서 일어납니다. 그동안 동쪽에서 니느웨 성읍을
관망하던 비둘기 요나는 드디어 둥지(숙카)에서 나옵니다.
쿰 레이크! 일어나 걸어갑니다. 선지자는 어디로 가려는
것일까요?

Day 29에서 미처 다 설명드리지 못한 부분을 오늘
말씀드리려고 합니다. 노아의 방주 일화를 기억하시지요?
그날은 노아가 까마귀를 방주에서 내놓은 실질적인
이유만 설명드렸습니다. 오늘은 숨어 있는 또 다른 이유를
말씀드리려고 합니다.

까마귀는 당시에 불결한 짐승으로 분류되던 새입니다(레
11:15; 신 14:14). 그런 까마귀가 가장 먼저 방주에서 내놓아진
이유는, 불결한 것은 방주에서 떠나가고 새롭고 정결한
세상을 맞이하려는 상징입니다. 불결한 까마귀가 방주에서
풀려난 후 노아는 순결한 비둘기를 내놓습니다. 순결한
새를 통해 새롭게 시작될 세상이 어떤지 알아보고 싶었던
것입니다(창 8:8). 그렇게 비둘기는 믿음의 선진 노아의 '눈'
역할을 하게 됩니다. 비둘기는 정결한 짐승이면서(레 12:6;
참조. 민 6:10; 눅 2:24) 번제와 속죄제로 사용되기도 했습니다
(레 1:14; 5:7; 14:22). 비둘기는 사랑스러움을 나타내기도

하고(아 2:14), 편안하고 안락한 날개짓을 하는 새로도
유명하답니다(시 55:6; 렘 48:28). 기억하시지요? 아브라함의
언약의 인증으로도 비둘기가 사용되었다는 것을요(창 15:9).
연약하고 순수한 비둘기는 이런 의미에서 성경에서 중요한
의미를 지닙니다.

비둘기가 방주에서 처음 놓여질 때는 앉을 곳을 찾지
못하여 다시 노아에게 돌아옵니다. 그러나 두 번째로
놓여질 때는 감람나무에서 바로 뜯은 싱싱한 새잎을
물고 돌아옵니다(창 8:11). Day 29에서는 실질적 이유만
말씀드렸는데 오늘은 또 다른 숨은 이유도 말씀드리려고
합니다. 비둘기가 감람나무 잎을 물고 방주로 돌아온 것은,
이스라엘 자손이 약속의 땅으로 가기 전에 광야 생활을
하게 될 것임을 예견하는 장면입니다. 광야 생활 동안
그들은 하나님께 예배드리는 방법을 배우게 되지요. 그들은
하나님이 보여 주시는 양식대로 성막을 짓습니다. 그리고 그
성막에서 하나님이 그들 가운데 거하시며 그들의 하나님이
되어 주심을 경험합니다. 그래서 하나님이 임재하시는
성막에는 등불이 꺼지면 안 되었지요. 성막을 밝힐 등불의
기름이 바로 이 감람나무로부터 얻어지게 된답니다(출 27:20).

그뿐 아닙니다. 감람나무의 기름은 회막과 증거궤에 바르는
데에도 사용되었습니다. 성막 기구들을 거룩하게 구분하는
데 활용된 것입니다(출 30:24-29). 이런 기름 부음은 성령님의
임재에서도 나타내는데(삼상 16:13; 시 89:20), 감람나무의
기름은 하나님과 사람을 모두 영화롭게 하는 것으로
알려져 있습니다(삿 9:9). 그렇다면 당시 비둘기가 물고 온
감람나무 잎은, 거룩한 예배 처소가 될 새 땅으로 노아의
방주가 향하고 있다는 뜻이면서, 노아가 정착할 육지에서
거룩의 세대가 곧 시작되리라는 희망의 이유가 됩니다.
분명 하나님을 기쁘시게 하는 상징임에 틀림없습니다. 후에
이런 비둘기의 모습은 거룩한 장소가 아니면 절대로 임하지
않으시는 성령님의 모습을 상징하기도 합니다. 성령이
비둘기같이 그리스도께 내려오셨기 때문입니다(마 3:16).
이런 맥락에서 노아가 세 번째로 비둘기를 내놓았을 때를
생각해 봅시다. 새는 다시 노아에게로 돌아오지 않습니다.
Day 29에서 비둘기는 그들의 원래 집으로 돌아가는 습성이
있다고 설명드렸습니다. 따라서 비둘기가 방주로 돌아오지
않은 것은, 드디어 육지에서 물이 거두어지고 하나님이
거룩케 하신 자유의 세상이 되었음을 나타냅니다. 하나님이

지면에서 쓸어버리신 모든 것이 다시 원래의 모습을 되찾게 된 것입니다. 그리하여 비둘기는 평안하게 깃들 장소, 즉 '집'을 찾았습니다. 그래서 노아가 방주에서 나와 거룩한 땅을 밟을 때 처음으로 드린 번제도 비둘기라고 여겨집니다(창 8:20).

여기까지 설명드리고 이제 비둘기 요나에게로 다시 돌아오겠습니다. 비둘기 요나는 하나님의 손에서 니느웨라는 세상으로 내놓아질 때 다시스로 멀리멀리 날아가 버리리라 마음먹습니다. 그러나 하나님은 그런 비둘기 요나를 거룩한 손으로 다시 붙드십니다. 돌아온 요나는 두 번째로 니느웨라는 세상에 놓여지게 됩니다. 요나는 하나님의 엄정한 말씀을 그 땅에 선포합니다. 니느웨 성읍은 그 말씀을 듣고 회개하며 거룩하게 되기를 결단하지요. 그 이후, 원했든 원하지 않았든 (혹은 성이 났든 성이 나지 않았든) 그는 감람나무 새잎을 물고 하나님 품으로 돌아와야 했습니다. 그리고 언덕에 초막(둥지)을 짓고 그곳을 떠나지 못했습니다. 비둘기 요나는 그렇게 '숙카'에 머물며 줄곧 갈등했습니다. 그가 번뇌하는 동안 그의 머리에는 뜨거운 햇살이

내리쪼였습니다. 동쪽에서 불어온 열풍마저 그를 불에
태우듯 달구어 버렸지요. 그야말로 번제물이 불을 통과한
모습입니다.

그는 왜 불에서 소금 치듯 그렇게 달구어졌을까요? 그가
앞으로 니느웨 성읍에서 '소금'의 역할을 해야 하기 때문이
아니었을까요?(참조. 막 9:49-50). 보십시오. 지금 요나는
세 번째로 하나님의 손에서 놓여져 세상으로 날아가야 할
때가 왔습니다. 이번에 그가 날아가면 하나님이 재창조하신
거룩한 장소에 사랑스레 깃들 수 있을 것 같습니다. 요나는
지금 어디로 가고 있는 걸까요…?

고고학자들이 발굴한 니느웨 유적지는 두 개의 커다란
언덕으로 나뉘어져 있다고 합니다. '쿠윤지크 언덕(Kouyunjik)'
과 '네비 유누스 언덕(Nabī Yūnus)'입니다. '쿠윤지크'는
'양의 무리'라는 뜻입니다. 이 언덕에 많은 양이 있었던
모양입니다. 그렇다면 '네비 유누스'의 뜻은 무엇일지
궁금합니다. '네비'는 '선지자'라는 뜻입니다. '유누스'는
'요나'입니다. 따라서 '네비 유누스'는 '선지자 요나의 언덕'
입니다.[50] 요나서에 기록되어 있지는 않지만 비둘기 요나는
남은 나날을 니느웨에서 보낸 것 같습니다. 언덕 이름에

요나의 이름이 붙은 것을 보아, 요나 선지자가 그 땅에서
활약한 것이 분명합니다. 성경학자들의 의견이 분분하지만,
저는 선지자가 그 땅에서 사명을 다하다가 묻혔다고 보고
싶습니다. 오늘날 그의 무덤은 '에살핫돈 왕궁'(왕하 19:35-37)
에 있다고 전해집니다.

조국을 사랑하는 마음이 크고, 그 조국애 때문에 니느웨를
사랑할 수 없었던 요나. 니느웨 흙에 말씀의 씨앗을 뿌리고
싶지 않았던 요나. 니느웨를 향한 하나님의 은혜와 긍휼
때문에 갈등하고 성을 내고 억울해했던 요나. 그랬던 요나가
그의 마지막 나날에 결국 신의 '후쓰'를 이해했다고 믿습니다.
'다바르 야웨(하나님의 말씀)'가 아밋대의 아들 요나에게 임한
것은 하나님의 절대적 결정 그리고 압도적 승인이었습니다.
'나감과 들어옴'이라는 스블론 지파의 축복을 받은 요나가
감당해야 할 사명이었습니다. 하나님의 메시지가 선지자를
통해 이방 땅으로 흘러가야 했기 때문입니다.

지금 니느웨 성읍으로 걸어가는 요나를 보십시오. 줄곧
축 처져 있던 어깨를 펴고 있습니다. 그가 거했던 장소에서
일어나 평화스러운 날갯짓을 합니다. 새처럼 날아갈 것
같습니다. 하나님이 그에게 가라고 하시는 장소, 니느웨로

말입니다. 그는 니느웨 성읍으로 날아갑니다. 우리는
기쁨으로 정든 선지자를 파송합니다. 힘차게 응원하듯 손을
흔들어 주십시오. 그런 요나의 뒷모습을 보면서 우리가 거한
장소를 한번 돌아보십시오. 우리는 잊지 않고 있습니다.
우리 역시 스불론 지파의 축복을 받았음을. 그렇다면 우리가
오늘 거한 이 장소는 비상할 각오가 되어 있는 출발 대기
상태여야 합니다. 우리가 거한 이 곳은 주저앉는 장소가 되면
안 됩니다. 반드시 복음의 말씀이 나가고 들어오는 장소여야
합니다.
그리하여 여러분께 권합니다. 이제 우리도 날개를 펴야할 때
입니다. 저 하늘을 보십시오. 그리고 비상하십시오. 주님께서
가라고 하신 곳을 향하여. **새처럼!**

여기까지입니다. 묵상의 마지막입니다. 이제 여러분과
헤어져야 할 시간입니다. 순례자 여러분, 마음을 다해
축복합니다. 그리고 사랑합니다. 하나님의 창공에서 우리는
함께 날 것입니다. 그리고 어디에선가 우리는 다시 만날
것입니다. 그때까지, 샬롬!

요나 묵상 31일

1) **Moshe Anbar**, "Genesis 15: A Conflation of Two Deuteronomic Narratives", *JBL* 101, no. 1 (1982), 41.

2) **Gary D. Pratico and Miles V. Van Pelt**, *Basics of Biblical Hebrew Grammar* (Grand Rapids, MI: Zondervan, 2007), 204.

3) **Jonathan L. Reed**, "Capernaum", ed. David Noel Freedman, Allen C. Myers, and Astrid B. Beck, *Eerdmans Dictionary of the Bible* (Grand Rapids, MI: W.B. Eerdmans, 2000), 220.

4) **Craig Blomberg**, *Matthew*, vol. 22, The New American Commentary (Nashville: Broadman & Holman Publishers, 1992), 88.

5) **Kenneth E Bailey**, *Jesus Through Middle Eastern Eyes: Cultural Studies in the Gospels* (Downers Grove, IL: InterVarsity Press, 2008)

6) **Carl Friedrich Keil** and **Franz Delitzsch**, *Commentary on the Old Testament*, vol. 1 (Peabody, MA: Hendrickson, 1996), 136-137.

7) Ibid.

8) **Billy K. Smith** and **Franklin S. Page**, *Amos, Obadiah, Jonah*, vol. 19B, The New American Commentary (Nashville: Broadman & Holman Publishers, 1995), 232.

9) **M.R. DeHaan**, *Jonah Fact of Fiction?* (Grand Rapids, MI: Zondervan Publishing House, 1957), 36.

10) **Othmar Keel**, *The Symbolism of the Biblical World* (New York, NY: The Seabury Press, 1978), 48.

11) **Ambrose John Wilson**, "The Sign of the Prophet Jonah and its Modern Confirmation", *The Princeton Theological Review* 25, no. 4 (1927), 630.

12) **Hoerth, Alfred J.** *Archaeology and the Old Testament* (Grand Rapids, MI: Baker Books, 1998), 103.

13) **John H. Sailhamer**, *The Pentateuch as Narrative: A Biblical-Theological Commentary* (Grand Rapids, MI: Zondervan Publishing House, 1992), 153.

14) **Bruce K. Waltke**, *Genesis: A Commentary* (Grand Rapids, MI: Zondervan, 2001), 307.

15) **K. A. Mathews**, *Genesis 11:27-50:26*, vol. 1B, The New American

Commentary (Nashville: Broadman & Holman Publishers, 2005), 293-294.

16) **Bruce Feiler**, *A Journey to the Heart of Three Faiths* (New York, NY: William Morrow, 2002), 86.

17) Ibid.

18) **Mathews**, *Genesis 11:27-50:26*, 295.

19) **John Peter Lange** and **J. J. van Oosterzee**, *A Commentary on the Holy Scriptures: Luke* (Bellingham, WA: Logos Bible Software, 2008), 176-177.

20) **Andreas J. Köstenberger**, *John*, Baker Exegetical Commentary on the New Testament (Grand Rapids, MI: Baker Academic, 2004), 333-334.

21) Ibid.

22) **William D. Mounce**, *Basics of Biblical Greek* (Grand Rapids: Zondervan, 2009), 77.

23) **Eugene F. Roop**, *Ruth, Jonah, Esther*, Believers Church Bible Commentary (Scottdale, PA: Herald Press, 2002), 125.

24) **Smith** and **Page**, *Amos, Obadiah, Jonah*, vol. 19B, The New American Commentary, 249-250.

25) **William Arndt, Frederick W. Danker**, and **Walter Bauer**, *A Greek-English Lexicon of the New Testament and Other Early Christian Literature* (Chicago: University of Chicago Press, 2000), 190-191.

26) **K. A. Mathews**, *Genesis 11:27-50:26*, vol. 1B, The New American Commentary (Nashville: Broadman & Holman Publishers, 2005), 689-690

27) **Smith** and **Page**, *Amos, Obadiah, Jonah*, vol. 19B, The New American Commentary, 250.

28) **오근재**, 《인문학으로 기독교 이미지 읽기》 (서울: 홍성사, 2012), 154.

29) Ibid., 155.

30) **Jeannine K. Brown**, *Scripture As Communication: Introducing Biblical Hermeneutics* (Grand Rapids, MI: Baker Academic, 2007), 20.

31) **Brent A. Strawn**, "On Vomiting: Leviticus, Jonah, Earth", *Catholic Biblical Quarterly* 74, no. 3 (2012), 447.

32) **Charles Halton**, "How Big was Nineveh? Literal versus Figurative Interpretation", *Bulletin for Biblical Research* 18, no. 2 (2008), 200.

33) Ibid., 202.

34) **John D. Hannah**, "Jonah", *The Bible Knowledge Commentary: An Exposition of the Scriptures*, ed. J. F. Walvoord and R. B. Zuck, vol. 1 (Wheaton, IL: Victor Books, 1985), 1463.

35) **Elwell** and **Beitzel**, *Baker Encyclopedia of the Bible*, 1554.

36) **Billy K. Smith** and **Franklin S. Page**, *Amos, Obadiah, Jonah*, vol. 19B, The New American Commentary, 220.

37) **김회권**, 《청년설교 3》 (서울: 복 있는 사람, 2014), 58.

38) **Paul Ferguson**, "Who was the 'King of Nineveh' in Jonah 3:6", *Tyndale Bulletin* 47, no. 2 (1996), 305.

39) **Bailey, Kenneth E**, *Jesus Through Middle Eastern Eyes: Cultural Studies in the Gospels*, Kindle Version Chapter 13.

40) **Robert D. Bergen**, *1, 2 Samuel*, vol. 7, The New American Commentary (Nashville: Broadman & Holman Publishers, 1996), 375.

41) **R.W.L. Moberly**, *Old Testmanet Theology: Reading the Hebrew Bible as Christian Scripture* (Grand Rapids, MI: Baker Academic, 2013), 176.

42) **Chesung Justin Ryu**, "Silence as Resistence: A Postcolonial Reading of the Silence of Jonah", *Journal for the Study of the OT* (SAGE Publication) 34, no. 2 (2009), 206.

43) **J. Carl Laney**, "God's self-Revelation in Exodus 34: 6-8", *Bibliotheca Sacra* 158 (2001), 40.

44) **Douglas K. Stuart**, *Exodus*, vol. 2, The New American Commentary (Nashville: Broadman & Holman Publishers, 2006), 714-715.

45) **Douglas K. Stuart**, *Exodus*, vol. 2, The New American Commentary (Nashville: Broadman & Holman Publishers, 2006), 676-677.

46) **Bernard P. Robinson**, "Jonah's Qiqayon Plant", *Zotero* 97, no. 3 (1985), 397.

47) **Alan Jon Hauser**, "Jonah: In Pursuit of the Dove", *JBL* 104, no. 1 (1985), 21

48) Ibid.

49) **R.W.L. Moberly**, *Old Testmanet Theology: Reading the Hebrew Bible as Christian Scripture* (Grand Rapids, MI: Baker Academic, 2013), 208.

50) **Walter A. Elwell** and **Barry J. Beitzel**, *Baker Encyclopedia of the Bible* (Grand Rapids, MI: Baker Book House, 1988), 1554.

요나 묵상 31일

A 31 Day Journey through Jonah

2016. 10. 14. 초판 1쇄 인쇄
2016. 10. 21. 초판 1쇄 발행

지은이 오지영
펴낸이 정애주
국효숙 김기민 김의연 김준표 김진원 박세정
송승호 오민택 오형탁 윤진숙 이한별 임승철
임진아 정성혜 조주영 차길환 한미영 허은
펴낸곳 주식회사 홍성사
등록번호 제1-499호 1977. 8. 1.
주소 (04084) 서울시 마포구 양화진4길 3
전화 02) 333-5161
팩스 02) 333-5165
홈페이지 www.hsbooks.com
이메일 hsbooks@hsbooks.com
페이스북 facebook.com/hongsungsa
양화진책방 02) 333-5163

ⓒ 오지영, 2016

ISBN 978-89-365-1183-8 (03230)